风险管理教程

Fengxian Guanli Jiaocheng

宋洋◎著

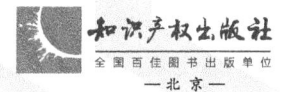

知识产权出版社
全国百佳图书出版单位
—北京—

图书在版编目（CIP）数据

风险管理教程 / 宋洋著 . —北京：知识产权出版社，2023.4
ISBN 978-7-5130-8674-5

Ⅰ.①风… Ⅱ.①宋… Ⅲ.①风险管理—教材 Ⅳ.①F272.35

中国国家版本馆 CIP 数据核字（2023）第 018694 号

责任编辑：齐梓伊	责任校对：谷 洋
执行编辑：凌艳怡	责任印制：孙婷婷
封面设计：瀚品设计	

风险管理教程

宋 洋 著

出版发行：知识产权出版社有限责任公司	网　　址：http :// www.ipph.cn
社　　址：北京市海淀区气象路50号院	邮　　编：100081
责编电话：010-82000860 转 8176	责编邮箱：qiziyi2004@qq.com
发行电话：010-82000860 转 8101/8102	发行传真：010-82000893/82005070/82000270
印　　刷：北京中献拓方科技发展有限公司	经　　销：新华书店、各大网上书店及相关专业书店
开　　本：720mm×1000mm　1/16	印　　张：20
版　　次：2023 年 4 月第 1 版	印　　次：2023 年 4 月第 1 次印刷
字　　数：310 千字	定　　价：98.00 元
ISBN 978-7-5130-8674-5	

出版权专有　侵权必究

如有印装质量问题，本社负责调换。

前　言

风险管理是在 20 世纪 50 年代发展起来的一门学科，70 年代以后逐渐掀起了全球性的风险管理运动。我国在 20 世纪 80 年代开始风险管理研究，90 年代进入稳定发展期。近年来，我国国内风险管理理论研究和应用工作发展得很快，研究和应用的领域也已经深入到社会经济生活的各个方面，如金融、投资、工程建设等，取得了良好的应用效果。有关风险管理的著作和教材也出现了较多，如许谨良编写的《风险管理》（第 2 版）（中国金融出版社，2003 年出版），李蕾等编写的《风险管理》（清华大学出版社，2017 年出版）等，以上书籍为本教程的出版提供了宝贵的借鉴。

安全是民用航空的永恒主题，民用航空现代化程度越来越高、规模越来越大、分工越来越细、协作越来越广泛。民用航空安全生产涉及航空公司、空管、机场、油料等众多互相协作的系统，它们已遍布全国各地，甚至世界上不同的国家和地区。这样广泛复杂的生产组合，需要在诸多方面保持高度统一，保证航空运输生产高效而安全地运行，因此，风险管理在民航领域的应用就成为必然。

基于行业的需求，结合我在多年的教学及科研工作中取得的经验，在本教程中，风险管理的基本概念和原理主要结合民航领域的相关对象展开介绍。围绕民航领域所面临的安全问题，系统地阐述了风险管理的原理、流程、方法、要求、决策及应急管理体系等内容，并进行了案例分析。

本书对风险理念及风险管理的有关知识进行了系统地梳理，并基于民航领域进行了应用分析，能够为广大读者进行风险管理学习提供支撑。

目　　录

第一章　风险管理概述 ································· 001
　一、风险 ··· 001
　二、风险与危险、保险的关系 ······················· 007
　三、风险管理 ····································· 008
　四、风险管理原则 ································· 017
　五、风险管理的效果 ······························· 018
　六、风险管理技术存在的问题以及应用上的困难 ······· 018
　七、风险管理的主要应用方向 ······················· 019

第二章　风险管理的基本原理 ························· 029
　一、风险管理的目标 ······························· 029
　二、风险管理的过程 ······························· 035
　三、风险管理的组织 ······························· 043
　四、项目风险的多维特性的引入 ····················· 049

第三章　安全风险隐患分析 ··························· 054
　一、安全风险隐患分析的总体方法 ··················· 054
　二、隐患分析过程 ································· 059
　三、隐患的定性和定量分析 ························· 060
　四、危险源辨识 ··································· 077

第四章　风险估算 ··· 081
  一、风险估算的定义 ··· 081
  二、风险估算的内容 ··· 081
  三、风险事件的状态 ··· 081
  四、风险估算的意义 ··· 082

第五章　风险评价 ··· 093
  一、风险评价概述 ·· 093
  二、风险评价方法 ·· 097
  三、风险接受准则 ·· 105

第六章　风险管理措施与风险控制 ······································· 111
  一、常用风险响应措施 ·· 112
  二、控制型风险管理措施 ······································· 114
  三、融资型风险管理措施 ······································· 119
  四、内部风险抑制 ·· 122
  五、多维特性下风险响应措施选择方法 ·················· 123
  六、风险管理理念与飞行数据案例分析 ·················· 125

第七章　RBS 理论与方法 ··· 134
  一、RBS 理论基础 ·· 134
  二、RBS 运行模式和原理 ······································ 136
  三、RBS 理论应用范畴与特点 ······························· 138

第八章　保　险 ·· 142
  一、保险的运行与作用 ·· 142
  二、保险的原理——风险汇聚 ······························· 143
  三、风险汇聚和保险机构 ······································ 145
  四、保险公司的偿付能力不足风险 ························ 147

五、航空保险的基本知识 ··· 151

第九章 风险管理决策 ··· 153
一、风险决策模型 ··· 153
二、期望损益决策模型 ·· 154
三、期望效用模型 ··· 159

第十章 应急管理体系及实施 ··· 170
一、应急管理的概念 ··· 170
二、应急管理的原则及内容 ··· 172
三、民航应急管理机制 ·· 177
四、民航应急预案 ··· 179

第十一章 风险管理案例分析 ··· 185
一、民航安全事故举例 ·· 185
二、民航风险管理案例分析 ··· 193

附录 某航空公司安全管理手册——风险管理 ······························· 272

参考文献 ·· 308

第一章 风险管理概述

当今社会已经进入了信息社会、知识社会和网络社会。然而，由于科学技术的飞速发展，社会经济的空前全球化，展现在人类面前的是一个既体现美好又充满风险的未来。一方面，人们期望凭借知识和科技的力量来摆脱自然规律的束缚，并利用自然规律为人类自身谋求更长远的幸福，从而获得稳定、安全的生活状态；另一方面，人类在改造自然的过程中，却又不断地制造风险，使得前者实难达到。这可以说是人类社会自身发展所面临的"两难"境地。历史发展的经验表明，人类文明发展之历史是一部风险之奋斗史。正因如此，"风险"才成为当今世界一个非常常见的名词，在各种媒体上会频频看到"风险"二字。在人们的日常生活与工作中，风险无处不在，无时不有，这就要求人们对风险管理的认识不断提高。

一、风险

（一）风险的基本概念

风险是对危险源危险程度的评价，是对某一类危险源可能导致潜在后果所预计的可能性和严重性的综合。与风险相对的概念是安全。

安全的英文定义为：out of danger（远离危险），not threatened by harm（不受伤害威胁）。安全的中文定义为无危为安，无损为全。

按照大多数学者的观点，可将风险的概念归纳为两种。一种为主观说，强调"不确定性"和"损失"观念。"不确定性"是属于主观的、个人的和心理上的一种观念。其结果有损失的一面亦有盈利的一面，损失面带给人们的是恐惧和失败，盈利面带给人们的是希望和成功。而主观说指的是关于

"损失"的不确定性为风险。不确定性的范围包括了发生与否不确定、发生的时间不确定、发生的状况不确定和发生的结果不确定。由于这种观点中"风险"纯属于个人对客观事物的主观估计,所以无法用客观的尺度进行衡量。另一种为客观说,将风险视为客观存在的事物,所以可以用客观的尺度予以衡量,对其显然应以数学的方法加以规范。同时,这种观点把"风险""不确定性""概率"三者区分得很清楚。客观说所认为的"不确定性"与主观说所谓的"风险"有相似之处,所以有些主观说学者干脆指明"风险"就是"不确定性"。

风险可以分为两类,即广义的风险和狭义的风险。广义的风险是指特定的时间与空间内某一种结果发生可能性的差异程度。这个定义所包含的内容相当广泛,在学术界被广泛理解和应用,但是在风险管理实务中是很难操作的。狭义的风险是指纯粹风险,即由于从事某项特定活动过程中存在的不确定性而产生的经济财产损失的可能后果。显而易见,狭义风险的定义为风险管理人员划定了明确的工作范围。

美国项目管理协会(Project Management Institute,PMI)1992年颁布的《项目风险管理分册》(*Project Risk Management Rolume*)[1]中将项目风险定义为项目实施过程中不确定事件对项目目标所产生的累积不利影响结果。(Project risk is the cumulative effect of the chances of uncertain occurrences adversely affecting project objectives.)从上述风险的各种定义可以看出,目前国际学术界对风险概念尚未形成严格的、科学的、被大家认可的定义。然而,通过上述讨论可以看出,无论对风险如何下定义,都应该突出如下要素。

其一,风险发生的时空条件。离开一定的时空条件来谈论风险,是无任何意义的。因为人类的一切活动必然伴随一定的时空条件发生,正是时空条件促成了一切风险的产生、发展以及影响。

其二,人类活动的存在。一切风险所发生作用的对象必然是人类有关的活动,否则谈不上风险的影响。从这个意义上说,人类的主观感觉对风险的定义起着关键的作用。这正是近年来学术界对风险偏好进行大量研究的原因所在。

其三，风险的随机性。由于人类自身智力和技术手段的有限性，人类对于一切活动后果的预测与估计都是建立在过去的经验基础上的，对未来的预测必然带有某种程度的不准确性，这正是客观环境与人类自身各种因素共同作用的结果。现实表现即为风险的随机性或者结果的不确定性。

显然，该定义在应用于不同的项目、不同层次的问题时，应该被赋予特定的含义。例如，在工程领域，人类活动的目标是在规定的时间和费用范围内，保质保量地完成活动。那么按照该定义，工程项目在时间、费用、质量、数量方面的不确定性均可以用风险来进行描述。

（二）风险的特征与分类

1. 风险的特征

风险具有如下特征：①客观性。风险超越于人的主观意识而存在，由客观事物内在运动规律所决定。②普遍性。风险具有在时间上和空间上分布普遍性的特征，无时不有，无处不在。③随机性。风险虽然具有普遍性，但是其发生的时刻、持续的时间、作用的大小、作用的对象等均为随机的。因此，现实当中风险往往表现为突发、灾难性、出人意料。④可认识性。风险虽然具有很强的随机性，但是其内在的客观规律决定了它具有某种程度的可预测性、可控制性。⑤动态性。同一种风险因素，在不同的时空条件下，会表现出不同的特征。也就是说，风险本身会随时间、空间条件发生演变。⑥损失性。风险往往意味着会有一定的损失，对风险承担者来说，意味着要承担一定的损失。

正是由于上述特征的存在，风险具有如下属性：①自然属性。风险均由自然界（包括客观自然和人类自然）的不规则运动所致。②社会属性。风险与人类改造自然的社会活动具有密切关系，因此就具有了社会属性。③经济属性。风险的结果最终会表现为经济上的变化（损失或赢得）。

2. 风险的分类

一般而言，风险与事件的不确定性有关，若某一事件的发生存在两种或两种以上的可能性，即可认为该事件存在风险。在保险的领域，风险特指和损失有关的不确定性。

根据不同的标准，风险有不同的分类，常见的分类方式有如下几种。

(1) 依据风险产生的原因不同，可将风险分为自然风险、社会风险、政治风险、经济风险与技术风险等。①自然风险。自然风险是指由自然现象、物理现象和其他物质现象所形成的风险，如地震、水灾、火灾、风灾、雹灾、冻灾、旱灾、虫灾以及各种瘟疫等。在各类风险中，自然风险是保险人承保最多的风险。自然风险的成因不可控，但有一定的规律和周期，发生后的影响范围较广。②社会风险。社会风险是指个人或团体的行为（包括过失行为、不当行为及故意行为）或不行为使社会生产及人们生活遭受损失的风险，如盗窃、抢劫、玩忽职守及故意破坏等行为将可能对他人财产造成损害或对他人人身造成伤害。③政治风险。政治风险（又称为"国家风险"）是指在对外投资和贸易过程中，因政治原因或订约双方所不能控制的一些外部原因，债权人可能遭受损失的风险。例如，因进口国发生战争、内乱而货物进口中止；因进口国实施进口或外汇管制，输入货物被限制或禁止输入；因本国变更外贸法令，使出口货物无法送达进口国，造成合同无法继续履行等。④经济风险。经济风险是指在生产和销售等经营活动中，由于各种市场供求关系、经济贸易条件等因素变化的影响或经营者决策失误，前景预期出现偏差等导致经营失败的风险，如企业生产规模的增减、价格的涨落和经营的盈亏等。⑤技术风险。技术风险是指随着科学技术的发展、生产方式的改变而产生的威胁人们生产与生活的风险，如核辐射、空气污染和噪声等。

(2) 根据风险标的的不同，风险可分为财产风险、人身风险、责任风险与信用风险。①财产风险。财产风险是指一切导致有形财产的损毁或贬值的风险以及经济上或金钱上损失的风险，如厂房、机器设备、原材料、成品等的风险。财产损失通常包括财产的直接损失和间接损失两个部分。②人身风险。人身风险是指导致人的伤残、丧失劳动能力、死亡以及医疗费用支出增加的风险，如人会因生、老、病、死等生理规律以及自然、政治、军事、社会等原因而早逝、伤残、丧失工作能力或年老无依靠等。人身风险所致的损失一般有两种：一种是收入能力损失；另一种是额外费用损失。③责任风险。责任风险是指由于个人或团体的疏忽或过失行为，造成他人财产损失或人身伤亡，依照法律、契约或道义应承担的民事法律责任的风险。日常生活中所说的责任风险中的"责任",少数属于合同责任,绝大部分是指法律责任,包括刑事责任、民事责任和行政责任,但保险人所承保的责任风险仅限于民事损害赔偿责任。例如,对由于产品设计或制造上的缺陷所致消费者(或用户)的财产损失或人身伤害,产品的设计者、制造者、销售者依法要承担经济赔偿责任;合同一方违约使另一方遭受损失,违约一方依合同要承担经济赔偿责任。④信用风险。信用风险是指在经济交往中,权利人与义务人之间,由于一方违约或违法不履行到期债务致使对方遭受经济损失的风险,如进出口贸易中,出口方(或进口方)因进口方(或出口方)不履约而遭受经济损失。

(3) 依据风险造成的后果不同,风险可分为纯粹风险与投机风险。①纯粹风险。纯粹风险是指只有损失机会而无获利可能的风险。例如,房屋所有者面临的火灾风险、自然灾害、汽车主人面临的碰撞风险等,当发生火灾或碰撞事故等时,他们便会遭受经济利益上的损失。②投机风险。投机风险是相对于纯粹风险而言的,是指既有损失机会又有获利可能的风险。投机风险的后果一般有三种:一是"没有损失",二是"有损失",三是"赢利"。例如,在股票市场上买卖股票,股票的价格到底是上升还是下降,幅度有多大,这些都是不确定的,就存在赚钱、赔钱和不赔不赚三种后果。

(4) 依据风险的影响范围大小,风险可以分为基本风险与特定风险。①基本风险。基本风险是指非个人行为引起的风险。它对整个团体乃至整个社会产生影响,而且是个人无法预防的风险,如地震、洪水、海啸、经济衰退等均属此类风险。②特定风险。特定风险是指个人行为引起的风险。它只与特定的个人或部门相关,而不影响整个团体和社会,如火灾、爆炸、盗窃以及对他人财产损失或人身伤害所负的法律责任等均属此类风险。特定风险一般较易为人们所控制和防范。

另外,按风险分析依据可将风险分为客观风险和主观风险,按风险分布情况可将风险分为国别(地区)风险、行业风险,按风险潜在损失形态可将风险分为财产风险、人身风险、责任风险和信用风险等。

(三) 风险的组成要素

1. 风险因素

风险因素指引起风险事故发生的因素、增加风险事故发生可能性的因素以及在事故发生后造成损失扩大和加重的因素，包括自然风险因素、道德与心理风险因素、社会风险因素。风险要素包括有形风险因素和无形风险因素。例如，1980~1996年，世界发生的287起重大进近着陆事故中，8起事故原因不明，其他279起事故的主要风险因素共有64种，其中最常见的主要风险因素有5种，即疏忽或措施不当、不清楚飞机在空中的位置、飞机操纵问题、"蛮干"、判断力或飞行技术差。仅这5种因素就造成198起重大进近着陆事故，占事故比率高达71%。在这287起事故中造成每起事故的风险因素平均为3.8种，最多的一起事故风险因素多达10种。

2. 风险事故

风险事故又称风险事件，是指风险可能成为现实，造成人身伤亡或财产损害的偶发事件。例如，火灾、地震、洪水、雷电、盗窃、死亡、爆炸等都是风险事故。

3. 损失

损失指价值的消灭或减少。损失必须能够以一种便于计量的经济单位表示出来，但是有许多损失是无法用经济的方法计算或表示的。

风险成本的构成如图1-1所示。

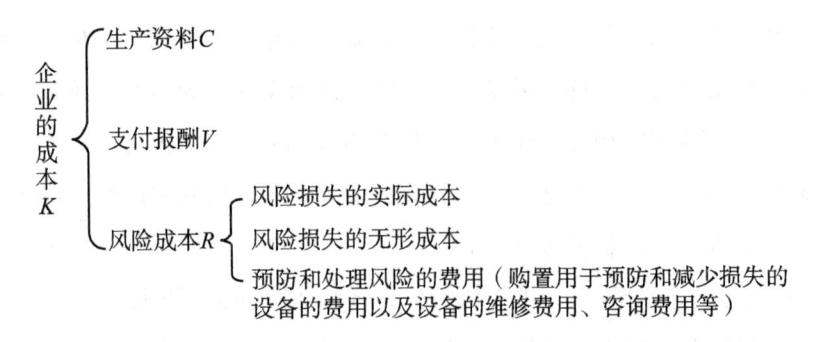

$$\text{企业的成本} K \begin{cases} \text{生产资料} C \\ \text{支付报酬} V \\ \text{风险成本} R \begin{cases} \text{风险损失的实际成本} \\ \text{风险损失的无形成本} \\ \text{预防和处理风险的费用（购置用于预防和减少损失的设备的费用以及设备的维修费用、咨询费用等）} \end{cases} \end{cases}$$

图1-1 风险成本构成

二、风险与危险、保险的关系

（一）风险与危险的关系

危险是客观存在、无法改变的，而风险在很大程度上随人们的意志而改变。危险是与安全相对立的一种潜在状态，风险是与某项活动相联系的危险的可能性。危险是一种现在的或潜在的不希望的事件状态，风险是随机事件不希望转化为事故的渠道和可能性。安全为受害或损失之风险在可接受范围内。风险可看作评价安全绩效之衡量指标。

（二）风险与保险的关系

风险是保险存在的前提，也是风险管理存在的前提，没有风险就无须保险，也不需要进行风险管理。

保险是一种以经济保障为基础的金融制度安排。它通过对不确定事件发生的数理预测以及收取保险费的方法，建立保险基金；以合同的形式，由大多数人来分担少数人的损失，实现保险购买者风险转移和理财计划的目的。

保险和风险管理都是以概率论和大数法则等数学、统计学原理作为其分析基础和方法。在风险管理中，保险仍然是最有效的措施之一。保险是应对纯粹风险中的可保风险，风险管理是管理所有的风险以及某些投机风险。

（1）描述系统危险程度的客观量。描述系统危险程度的客观量是指把风险看成一个系统内有害事件或非正常事件出现可能性的量度，把风险定义为发生一次事故的后果大小与该事故出现概率的乘积。一般意义上的风险具有概率和后果的二重性，即

$$R = F(P, S) \tag{1-1}$$

式中：F 为函数关系；P 为概率；S 为后果。

简单起见，大多数文献中将风险表达为概率与后果的乘积。

$$R = P \cdot S \tag{1-2}$$

（2）风险的程度。风险程度即损失发生的不确定性和严重性的大小。需要注意的是，当使用"更大的风险"或"更小的风险"表明可能性损失的规

模时，即使损失的概率一样大，但涉及风险的数额（或数量）越大，损失可能就越大[2]。

因此，损失发生的可能性和损失一旦发生的严重性这两个方面加在一起就构成了人们对风险的重视程度。

三、风险管理

（一）风险管理的起源与发展

1. 风险管理的产生

（1）人类早期的风险管理意识。人类早期的风险管理意识体现在制作工具预防猛兽侵袭、住在山洞避免洪水冲淹等预防自然灾害和疾病的行为中。

（2）古代的风险管理思想。中国古代有储粮备荒的风险管理思想，有开设镖局的风险管理方法。西方有互助共济、补偿损失的风险管理思想。

（3）现代风险管理的产生。随着新技术、新工艺的普遍应用，社会生产规模不断扩大，社会财富不断增加，国际贸易和国际市场空前扩大，社会的风险损害不断增加。社会化生产力的提高，使得原来松散的社会联系变得十分紧密。其主要原因有：巨额损失机会增加、损害范围扩大、社会福利意识增强、利润最大化、社会矛盾尖锐化。

2. 风险管理的发展

风险管理是一门正在兴起的管理学科，是在管理学、社会学、经济学、行为科学、运筹学、概率统计、计算机科学、系统论、控制论、信息论等学科和现代工程技术理论的基础上，结合现代建设项目和高科技开发项目的实际发展，逐步形成的一门新兴的管理科学。它是一门跨自然科学与社会科学的系统化管理科学。

美国项目管理协会将风险管理定义为：风险管理是系统识别和评估风险因素的形式化过程；是识别和控制能够引起不希望变化的潜在领域和时间的形式、系统的方法；是在项目期间识别、分析风险因素，采取必要对策的决策科学与艺术的结合。

风险管理（risk management）的理论与实践起源于 14 世纪中叶，欧洲地中海沿岸各港口的海上保险兴起，建立了共同海损制度及船货押贷制度，由此展开了人类探索风险管理的序幕。

19 世纪法国管理学家亨瑞·法约尔（Henri Fayol）将风险管理理念真正地运用于经营管理领域，他在著作《工业管理与一般管理》中论述了风险管理及风险管理在企业经营管理中的重要作用。

在远古时代原始人类的生存活动中风险管理思想就逐渐显露出来，而在第一次世界大战后，德国则首次将风险管理作为系统科学方法解决当时发生的严重经济问题。

1929~1933 年，美国卷入最严重的世界性经济危机，使风险管理问题成为许多经济学家研究的重点。1930 年，美国宾夕法尼亚大学的所罗门·许布纳（Solomon Schbner）博士在美国管理协会的第一次保险会议上首次提出"风险管理"的概念。

1931 年，美国管理协会保险部提出风险管理概念。

1932 年，纽约经纪人协会的成立标志着风险管理的兴起。但是，直到 20 世纪 50 年代美国工商企业才开始重视风险管理。这是由于在美国企业界发生的两件大事：一是 1953 年美国通用汽车公司的火灾，这场灾难是美国历史上最为严重的火灾之一；二是美国钢铁行业因团体人身保险福利问题及退休金问题引起的长达半年的工人罢工。这两件大事给美国经济带来了非常严重的损失，同时也给美国企业界和学术界敲响警钟，让人们意识到科学有效的风险管理在现代企业中发挥着不可小觑的作用，风险管理理论从而迅速发展起来。

1963 年，欧洲各国受到美国出版的《保险手册》（Insurance Manual）刊载的《企业的风险管理》启示，更加系统化和专门化地研究风险管理理论。美国的商学院率先推出了一门涉及如何对企业的财务、人员、责任、资源等进行保护的新型管理学科，即风险管理。风险管理也成了企业管理科学中一门独立的学科。同年，美国学者梅尔（Maher）以及赫奇斯（Hedges）合著的《企业的风险管理》（Risk Management in the Business Enterprise）出版，标志着风险管理开始走进企业经营决策，在大型项目的实践中也取得了较好效果，这本著作也随着国际交流合作的加深成为风险管理领域的经典文献。

1975 年，美国保险管理协会更名为美国风险与保险管理协会（Risk & Insurance Management Society，即 RIMS），这标志着风险管理从早期采用保险方式转移风险转变为真正以风险管理原理为手段全方位地处理风险。

1983 年，美国 RIMS 年会上通过"101 条风险管理准则"，其包含的风险管理内容十分全面而具体，各国将此准则视为风险管理的一般准则。

由于美国对风险管理的探索和实践较早，从而拥有丰富学术成果以及相关人才，同时对风险管理的应用也非常广泛。而英国的风险管理研究较之美国则具有自己的特色，将风险管理分为五个阶段，即识别、分析、计划、跟踪、控制；并且强调有效的风险管理需要公开、透明，与项目团队持续沟通。

我国对于风险问题的研究较西方国家起步较晚，以风险决策为研究起点。20 世纪 70 年代末、80 年代初我国引进了国外项目管理的基本理论、方法和程序，但是由于当时经济发展水平较低、人们的风险意识薄弱、风险管理人才较少、风险体系不健全等原因，并没有引进风险管理。

我国学者周士富[3]在 1980 年首次提出"风险"一词。

1991 年，顾昌耀和邱宛华[4]在《航空学报》上发文，首次将熵扩展到复数并且用于风险决策研究。但是这项研究并没有引起国内学者足够的重视。

20 世纪 80 年代中期以来，随着我国经济飞速发展，各种大型项目逐步展开，人们逐渐认识到风险管理的重要性，因而世界上的许多风险管理理论被引进到我国。

1998 年，卢有杰、卢家仪[5]出版的《项目风险管理》成为中国第一部研究项目风险管理的专著，从而使项目风险管理得到了广泛的关注，激发了国内学者对其进行理论的研究热情。该书对大型项目建设实施阶段的风险性质及风险管理模型进行了深入的研究，尤其是在大型项目建设阶段风险分析、风险评价及风险管理理论的应用方面，为风险管理在我国大型建设项目中的实施应用提供了宝贵的经验。

1999 年，于九如[6]出版了《投资项目风险分析》一书，系统地叙述了对大型工程风险的分析与理论应用。

进入 21 世纪以后，随着政府大力建设公共基础设施的脚步，工程项目风险管理研究得到强劲地推动。

2001年中国优选法统筹法与经济数学研究会项目管理研究委员会为详细规范风险管理，推出了项目风险管理规范化运作的理论基础和技术指南，即中国的项目管理知识体系文件《中国项目管理知识体系》。

以往的风险管理方法没有经常性地应用于实现工程目标之中，抑或无法解决复杂的风险因素。因此，管理有多样风险的工程的首要任务就是尽可能全面地整合多种风险因素。

近些年，我国风险管理涉及的领域越来越广泛，风险管理的思想已经进入灾害、财务审计、供应链、工程等领域，从而也反映了国内风险意识的增强。

随着对自然灾害的重视，相关领域的风险管理研究也在迅速发展。山体滑坡、泥石流、沙尘暴、地震灾害等的风险管理得到了学者的广泛关注，从而也产生了一系列研究成果。温家洪、Jianping Yan、尹占娥[7]从灾害风险管理的角度，从国际灾害风险管理的经验入手，评述了汶川地震灾害中暴露出来的中国地震灾害管理的问题，他认为并不能完全依赖地震灾害预报，而是要更加重视综合运用灾难风险管理。陈勇、谭燕、茚长宝[8]深入研究了山地自然灾害风险管理，他认为山地自然灾害风险是由山地自然环境和人文环境的脆弱性所共同决定的，加强风险管理是至关重要的，同时提出在山地自然灾害风险管理中，实施避灾移民搬迁是非常重要的措施。

而我国企业更多地是从财务审计的角度进行风险管理。陈关亭、黄小琳、章甜[9]基于企业风险管理框架和我国企业内部控制规范建立了基于企业风险管理框架的内部控制评价模型，并运用该模型评价北京某上市公司的内部控制水平，实现了内部控制评价从定性分析到定量研究的转变。张继德、胡月[10]认为企业财务风险管理是非常复杂的过程，因此必须构建一个框架，框架分为目标层、管理层和基础层三个层次，管理目标、责任主体、程序方法、保障体系和管理基础五个要素，三个层次和五个要素相互联系、缺一不可。

供应链风险管理也成为风险管理领域的一个热点。夏德、王林[11]进行了关键事件分析、历史数据分析以及全景描述，认为全景描述和历史数据分析法比较适合于识别供应链运营方面的风险，并将错综复杂的供应链风险因子归纳为数量、适用性、质量、可行性以及复杂性五个方面。近些年，供应链中断风险问题已成为供应链风险管理研究领域的新方向。

由此能看出，风险管理理论已应用到更加广泛的领域，在各个领域扮演着越来越重要的角色。

(二) 风险管理的定义

风险管理的定义应包含如下三层含义：①风险管理的主体为经济单位，即个人、家庭、企业或政府单位；②风险管理通过对风险的识别与评价来选择最佳的风险管理技术；③风险管理的目标为通过最小的损失达到最大的安全保障。

美国项目管理协会1992年颁布的《项目风险管理分册》中对风险管理以及风险管理的目的定义如下：风险管理——贯穿项目整个生命期，是从项目目标的最大利益出发，对风险进行识别、评价以及响应（采取对策）的艺术和科学。

风险管理的目的在于识别项目风险，并开发出战略以大大减少风险或采取步骤避免风险。同时，采取的步骤应该使相关机会最大化。实质上，风险管理包含这样的计划，即要使事情向不利方向发展的可能性最小，其净影响最小，并对不可避免的残余风险进行仔细的责任划分。风险管理是非常具有建设性、创造性的过程。

因此，风险管理是指企业通过识别风险、衡量风险、分析风险，从而有效地控制风险，用最经济的方法来综合处理风险，以实现最佳安全生产保障的科学管理方法。此定义表明：①风险不局限于静态风险，也包括动态风险。风险管理是以静态风险和动态风险为对象的全面风险管理。②风险管理的基本内容、方法和程序共同构成风险管理的重要方面。③强调风险管理应体现成本和效益关系，要从最经济的角度来处理风险，在主客观条件允许的情况下选择成本最低、效益最佳的方法，制定风险管理决策。

简言之，对项目风险管理的目的可以做如下描述：①识别出可能影响项目范围、质量、工期、费用等目标的因素（风险因素）；②将每个因素可能的影响进行量化；③为项目不可控制量提供一个基线；④通过对项目可控量实施影响，减免不利影响。

其中，风险分析是指风险管理中对风险因素进行定性与定量分析的活动过程，风险分析需要采用大量的技术手段来完成相应的分析过程。风险分析实质上是为风险管理提供决策服务。风险分析是在项目寿命期的任何一个阶段中进行危险辨识、频率分析、后果分析的全过程（见图1-2）。

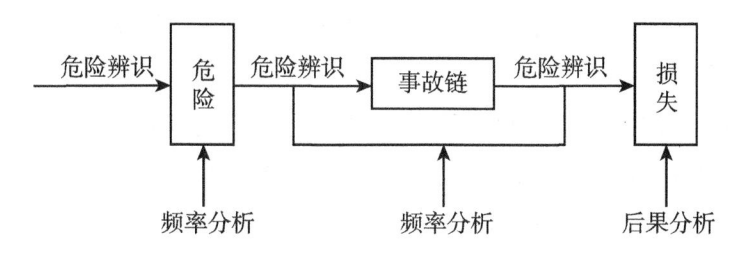

图1-2 风险分析的内容

（三）风险管理的理论体系

关于风险管理观念与体系的研究，近年来有很多学者提出了一些新的研究成果。图1-3给出了风险管理体系的基本框架，从图中可以看出，风险分析作为实现风险管理的手段和方法的集合，其对于风险管理而言，起着辅助决策作用，围绕风险管理程序和目标开展工作。同样，风险管理离开了风险分析技术和手段，也将失去其基础。

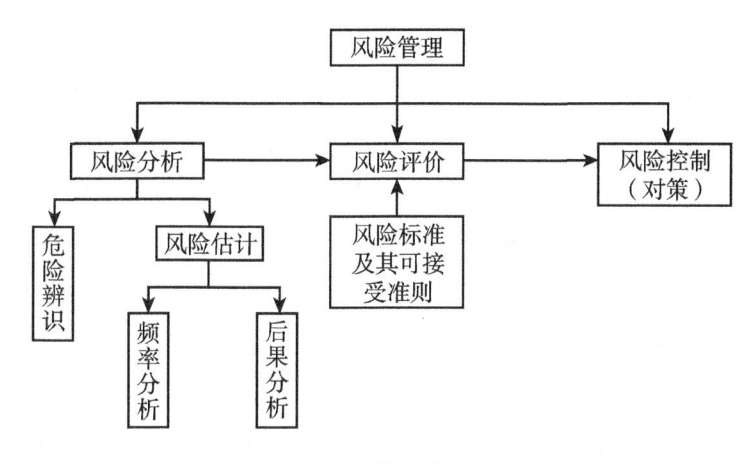

图1-3 风险管理的基本框架

从大量文献中可以看出，目前对于风险的研究主要分为两大方面：一是风险管理观念与体系的研究；二是具体风险分析技术与方法的研究。前者主要针对行业、企业、项目层次的风险战略进行研究，建立风险管理的基本程序，提出风险观念上的新观点和新体系。后者是对风险管理每一步骤中涉及的具体方法和手段进行研究，即借鉴其他学科和管理学科的最新理论研究成果，寻求科学、合理、高效的手段来完成风险管理每一阶段的任务目标，为风险管理服务。

下面，我们对风险管理体系的发展情况进行简单回顾。

(1) 传统静态风险管理体系。传统风险管理体系通常由如下几个阶段组成：项目基本资料的收集与分析、风险因素的识别、风险后果的估计与评价、风险响应措施的拟定、风险管理的实施与控制，最后总结并形成文件。其特点是将风险管理视为一个线性过程，而且只有风险管理的实施阶段与项目本身的进行发生关联，其他阶段一般在项目具体实施前或实施后进行。这样一种风险管理观念是一种静态的管理，它将风险管理与风险分析、项目过程隔离开来。风险管理过程只是将事先确定好的措施加以实施，不能根据项目的实施过程动态地进行管理措施修正。

(2) 动态风险管理体系。人们已经逐渐认识到静态风险管理观念存在的问题，有不少学者对此进行了有益的探索。2001 年 Ali Jaafari 提出了生命周期风险管理 (life cycle risk management, LCRM)[12]。在这些动态模型中，风险识别与评价贯穿项目的整个生命期当中，这无疑是风险管理观念上的一个大的飞跃。当然，具体到风险管理的每个环节和步骤，要在实际当中体现动态的、面向整个生命期的特点，就必须有相应的技术方法和手段。但是，在上述已经提出的方法和观念中，并没有给出具体的、可供实际操作使用的技术手段和方法，这显然会大大阻碍动态风险管理观念的发展和应用。

因此，有必要对风险管理的分析手段和方法进行深入研究和具体的探讨，使"动态的、面向项目过程的"思想得以真正实现。

从图 1-4 中可以看出，风险管理的常规程序由以下几个步骤组成。

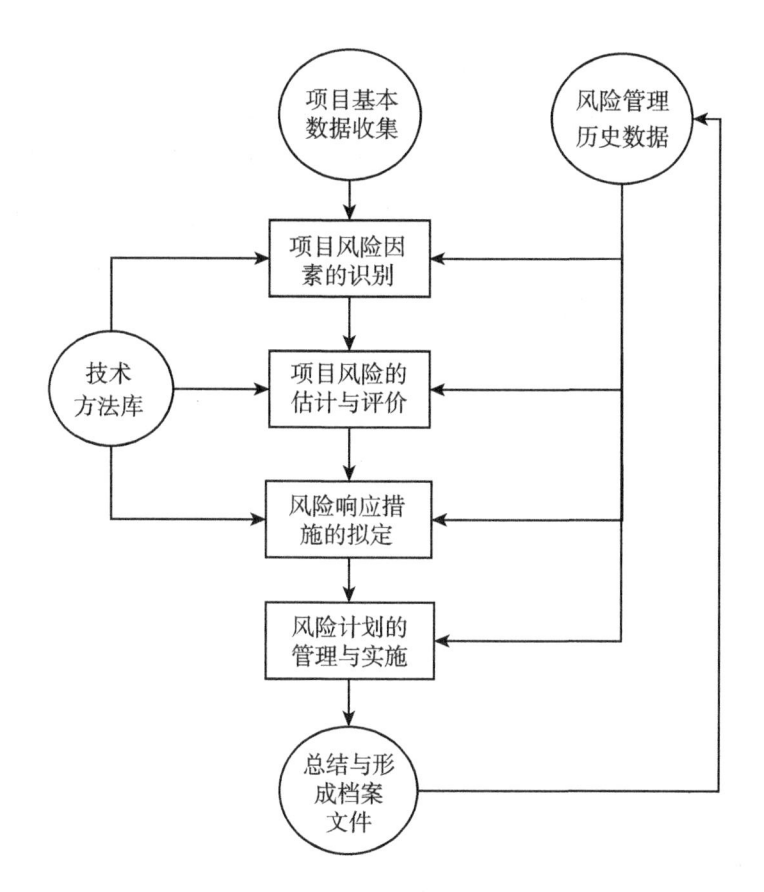

图 1-4 风险管理流程

（1）风险的描述方法。风险的描述方法可以分为两大类，即概率描述方法和模糊逻辑方法（也可以称为定量方法和定性方法）。这两种方法在实际应用当中各有利弊，同时还会影响到随后的风险分析与管理的步骤及其结果。

（2）风险因素的识别。风险因素的识别是通过一定的方法和手段，尽可能地找出显著影响项目成功的风险因素。常用的方法有故障树分析法、概率树分析法、决策树分析法等。专家调查的方法常用的有智暴法、德尔菲法、幕景分析法等。

（3）风险估计。风险估计的任务是对某一风险因素发生的概率值及其后果的性质和大小进行量化估计。

（4）风险后果评价分析。风险后果评价分析是将识别出的风险估计结果与项目的目标建立联系，分析风险因素对项目目标的不利影响的大小，分析结果应尽量采用定量的方法描述。

(5) 风险对策拟定。常规风险响应措施有四大类：回避风险、保持风险、转移风险、减免风险。风险响应措施的拟定方法通常有系统分析法和历史经验借鉴法。但是由于建设项目的不重复性及其复杂性，这是一项极具挑战性的工作。

风险管理的基本程序如图 1-5 所示。

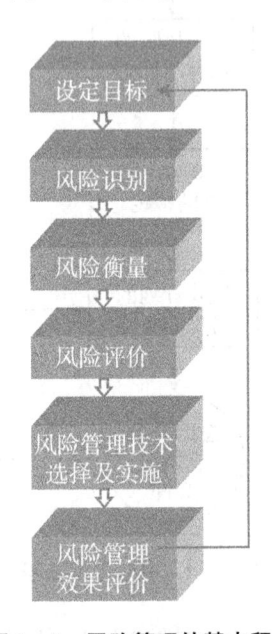

```
设定目标
  ↓
风险识别
  ↓
风险衡量
  ↓
风险评价
  ↓
风险管理技术
选择及实施
  ↓
风险管理
效果评价
```

图 1-5　风险管理的基本程序

(四) 风险管理与安全管理

(1) 风险管理的内容较安全管理广泛。风险管理不仅包括预测和预防事故、灾害的发生，人机系统的管理等安全管理所包含的内容，而且还延伸到了保险、投资，甚至政治风险领域。

(2) 安全管理强调的是减少事故，甚至消除事故，是将安全生产与人机工程相结合，给劳动者以最佳工作环境。而风险管理的目标是尽可能地减少风险的经济损失。两者的着重点不同，也就决定了控制方法的差异。

与传统的安全管理相比，风险管理的主要特点还表现在：

(1) 确立了系统安全的观点。随着生产规模的扩大、生产技术的日趋复杂和连续化生产的实现，系统往往由许多子系统构成。为了保证系统的安全，就必须研究每一个子系统，另外，各个子系统之间的"接点"往往会被忽略而引发事故，因而"接点"的危险性不容忽视。风险评价是以整个系统安全为目标的，因此不能孤立地对子系统进行研究和分析，而要从全局的观点出发，才能寻求到最佳的、有效的防灾途径。

（2）研发了事故预测技术。传统的安全管理多为事后管理，即从已经发生的事故中吸取教训，这当然是必要的。但是有些事故的代价太大，必须预先采取相应的防范措施。风险管理的目的是预先发现、识别可能导致事故发生的危险因素，以便在事故发生之前采取措施消除、控制这些因素，防止事故的发生。

从某种意义上说，风险管理是一种创新，但它毕竟是从传统的安全分析和安全管理的基础上发展起来的。因此，传统安全管理的宝贵经验和从过去事故中吸取的教训对于安全风险管理依然是十分重要的。

四、风险管理原则

（1）强调事前管理。所有的系统运行都意味着存在某种程度上的风险。要认识到人与系统的相互作用会带来某些风险因素。

（2）数量化佐证以衡量风险程度。以正确的观点对待隐患，不要对已知的每一个风险过度反应，但是对如何处理它要做出清醒的决策，衡量风险，根据自己的知识、业内专家的建议、经验和项目要求做出判断，为与特定项目相关的比较安全评估建立清晰的目标和参数，比使用通用的方法和步骤更为重要。

（3）预设最坏的情境。按"最严重事例/情况"确定严重程度。

（4）模拟评估。对风险管理过程进行模拟评估，向设计者指明安全目标及如何实现目标，通过模拟评估确定其方法的可行性。

（5）解决方案的拟订。在系统规划或设计中不存在"安全问题"。只有工程或管理问题，如果留下来不解决，可能导致事故。一个安全问题可能不止一种"解决方法"。通常有很多途径可循。每一种途径都可以不同程度地减小风险。综合运用这些途径可以得出最佳的解决方案。

五、风险管理的效果

通过对调查报告的分析可以发现，实际项目管理工作中对风险管理的效果有比较一致的认识。我们可以从不同的层次来归纳管理人员对风险管理益处的认识。

从项目管理的宏观层次来讲，其益处表现为：①使得判断和直觉在决策中以有意义的方式表现，为深入了解项目、决策提供一个系统化、逻辑化的方法。②使决策者能以更现实的方式面对风险和不确定性，对复杂的决策问题有用，进而改进投资决策质量，增加投资决策的可信度。③项目管理人员可对多选择方案进行全面分析。④加强了管理者之间的交流，改进项目实施的最终绩效，为问题条理化提供指导。

从项目管理的微观层次来讲，使用风险管理的益处有：①形成更实际的费用和工期计划。②增加相关人员对项目风险的理解。③有利于对风险备用金的评估。④方便承担更大但更合理的风险，增加了承担风险的收益。⑤弄清合同方最能应对的风险。⑥形成更适当的招标投标方式。⑦建立历史风险的统计信息，有助于建立更好的未来项目模型。⑧有助于区分管理的好与坏、管理人员能力水平的高与低。

六、风险管理技术存在的问题以及应用上的困难

调查表明，风险管理技术与工程实际应用之间仍存在较大的差距。工程管理人员应该明白，他们并不必去学习新的技术进行风险管理，而是需要以更适当的方法使用现有的技术。也就是说，相关人员实际工作中往往不能正确地、适当地使用现有的风险分析与管理技术。影响风险管理技术使用的最主要的困难来自风险管理技术本身以及管理实施两个方面。

风险管理技术本身的问题有：①获得输入数据的估计值较困难。②收集、整理风险数据对时间要求较高。③理解及解释风险分析结果困难。

风险管理技术在实施中的问题有：①缺乏中层管理/监督人员的支持，管理者对风险管理技术缺乏了解。顾客（业主）和管理者对风险管理技术缺乏了解，主要的问题是他们缺乏必要的知识去应用正确的方法，不能找到一个

途径可以系统地、方便地和节省费用地应用这些方法。②缺乏高层管理者支持。③人员/机构阻力。④缺乏计算机资源及其辅助。⑤缺乏合适的风险管理方法。⑥可接受风险标准还没有建立起来。⑦缺乏风险管理训练。

调查表明，风险分析模型的复杂性是其应用的最大障碍。通过限制其变量的个数或方案数目，许多企业愿意使用风险分析技术，但是这样做不仅降低了他们对结果可靠性的信任程度，而且模型对于各种各样的项目中的信息流无法给予充分的差异化的考虑。风险分析模型忽略了市场和竞争因素，这不符合客观实际。例如，有时迫于市场压力，企业将无法考虑风险备用金，因此，竞争越激烈，企业越容易承担更大的风险。

风险分析技术应用的最大缺陷是：功能和技术越强大、越成熟，需要越多的数据和时间去分析（现实情形是往往不可能花费大量的时间和费用去支持这项工作）。

七、风险管理的主要应用方向

风险管理可应用于多个领域和方向，主要包括工程投标风险管理、环境风险管理、互联网金融风险管理、民航安全管理等，下面就前三个方面做简单介绍，民航安全管理在后续内容中再做详细介绍。

（一）工程投标风险管理

1. 工程投标风险系统体系建立的背景

建筑企业成功投标的标志是赢得市场，获得企业持续健康发展所需的有效资源。随着我国社会制度的日臻健全，招标投标制度的执行，行业壁垒逐步被打破，建筑市场公平竞争局面已经形成，使市场竞争变得更加激烈、残酷，甚至出现恶性竞争，导致建筑企业加速进入微利时代。而"轻投标、重索赔"的问题，迫使大型建筑企业创建并巩固竞争位势，提高工程投标风险管理水平，防控风险损失，利用风险机会，以确保企业永续经营。

在目前亚洲基础设施投资银行建立和中国高铁"走出去"的多重利好形势下，大型建筑企业如何提升工程投标风险管理能力，已成为衡量能否抓住此次发展机遇的关键标志之一。因此，加强工程投标风险管理的研究，对丰富投标风险管理理论体系，提升企业核心竞争力，保持建筑企业持续健康发展具有重要的理论和现实意义。

大型建筑企业工程投标风险管理是一个复杂的超循环系统。需运用系统科学的理论和方法分析大型建筑企业工程投标风险的产生机理和管理过程，以此确立工程投标风险管理的目标，建立工程投标风险的机理模型和过程管理模型，为系统地实现工程投标风险管理提供科学的理论依据和方法体系。

2. 工程投标风险及风险管理的概念

对工程投标风险概念的分析要从影响企业工程投标的局部因素扩展到影响企业的经营绩效和竞争优势的全局因素，研究范围从具体工程投标扩至企业经营周期内的专业工程、成员企业和大型建筑企业，也是从企业工程投标所面临的风险上升到整个企业的工程投标风险。

工程投标风险管理是指为实现工程投标的预定目标，对工程投标风险进行识别、分析和控制的过程。全球土木工程的市场竞争日益激烈，使得工程投标风险管理的研究和实践受到学术界和企业界专业人士的重视，并得到有益的探讨和研究，如注重工程投标风险度量研究、注重工程投标风险管理时序研究、加强工程投标风险决策研究、强调工程投标风险信息化管理的作用。

3. 工程投标风险管理的评估过程

工程投标风险系统控制的实质就是通过改变投标风险因素的系统状态和相互作用路径以改变系统输出的结果，即风险后果。工程投标风险系统根据输出是否受控制系统的影响，可分为开环系统和闭环系统。

开环系统是指工程投标系统的输入直接控制系统的状态和输出，但不受控制子系统和输出结果的影响。

闭环系统是指工程投标系统的输入控制系统的状态和输出，同时控制子系统通过反馈回路获取系统输出，经过分析比对进行动态控制调整，直至实现风险管理的目标。

工程投标风险系统仿真是指通过建立风险数学模型，对大型建筑企业工程投标风险系统进行模拟分析，验证理论的正确性和系统合理性。结合信息论，可为工程投标风险管理系统研发一套高效的工程投标风险智能决策系统。上述智能决策系统在大型建筑企业工程投标风险管理中采用了风险系统动力学，以工程投标风险管理流程为中心，加上基于案例推理的智能决策体系的综合管理系统，将管理事后监督转变为事前防范、事中规范。

工程投标风险管理模型将投标风险的时间维、逻辑维和知识维做了有机合成，显示其间的逻辑关系。

工程投标风险系统的输入为外部环境的随机扰动和投标工程的不确定性，输出为风险后果，中间为工程投标的风险辨识、风险评估和风险控制的管理过程。一般来说，在企业正常、持续的经营时间周期内，外部的扰动和工程投标的不确定性基本确定，其输出的风险结果的损益程度取决于风险管理的质量和效益。

风险评估包括不确定性风险估计和风险评价，主要测量风险发生的概率、损益程度和影响程度。风险评估的目的是为系统风险管控提供决策信息。

（1）风险估计。风险估计是指风险发生的概率以及风险发生后给系统造成的损益大小，为风险评价和管控决策提供信息。内容包括：①每项风险事件发生的概率及其时空分布；②每项风险事件导致的系统损益的大小及其时空分布；③系统风险损益的期望值和标准差。

评估方法分为定性分析法和定量分析法。其中定性分析法包括访谈、集体讨论、专家咨询、问卷调查和标杆分析法。定量分析法包括概率分析法、数学模型计算法和相对评估法。本书中的研究将两种分析方法结合使用。

（2）风险评价。风险评价是根据风险估计取得的风险发生的概率和损益程度，结合系统其他必要因素，评审风险发生的可能性和损益程度，参照系统的评价准则，权衡风险对系统造成的影响程度，对比自身实力，提出风险评价结论，以及对风险的接受程度、是否采取管控措施的决策过程。常用的风险评价方法包括风险因素分析法、模糊综合评价法、内部控制评价法、分析性复核法。有时按风险评价变量的数量可将风险评价方法分为单变量判定模型、多元线性评价模型和综合评价法。

4. 工程投标风险管理的措施

大型建筑企业工程投标风险预警系统作用的发挥必须有组织做保证，负责对验标流程阶段应对措施进行检测、比较、补充和修正。工程投标风险预警体系的四大流程为信息流程、决策流程、执行流程及专业流程，彼此支撑、补充，不可或缺，共同构建企业风险预警体系。

（1）信息流程。流程信息传播与不明确性是一组互相对立的度量，信息的增加会减弱不确定性。鉴于此，要促使信息分布更均衡来获取较多的信息，消除获取的信息不对称等不合理行为。

（2）决策流程。决策流程分为顶层决策流程和基层决策流程。顶层决策流程是由系统决策层发出决策指令，逐级细化下达的指令的过程。基层决策流程是系统执行层和操作层发现风险事件，先自主采取控制措施并逐层上传，后由决策层做出覆盖全系统处置指令的过程。

（3）执行流程。执行流程包含下达实施流程、上传反馈流程和决策层的矫正执行流程。执行流程的实施条件是统一的执行标准、畅通的信息传输渠道和完善的保障组织。

（4）专业流程。专业流程的理论基础是系统工程的突变论。由突发风险引起的流程一般具有时效性，伴随风险的消除被取消，之后就将一般的不确定性交给工程投标风险预警的正常流程来处理。

（二）环境风险管理

1. 环境风险管理体系建立的背景

随着我国城市群城镇化的不断深入推进，无序的城镇建设、不合理的产业结构、资源过度开发等问题导致生态环境容量与资源承载力严重超限，环境系统形势严峻，影响着居民健康，限制着城市建设和发展。虽然各地城市群近年来也积极响应国家关于环境安全的可持续发展战略，加大环境保护与污染预防力度，严厉打击污染环境的违法行为，关闭、取缔或转移大量重污染、高耗能企业，倡导生态文明建设等，环境污染的治理工作取得了一定的成果，环境健康急剧恶化的现象得到了一定的缓解，但由于历史发展模式的积累，很多城市群环境安全问题仍然是城市治理的重中之重，环境污染的治理和预防工作还有待加强和完善。此外，信息时代的高速发展不仅对环境风险管理模式提出了更高要求，而且提供了一种高效、快速的管理方式，只要充分利用好现代化信息技术，加快建设信息化管控模式，就能很好地提升区域环境风险管理水平，促进我国城市群环境系统安全、健康、可持续发展。

2. 环境风险评价的概念

环境风险具有很强的不确定性，主要归因于危险发生的未知程度以及人类无法对其影响做出准确无误的估算。而风险影响因素是通过自然原因或人为原因，在环境媒介的作用下，对人类社会和生态环境造成负面影响。为更加系统地认识区域环境风险，首先要对环境风险来源有更加明确、全面的认识。

作者通过对区域环境风险系统理论及相关领域主流学者的研究成果的梳理分析，总结归纳出研究的区域环境风险来源划分。从区域环境风险研究成果分析总结中不难发现，除环境风险源外，环境现状容量水平也是城市发展的制约因素，而城市环境容许的极限值、环境容量等是和受体的易损性相关的，环境污染和环境保护能力是对环境情况最直接的描述，而环境风险控制机制和环境容量是通过影响风险源大小来间接决定环境风险的大小（见表1-1）。

表1-1 风险源与风险影响因素

风险源	风险源危险性、风险受体易损性、风险管控机制有效性
风险影响因素	机动车发动机噪声、公众环保意识薄弱、噪声隔离防护效果、污染企业密度大、社会经济状况、噪声污染治理资金投入比例、建筑施工噪声、医疗卫生条件

3. 环境风险管理的评估过程

进行环境风险级别划分的基础是建立能够使数据具象化的区域环境风险指标体系，确定各项指标之间的层次逻辑关系和结构联系，并进行定性、定量的表达。如区域环境风险综合评价指标体系的建立拟采用系统分析的思想，其构建流程的基本步骤主要为：①根据研究的主要问题，进行现状调查并收集相应的资料，确定评价系统的目的，按照相关的风险评价科学理论方法确定关键因素。②结合具体地区的发展特征以及目前环境问题的重点，参考比较环境风险评价指标的优秀研究成果，综合分析，选择区域环境风险评价指标。③优化指标，确定不同层级各指标的不同层次架构关系、相同层次指标的先后顺序，最终建立综合评价指标体系。

环境风险管理是对不同风险等级的风险源采取稀释、隔离、消除、转移、持续监控等一系列方法手段，风险管控策略具有针对性、及时性和有效性的特征。依据区域年度环境风险管理工作计划以及环境风险辨识评估工作，编制环境风险管控应对策略，制订工作计划安排，以报告的形式提交环境风险管理中心审议，通过后直接下发给环境风险管理办公室各工作小组，制定环境风险管控策略，并由环境风险办公室共同梳理出重大环境风险管控对策，形成报告，提交环境风险管理中心审议，最终由区域联合管理委员会审批，通过后执行。

4. 环境风险管理的措施

风险预测系统的主要目的是实现对区域环境安全事件的"事前"预防和管控，风险预控主要从以下几点入手。

（1）设置环境管控组织机构。设置环境管控组织机构，从组织上保证了环境风险预测活动，同时也创建了较好的运转环境保证风险预测的有效实施，其相应的准备条件包含风险预测的制度建设、管理措施的编制和落实。

（2）日常监管。根据预警结果分析影响区域环境系统健康的风险因素。日常监管的主要内容是对风险因素进行跟踪监管，主要有日常措施和危机模拟两类工作任务。日常措施是在区域内出现环境风险的预兆，或者发生一般风险事件后，实施相应措施，恢复区域内正常的环境系统；危机模拟是对可能发生的危险环境情境进行模拟，并制定有针对性的应急处置措施。

（3）事后应急管控。在复杂多变的区域生态环境中，预测系统也不能完全避免环境风险事件。事后应急管控是指建立事后应急管理来完善系统功能，实现对已出现事件的特殊应急管控，对超出日常监管范围的危机事件进行应急响应，在应急管控下该区域环境系统恢复正常，继续由日常监管实施预控状态下的相应措施。

按照预警内容和应急方案，构建地方区域范围内重要城镇环境保护机构和环境风险预警机构相互协作的联动机制，预警内容重点分析监控测量数据、辨识风险源、风险判别和预警评价共四个方面，应急方案重点构建组织框架体系、监管督察和应急处置措施三项内容，地方区域中重要城镇的环境保护机构定期向环境风险预警机构报送环境状态信息，同时分析采取的管控措施和实施效果，环境风险管理中心对风险情况进行实时动态监测，根据预警指标分级处理。当监测数据在指标范围内时，继续实时监测；当监测数据在警戒范围内时，根据预控处置措施数据库及时采取相应措施处理；当监测数据达到危机状况时，立即进行应急响应，危机管理小组进行应急处置直至监测数据恢复正常，并将应急处理作为案例反馈至措施数据库。在长期的预控管理下，区域内环境风险管理系统将逐渐优化。

（三）互联网金融风险管理

信用、信用体系和风险管理是信用经济形态的三个组成部分。互联网金融作为信用经济必然要对信用、信用体系和风险管理进行明确的界定，才能理清互联网金融创新模式的范畴。信用体系是以信用为出发点，治理市场的失信行为而建立的体系。金融市场的信用体系的征信范围有多大，信用评级的对象有多少及信用管理是否有效，直接影响了金融市场服务的客户规模有多大、业务有多广。互联网金融作为信息中介型平台，其信用服务的对象是长尾客户群。互联网金融信用体系的特征是：①个人信用体系是基础；②大数据信用征信和大数据信用评级是评价信用体系质量的重要指标；③共享建设是重要的机制；④实现信用评分标准化并建立全方位的失信惩戒制度的信用管理体系；⑤消费者信用信息保护是信用立法和监管的重要任务。互联网金融信用体系是平台风险管理的基础。互联网金融风险管理的任务主要是运用大数据技术，为提高投资者判断和控制风险能力提供信用服务并建立相应的风险管理模式。其目的是发挥平台的信息价值中介的功能性作用。

信息不对称是市场信息不完全的一个表现，是指由于交易一方很难观测到信息或观测成本高，处在信息劣势地位，而处在信息优势的一方，为牟取私利，会利用信息的优势做出损害交易对手合法权益的行为。互联网金融作为平台下的信用行为，市场信息不对称导致道德风险和逆向选择问题更严重。其参与的信用主体非常多，借款者处在信息优势一方，而投资者处在信息劣势一方，信息的真假难辨，认知差异巨大。在信息不对称下，互联网金融表现出的是一种逆向选择问题。

风险管理的方式有：①多样化分散风险，如投资者投资许多项目或者持有许多公司的股票；②风险转移，如保险的价格正好等于期望损失，风险规避者将会购买足够的保险，以使他们从可能遭受的损失中得到补偿；③多样化选择，如采取股票、债券等多样化投资，以降低风险。

互联网金融平台风险管理特征，从互联网金融的体系功能看：一方面在"平台+信用体系+监管"体系特征中，实现不确定性条件下资金的融通、配置的功能；另一方面利用大数据信息处理技术，实现信用风险管理和风险评价。从互联网金融的体系结构看：它体现着互联网时代金融合作的多边性、利益的共享性、风险的分担性及大数据的风控机制等，是行为人信息和信用交互的网络结构。互联网金融平台作为新型创新的金融机构，要保证给投资者提供一个良好的系统风险与回报的平衡，同时还要关注自身可能面临的系统风险和非系统风险。

1. 互联网风险评价的评估过程

在对互联网金融的风险类型进行管理之前，首先必须对传统金融风险进行分类和识别。通过对传统金融风险与互联网金融进行比较分析，进而对互联网金融的风险进行具体的识别。从传统金融的风险构成来看，其主要包括法律法规风险、信用风险、市场风险、运营风险及流动性风险等。

对互联网金融风险与传统金融风险对比进行类型识别，属于定性分析。互联网金融风险的类型识别主要依据模糊综合评价模型中的层次分析法，对风险进行定量评估。

2. 互联网风险管理的措施

防患于未然是市场主体和监管者必须具备的首要风险管理意识，对于没有发生或即将发生的风险，可以采取风险防范的措施来防止风险带来的损失。对于已经发生的互联网金融风险，需采取风险处置的措施，将风险的损失降到最低。互联网金融的风险防范有几个关键性举措，一是透明有用的制度体系，二是高效的动态监测和预警系统，三是持续有效的市场秩序维护。

（1）透明有用的制度体系。建立层次分明的法律法规体系，使风险管理过程实现有法可依。在现有法律法规基础上，建立健全相关规章和实施细则等内容，对现有法律进行补充，填补现有监管对于互联网金融这一新金融模式的法律漏洞。

（2）高效的动态监测和预警系统。建立合理有效的监管体系，使风险管理过程更加灵活。互联网金融的迅速发展使得行业风险频发，目前还没有针对互联网金融而建立的监管部门和监管体系，加强对市场参与主体的权益保护。目前存在的保护制度尚不健全，使得众多投资者和消费者的权益得不到有效保障。

加快建设行业的准入和退出机制。首先应建立健全行业准入制度。可以根据不同模式所具有的特性和运营方式，参考审批式或备案式的准入机制，对相应的准入条件进行细化，如初始注册资本、流动资本金、从业人员资格和风险管控能力等。

完善互联网金融行业信息披露制度，使信息更具透明度。当前，相关互联网金融机构在信息披露方面做得并不到位。银行、证券、保险等传统金融机构的信息披露制度也有待完善和加强。

建立互联网金融风险动态监测平台。互联网金融机构需要进行多方监测，比如监测内部系统、数据库、主机和中间件，还有系统中的子系统、维护人员的行为等；同时要额外注重安全警告日志的收集、整合和分析，之后将这些信息输入相应的风险管理模型中，形成最终的风险预警。

互联网金融风险预警体系是一个全面且宏观的体系，主要针对相关的风险进行监测、预测和预警，可以覆盖互联网金融全部活动的整个过程。对于全部活动中的所有参与者都要进行充分的考虑，如金融服务和产品的供给者，相关的机构、用户，政府等监管部门等以及对各种交易行为的监测，甚至包括民众的舆论走向等。

（3）持续有效的市场秩序维护。要提高行业自律视角下的互联网金融风险防范秩序。随着行业的不断发展壮大，行业内的从业人员数量也在不断递增，如果法律法规长期不能得到健全和完善，那么可以通过推动行业自律组织的建立和设置，并在同行间加大相互监督的力度，从而促使行业发展更加健康有序。

当前，我国央行设立的征信体系主要针对传统金融机构，整个征信体系还存在诸多不完善的地方。而对于互联网金融这一新兴金融模式，只有建立相对完善科学的征信体系，才能促进行业良好、健康、持续的发展，建立征信体系建设下的互联网金融风险防范秩序。

第二章 风险管理的基本原理

一、风险管理的目标

(一) 系统安全

系统安全是系统工程的一个分支,用于项目风险管理。系统安全运用工程和管理方面的原理、标准和技术来优化安全。系统安全概念于20世纪60年代正式使用,作为美国政府签订合约的准则之一。理论中有关于预防意外事故的观念和方法,因受到广泛地重视而快速发展。目前系统安全概念已广泛为安全界(不仅限于民航系统)所采用,并从最早的失效树理论(fault tree analysis)逐步扩展至SHELL、4M、5M、MOTH等理论(参考图2-1~图2-4)。

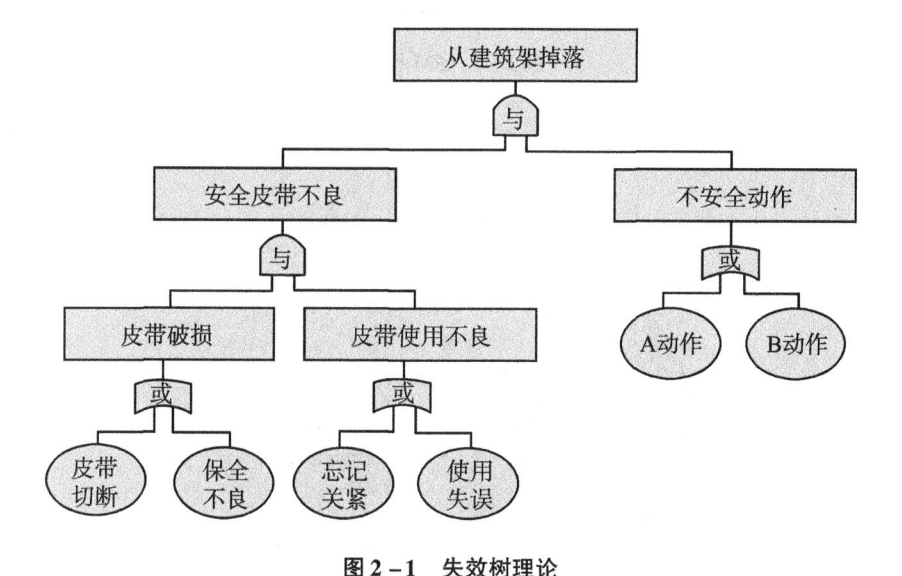

图2-1 失效树理论

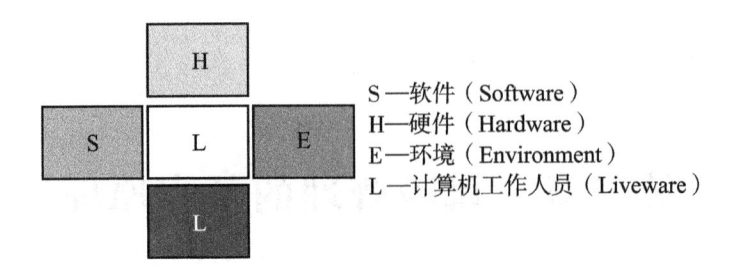

S—软件（Software）
H—硬件（Hardware）
E—环境（Environment）
L—计算机工作人员（Liveware）

图 2-2　SHELL 模式

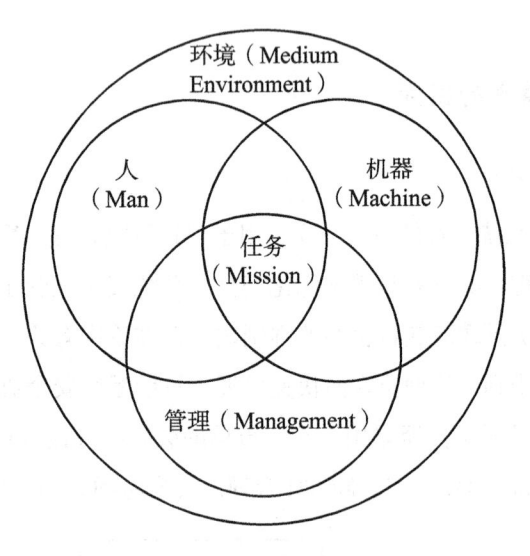

图 2-3　5M 模式

图 2-4　MOTH 模式

系统安全的目的是在可接受的系统安全优先顺序基础上（见表2-1），通过设计或程序识别、清除或控制与安全相关的风险，以此使安全管理最佳化。

表2-1 安全优先次序

种类	优先等级	详细说明
最小风险设计	1	设计中消除风险。如果已确认的风险不能被消除，则通过设计方案将其减少到可接受水平
加入安全装置	2	如果通过设计选择不能消除已知风险，则使用固定的、自动的或其他安全设计特征或装置降低风险。应当明文规定对安全设备做定期性能检查
装备警告装置	3	当设计和安全装置都不能有效地消除已知风险或充分降低风险时，则应采用能探测到风险状况并发出警告信号的设备。警告信号及其应用应设计具有能最大限度地减少不正确的人为反应和响应的可能性。应设立警告标识及警告牌警告运行人员和地面保障人员注意勿接触高电压和重物等风险
开发程序及培训	4	当通过设计选择或特殊的安全和警告装置来消除风险都不可行时，则应使用程序及培训。然而，使用程序及培训来减少灾难性的、危险的、严重或紧急严重程度的风险，需要得到管理当局的同意

以民航系统安全为例进行风险管理，有如下八个步骤。

第一，确认目标。确认整体民航系统之目标，例如，民航局飞行安全政策是"飞行安全 世界一流；民航服务 顾客满意"。

第二，描述系统。分清系统各项组成组件（注意其状态改变）、组织。

第三，界定危害。依据功能或属性加以分类，危害的定义是可能导致非预期结果或不希望发生后果的各种状况、事件或情境。例如，恶劣天气下工作人员容易忘记拔安全销，可能导致空中回航的状况发生。

第四，分析风险。分析风险指量化或质化各种危害之可能性与严重性。风险的定义是危害发生的可能性（likelihood）与发生后的严重性（severity）之综合性指标，可以量化表示。例如，忘记拔安全销，可界定为中低发生率（occasional）及中等严重性（medium），并归类为中等风险（medium）。

第五，评估风险，即确定风险改善之优先级。

第六，制定决策，即依据顺序制定风险管理策略与程序。

第七，确认与控制决策，即确认决策执行情况。

第八，调整系统/程序（视需要）。未达到预期成果之修正，回到步骤第一或第三。

风险管理的目标是在确保安全的前提下，尽可能地追求最大盈利，也即以尽量小的机会成本保证处于足够安全的状态。

（二）损前目标和损后目标

1. 损前目标

（1）经济合理目标。要实现以最小的成本获得最大安全保障这一总目标，在风险事故实际发生之前，就必须使整个风险管理计划、方案和措施最经济、最合理。

经济合理就是尽量减少不必要的费用支出和损失，尽可能使风险管理计划成本降低[13]。但是，费用的减少会影响安全保障的程度，因此如何使费用和保障程度达到平衡成了实现该目标的关键。此时应尽可能避免不必要的费用支出和事故损失以增加风险主体盈利；尽可能选择费用低、代价小而又能保证风险处理效果的方案和措施。

如何确定这种合理性？可采用在类似规模条件下同行业风险主体间横向比较的方法。这种比较最具有现实意义。

（2）安全系数目标。风险应被控制在可承受的范围内。风险管理者必须使人们意识到风险的存在，而不是隐瞒风险，这样有利于人们提高安全意识，防范风险并主动配合风险管理计划的实施。

风险的存在及其造成的严重后果，不仅可能引起财产物资的损毁和人身伤亡，而且会给人们带来种种忧虑和恐惧，从而制约风险主体的经济行为，妨碍劳动者生产的积极性和创造性。形成一种轻松自如的环境也是风险主体开展风险管理活动应达到的一个重要目标。

（3）社会责任目标。风险主体在生产经营过程中必然受到政府和主管部门政策和法规以及风险主体公共责任的制约。风险主体开展风险管理活动，应避免或减少风险损失，更好地承担社会责任和履行义务。

社会化大生产使单个风险主体与外界各种经济组织、个人之间有着广泛的联系。一个风险主体遭受损失，受损的通常不只是风险主体本身，还有它的股东、债权人、客户、消费者、劳动者以及其他相关的人员和经济组织。损失严重时，甚至会使国家或社会蒙受损害。

如果该风险主体有良好的风险管理计划，通过控制、转移等方式使损失降低到风险主体可承受的范围，那无疑是对社会的一种贡献。

2. 损后目标

确定损后目标重在考虑最大程度地补偿和挽救损失带来的后果及其影响。

（1）维持生存的目标。风险事故对于某一个风险主体来说，所带来的最严重的后果就是使风险主体丧失继续生存的权利，即风险主体因巨灾损失而破产倒闭。因此，对于风险主体所面临的巨灾损失，在安排风险管理计划时应首先考虑到损失后果是否会对风险主体的基本生存条件形成威胁。

（2）保持正常生产经营的目标。维护风险主体生产经营活动持续进行，即不因为损失事件的发生而使风险主体生产经营活动中断。

生产经营活动中断并不一定会导致风险主体破产，经过一定的时间，有的风险主体是可以恢复生产的。但是，风险主体原有的市场份额却有可能因此而失去。因此，风险主体的风险管理者应尽可能地在损失后保证生产经营的持续性。

在损失发生以前制订周密的风险管理计划以及损失发生后对计划的执行和实施，都可以使风险事故造成的损失得到及时而有效的补偿，从而为风险主体生产经营的恢复和正常进行创造必要的条件。

（3）维持稳定收益的目标。开展风险管理活动，不仅要达到维持风险主体生存和生产经营活动正常进行的基本目标，而且要尽快实现在事故之前原有的稳定的收益，即消除损失事件对风险主体获利能力的影响。

对大多数投资者来说，一个收益稳定的风险主体比高收益、高风险的风险主体更具有吸引力，稳定的收益意味着风险主体的正常发展，稳定的收益有利于投资者对收支做出计划安排。要达到收益稳定目标，应增加风险管理支出，可利用保险或其他风险转移技术。

（4）实现持续发展的目标。执行和实施风险管理计划和方案，及时、有效地处理各种损失结果并不断地根据可能出现的新的情况拟订出新的风险管理计划和方案，周而复始地执行计划、实施方案，从而使风险主体实现持续稳定的发展，这是风险管理应达到的高层次目标。要实现持续发展的目标，风险管理者必须建立高质量的风险管理计划，恰当地处理各种损失结果，通过风险转移技术等取得补偿。

（5）履行社会职责目标。切实履行社会职责是现代风险主体应负的历史使命，也是风险主体开展风险管理活动应追寻的目标。

管理者有效地处理风险事故所带来的损失后果，减少因损失造成的各种不利影响，可以减轻风险事故对国家经济的影响，保护与风险主体相关的人员和经济组织的利益，使风险主体更好地承担社会责任，履行应尽的义务，从而树立良好的社会形象。

确立风险管理目标，风险主体在一定时期和一定条件下受众多相关因素的影响。

不同的风险主体有着不同的风险管理指导思想、发展战略，而且风险主体的属性、经济状况、所处环境等也有着较大的差异，因而风险管理目标的选择也有一定的差异（见图2–5）。

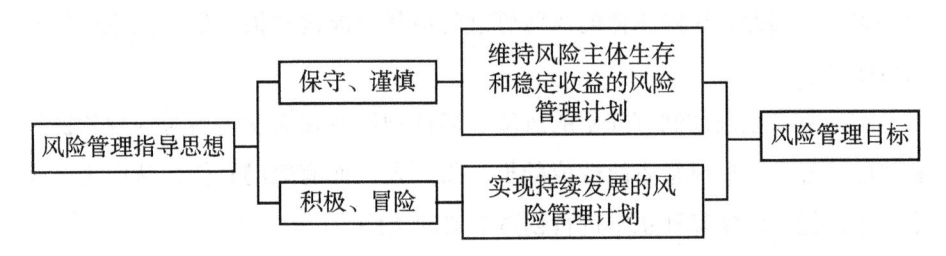

图2–5　风险管理指导思想与风险管理目标关系

（三）风险管理目标的特征

（1）现实性。注意风险管理目标的时空允许程度及边界条件。即时间上，目标的确立要注意不同阶段、不同时期目标可能实现的程度；空间上，目标的确定要充分研究风险主体的内部条件与外部环境的可行性。

（2）明确性。目标的含义必须明确、具体，并且尽可能地规定目标实现的时间与地点。

（3）层次化。根据目标的重要程度，区分风险管理目标的层次。对于规模较大的风险主体，还可以区分总目标、分目标，层层分解、落实，从而建立有层次结构的目标体系。

（4）定量化。应尽可能地利用数量指标来使目标更明确。例如，什么状态安全，什么状态不安全，衡量标准是什么。

（四）风险管理的成本及目标准则

以最小的成本获得最大的安全保障，即是风险主体风险管理活动的宗旨，也是风险主体进行风险管理应达到的总目标。该问题核心在于坚持成本和效益比较的原则。

风险管理的成本如下：①实物成本。风险不能明确时，制订应急计划，采购应急物资就成为必需，这就产生了实物成本。②机会损失成本。某些活动因其不确定的后果而被迫取消，由此而引起机会损失成本。③心理成本。未来损失的不确定性会引起担忧和焦虑，这可能导致机会损失，从而形成心理成本。④损失融资成本。购买保险进行损失融资，但同时带来了损失融资成本。保险的价格中除了包括对损失的赔付外，还包括保险公司的费用和利润。⑤实际损失成本：代表的是风险管理成本而非风险的真实成本。

风险管理的目标准则即风险主体在确立风险管理目标时应遵循的基本原则：①与风险主体总目标一致原则；②量力而行原则；③不贪小失大原则；④成本效益对应原则。

二、风险管理的过程

（一）风险管理的定义

风险管理是指企业通过识别风险、衡量风险、分析风险，从而有效地控制风险，并用最经济的方法来综合处理风险，从而实现安全生产保障的科学管理的方法。

(二) 风险管理的基本程序

1. 设定目标

目标要与组织或个人的整体目标相一致。要考虑风险与收益之间的平衡。考虑对安全性的态度和接受风险的意愿。

2. 风险识别

风险识别指风险主体对面临的风险以及潜在风险加以判断、归类和鉴定性质的过程。

要进行风险识别，首先应进行不确定性分析，不确定性可分为随机不确定性、模糊不确定性和灰色不确定性。

随机不确定性是由于事件发生的条件不充分，条件与事件之间不能出现必然的因果关系，从而事件的出现与否表现出不确定性，这种不确定性称为随机性。模糊不确定性表现在事物本身的概念是模糊的，即一个对象是否符合这个概念是难以确定的，如年径流的"丰""枯"是不能以某一个径流量来分界的。灰色不确定性是由事物知识的不完善引起的，因为事物是由若干相互联系、相互作用的要素所构成的具有特定功能的有机整体，限于知识的不完善性，人们不可能掌握事物的全部内容，由此产生的不确定性称为灰色不确定性。

不确定性从本质上可分为客观不确定性和主观不确定性两类。

(1) 客观不确定性可以分为三种：内在不确定性、离散性和简化偏差。内在不确定性是指物理量本身具有的客观随机性。离散性是指由于人们对物理量的测量值、认识值与物理量的真实值存在着差别，认识值相对真实值在某种程度、某个范围内具有离散性，如测量误差等。简化偏差是指由于受资料、技术等限制，采用的物理模型、计算公式存在着近似和简化，这种近似和简化所造成的与真实值的偏差，属于简化偏差。

这三类不确定性都是客观存在的，会直接影响工程安全状况。

(2) 主观不确定性是指由人的主观思想、主观认识、主观行为与客观规律相悖引起的与真实值的偏差，如建立的模型含有错误、系统操作的失误等。主观不确定性与客观不确定性的区别在于前者是由失误或错误引起的偏差；

而后者是真实值在某种程度上的近似与简化，与真实值有近似一致性。

一般经济单位的风险识别通常包括：①对单位人员和资产的构成与分布的全面分析与归类；②对人和物所面临的和潜在的风险以及发生风险损害的可能性的识别与判断；③分析经济单位所面临的风险可能造成的损失及其形态，即对人和物的风险可能造成的后果与损失形态的归类与分析。

风险识别不仅要识别所面临的风险，还要对各种潜在风险进行识别。

识别方法：一方面通过感性认识和经验进行判断；另一方面必须依靠对各种客观资料的统计，对经营资料和风险记录进行分析、归纳和整理，从而发现各种风险的损害情况以及风险发生的规律。

风险识别是一项具有连续性和系统性的工作。新技术、新工艺、新材料、新产品、新的客观环境的出现会改变风险原来的性质，或产生新的风险。因此，风险管理者须持续不断地去识别，随时发现原有风险的变化以及可能出现的新的潜在风险。

3. 风险衡量

风险衡量也称风险估测，是在识别风险的基础上对风险进行定量分析和描述，即在分析过去损失资料的基础上，运用概率和数理统计的方法对风险事故的发生概率和风险事故发生后可能造成的损失的严重程度进行定量的分析和预测。风险衡量以损失频率和损失程度为主要测算指标，并据此确定风险的高低。衡量风险的高低要把上述两个因素结合起来考虑，然后用某一尺度去衡量，以便决定其大小。

将风险因素传输到风险分析模块，对风险因素进行定性、定量等量化处理，用层次分析法、蒙特卡罗法等风险分析方法尽可能将风险因素引发的后果用精确的概率表示，以便在风险应对时优先处理对项目影响较大的风险因素。

风险衡量的方法有：①定性法。定性法包括集合意见法、德尔菲法、层次分析法和事故树分析法、主要风险障碍分析法等。②定量法。定量法包括风险指数法、概率方法（如主观概率法、随机方法、蒙特卡罗法等）、模糊论方法（如模糊概率法、模糊参数回归分析法、模糊矩阵分析法等）、移动平均法、指数平滑法、因果关系预测法、方差协方差矩阵法、历史模拟法等。

③定性法和定量法的结合。如事故树分析法和事件树分析法。

4. 风险评价

风险评价又称安全评价，在风险识别和风险衡量的基础上，把风险发生的概率、损失严重程度，结合其他因素综合起来考虑，得出系统发生风险的可能性，评价其危害程度并与公认的安全指标比较，确定危险等级，由此决定是否需要采取控制措施以及控制到什么程度。风险分析结果的概率大小决定了其得到处理的先后顺序，概率大表明风险发生的可能性大，要优先采取应对措施。为达到此目的，应运行风险分析模块得到风险信息的发生概率，将数据与预先设置的风险等级进行匹配，按照标准进行等级划分。

风险评价的步骤：确定安全指标，确定评价时的风险水平，对应比较。安全指标就是经济单位针对不同的风险确定的可以接受的风险损失。正常损失期望是经济单位在正常的风险防范措施下，对损失的期望值；可能的最大损失是指经济单位在某些风险防范措施出现故障的情况下，可能遭受的最大损失；最大可能损失是指经济单位在最不利的条件下，估计可能遭受的最大损失额。风险水平包括单个风险水平和整体风险水平。

5. 风险管理

风险管理是指在项目或者企业这些肯定有风险的环境里把风险可能造成的不良影响减至最低的管理过程。在风险识别、衡量及评价的基础上，风险管理人员就需要根据风险性质、损失频率（概率）、损失程度及自身的经济承受能力，来选择适当的风险处理方法，从而建立风险管理方案并组织实施。将需要处理的风险按照等级的不同与历史案例库对比，自动生成与之对应的备选方案和决策建议。如遇到风险评价模块中的不可接受风险事件，需要立即采取处理措施。但管理者必须牢牢掌握主动权，选择合适的应对方法。

风险管理方案通常是由多种风险管理技术组合而成的，这些技术方法往往需要多个部门相互配合才能顺利实施。风险管理方案由专人负责，如风险经理。

风险管理技术（risk management techniques）分为控制型风险管理技术（control method）和财务型风险管理技术（financing method）。

（1）控制型风险管理技术。控制型风险管理是指经济单位有意识地采取措施，以消除风险，减少灾害事故的发生以及其造成的经济和社会损失，可分为事前管理和事后管理。①事前管理：运用各种控制工具，力求消除各种隐患，减少风险发生的原因。主要以预防为主，侧重于控制损失发生的概率。②事后管理：运用控制工具将损失减少到最低限度，主要以减损为主，侧重于控制风险损失的大小。

其方法有如下五种：①风险避免。通过放弃某项活动以回避因从事该项活动可能产生的潜在损失，包括主动避免和被动放弃。②防损。在风险发生前，为了消除和减少可能引起损失的各种因素而采取的处理风险的具体措施（见表2-2～表2-4）。③减损。风险事故发生时或发生后采取的各种防止损失扩大的措施。如抢救、风险分离或隔离、风险分散、追偿、建立应急计划等。④控制型风险转移。通过财产及活动的转移，或者通过签订协议和交易标准化，使一部分或全部风险转移到受让方。⑤信息管理。通过良好的信息沟通和知识传递，降低人们周围环境及活动的不确定性，从而更好地防范风险。

表2-2 风险要素与防损措施

风险要素	防损措施
烟尘	禁止吸烟，没收有烟尘的材料
水灾	筑建大坝、水库，水源管理
人行道结冰	铲雪，撒盐，加热路面
污染	制定使用协议，污染物处理措施
酒后驾车	禁止，处罚，拘留，判刑

表2-3 环境与防损措施

环境	防损措施
饭店地板由于油污变得很滑	铺防滑垫，设置提醒滑倒的标记，使用油污吸收剂
非熟练工人	培训
没有灯光的市中心停车场	设置路灯，导引人员，安全服务
治安混乱的城乡接合部	避免夜间单独外出，配备警力，安装防盗装置
高速公路	设置护栏、指示灯、路标

表2-4 风险因素与环境的相互作用与防损措施

风险因素与环境的相互作用	防损措施
加热过程可能使周围设备过度受热	安装水冷却系统
雇员搬运货物箱动作不合理	佩戴护腰带
电工在寒冷的室外修理电线	穿着保暖服装、绝缘鞋，阅读寒冷气候下的工作手册
道路光滑时车辆容易发生事故	安装 ABS 刹车系统（防锁死刹车系统）

控制型风险管理减损措施有如下五种：①抢救。在最短时间内做出阻止损失扩大的正确反应。②风险分离或隔离。将风险载体隔开或分离。③风险分散。根据风险因素之间以及风险因素与其他因素间的相关关系，将风险载体多样化组合，使各载体承受的风险相互抵消以减少风险。④追偿。在损失发生后，如果损失是由其他责任人造成的，受损害方有权向其提出索赔，通过赔款从经济上弥补一部分损失。⑤应急计划。通常是多种风险管理措施的组合运用，如应急培训、建立应急领导小组、应急融资计划、改进建筑结构、备份重要记录并存放在不同的地方、建立与社区的合作关系等。

（2）财务型风险管理技术。财务型风险管理是指对无法控制的风险，在事前做好吸纳风险成本的财务安排。财务型风险管理分为如下两种：①自留风险。自留风险也称为风险自担或风险承担，是经济单位自己以其内部的资源承担全部或部分风险的一种风险管理方法，分为主动自留和被动自留，如损失储备基金、自保公司。自保公司可以减少许多向外部保险公司购买保险所需的费用。在保费收取、赔款支付以及承保范围方面有很大变通性。母公司可以享受到保险投资收益的好处；有些国家，自保公司可以享受税收优惠和减免；设立在避税地或低税率国家的自保公司，可以享受税收方面的好处。自保公司积极的风险控制措施可使母公司在传统保险市场上更有优势，自保公司本身也在再保险市场上可以得到较优厚的再保险条件。但此种运作模式下公司风险分散能力有限；承保中积累的经验和技术相对较弱。②财务型风险转移。财务型风险转移即有意识地将风险损失有关的财务后果转嫁给另一单位或某个人承担的一种风险管理方式，包括保险和其他非保险财务型风险转移（如租赁和担保）。保险是一种风险转移的方法，即将少数人的损失分摊给同类险的所有投保人。

风险管理技术的选择见表2-5。

表2-5 风险管理技术的选择

损失频率	损失程度	风险管理技术
低	小	自留
高	小	防损，减损
高	大	避免
低	大	转移（保险）

6. 风险监控

一方面，风险监控模块需要实时跟踪和全程控制风险应对模块中处理过的风险，避免风险因素发生变化造成更严重的后果；另一方面，对于在风险评价模块中可接受而暂时不需要处理的风险事件，为确保这些风险事件在环境条件变化下不会给项目带来一系列难以控制的危害，必须对事件的动态性进行监控。于是，随着监控过程中新的风险因素的发现，风险识别模块重新开始工作，新一轮的风险管理过程也随之启动。

7. 风险管理效果评价

风险管理效果评价是分析、比较已实施的风险管理方法的结果与预期目标的契合程度，从而评判风险管理方案的科学性、适应性和收益性。

可从四个方面进行评价：风险管理方案实施的效果；风险管理决策的科学性；风险管理者的管理水平；风险管理的执行情况。

（三）民航安全风险控制

1. 事前控制/预防

以美国为例，美国的民航安全风险的事前控制/预防主要依靠美国联邦航空局（Federal Aviation Administration，FAA）的航空运输监理操作系统（Air Transport Oversight System，ATOS）实现。[14]

ATOS是通过新的检查执行程序及新的组织分工，以组织再造的方式，整合既有的组织，执行计划之运作执行。ATOS 更注重对系统安全运作机制之制度面、功能面缺失之发现，期望透过检查结果之分析，界定潜在问题范围，并集中处理风险评估问题范围内之问题（见图 2-6）。自 1998 年 10 月开始，ATOS 已于美国前十大民航运输企业（约占美国旅客运量的九成）及新成立之航空公司实施至今。

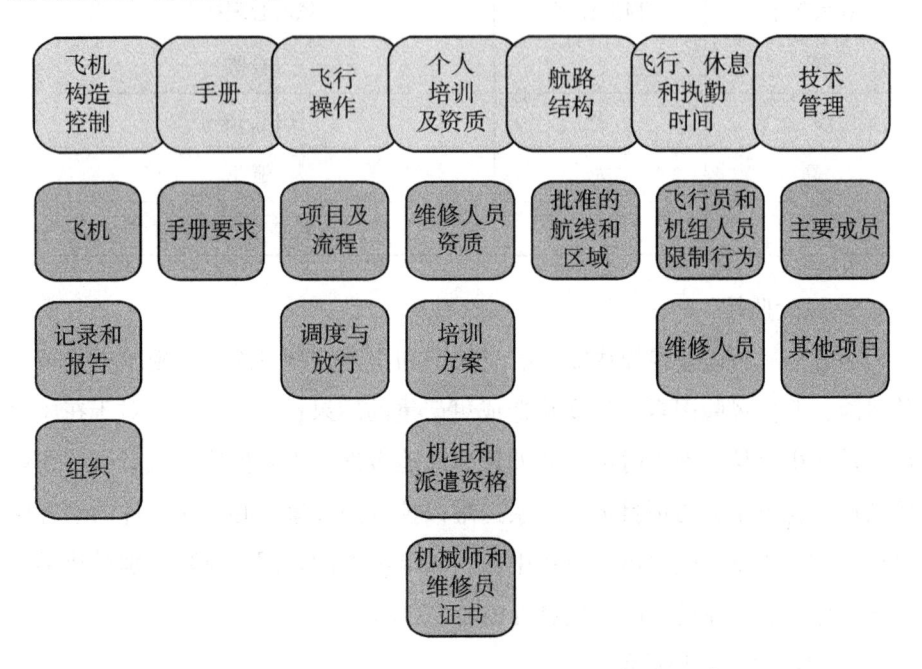

图 2-6 ATOS 系统

2. 事后控制

民航安全风险事后控制依靠飞航操作质量保证系统（Flight Operation Quality Assurance，FOQA）实现。

FOQA 的目的是降低意外事件及失事之风险，运用飞航数据来改善飞航安全。换句话说，也就是选取日常性的飞行记录、检测异常事件的发生，并分析在线各机队的操作特性，见图 2-7，加以评估后找出潜在性的风险，并予以改正。

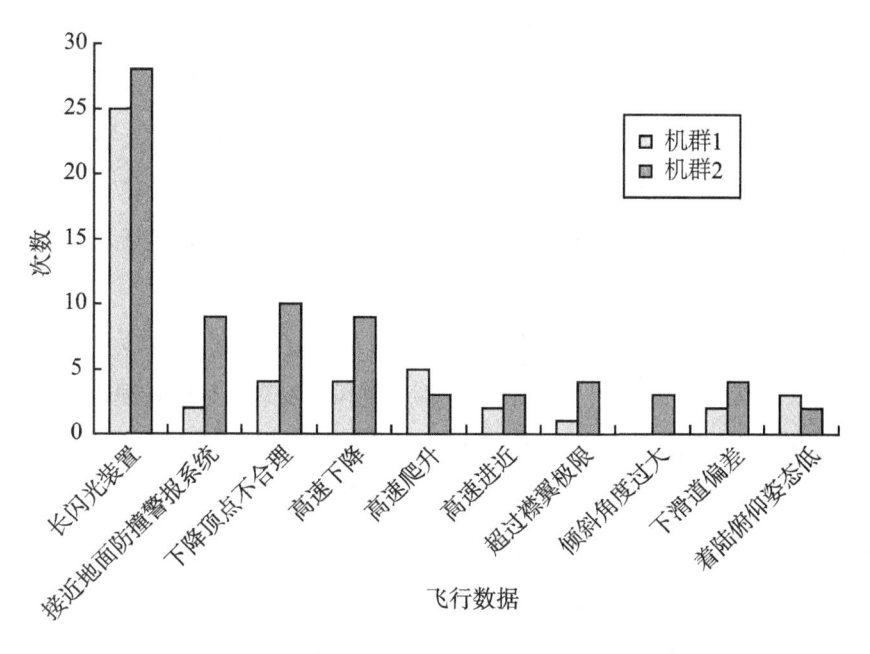

图 2-7　FOQA 分析报告

三、风险管理的组织

（一）风险管理组织概述

1. 定义

广义的风险管理组织定义为风险主体为实现风险管理目标而设置的内部管理层次及管理机构，包括有关风险管理组织结构、组织活动以及两者之间的相互关系的规章制度。

风险管理组织活动是指风险管理专职机构制订和执行风险管理计划的全过程，包括为制定风险管理目标并实现目标而进行的风险识别、风险衡量、风险处理及效果评价等活动；制定指导思想、政策纲要、方针策略及有关的管理、监督条例和规定等。

狭义的风险管理组织主要指实现风险管理目标的组织结构，具体包括组织机构、管理体制和领导机构。

2. 建立风险管理组织的意义

（1）明确风险管理职能，协调部门间关系。风险管理组织的建立，可以明确风险管理部门及管理人员的职责范围并且作为一个独立的、特殊的专职管理部门也能够与风险主体其他职能部门进行良好的协调与合作。而明确风险管理部门与其他部门的关系，将直接影响风险主体风险管理活动全面、有效地展开。

（2）明确风险管理的地位和作用。随着风险管理的进一步发展，风险管理人员从早期的安全管理人员到保险经理再到风险经理，风险管理的职责和范围在不断扩大，风险管理组织也在风险主体中不断得到认同。

（3）促进风险管理方案的实施，保证风险管理效果。没有风险管理组织或者组织不健全，将会直接影响风险管理计划的实施。只有有了组织保证，风险管理才能达到预期的效果。

3. 风险管理组织的特点

风险的利害关系影响着整个风险主体，所以风险管理具有集中性。在实行高度专业分工和普通分权的情况下，风险主体范围内众多的风险都存在于组成风险主体整体的各部门和各环节中，因此风险单位也相对分散，表现为风险管理具有相对分散性。集中性和分散性的特点决定了风险管理既有集中管理的要求，又有分散管理的要求。

在集中管理的情况下，风险管理组织隶属于风险主体的一个主管部门，直接对风险主体的最高决策层和领导层负责；在分散管理的情况下，风险主体内部的子系统、分支机构或分厂分别有相应的风险管理机构或风险管理人，直接对上级主管部门负责。

（二）风险管理组织机构

1. 决定风险管理组织机构形态的条件

决定风险管理组织机构形态的条件主要包括风险的严重性及复杂程度、风险主体的规模、风险主体管理层的态度、政策与法令等。

2. 风险经理的职责

风险经理是风险管理计划中负主要责任的人。现以美国福特汽车公司为例介绍风险经理的素质及能力的要求。

（1）教育程度。须四年制大学毕业，课程有保险、商务、劳资关系、法律等。

（2）工作经验。须有15年的企业管理经验，包括10年的风险管理经验或保险公司工作经验。

（3）品性与能力。良好的团队协作能力，信用好，交际广泛，办事迅速准确，能敏锐发现问题。

风险经理的责任如下：

（1）制定风险政策。统筹风险管理部门的各项资源，使其发挥最大的效能。

（2）建立风险管理网络。风险管理网络应信息畅通，具有一定的灵活性，以适应环境的微小变动。

（3）使雇员参与风险控制。在风险主体中形成"安全第一"的观念，使每位雇员自觉地参与风险控制。

（4）参与制订风险的财务处理计划。衡量、比较风险成本和效益，确定合适的比例。

（5）指导其他部门经理参与风险决策，共同承担决策结果。

3. 风险管理组织形态的选择

（1）直线型风险管理组织机构。对于风险管理由少数的专职人员负责的风险主体，风险管理机构的组织结构一般采用直线型。风险管理者的责任和权限是完整的、直线行使的。通常，小型风险主体多采用这种形式。其优点是：①风险主体生产简单，产品单一，比较适合直线型。②风险管理的命令和安排直线传递，迅速、完全，容易维持管理的程序。③上级管理者包揽权限，权限相对集中，责任也明确，只有上下级垂直领导关系，简捷、明确。

（2）职能型风险管理组织机构。风险主体规模扩大，其人、财、物及环境的组合更为复杂，需设立专门的风险管理职能部门、配备专职管理人员进行风险管理。

优点：①有专职机构和专业管理人员，风险主体风险管理科学化、标准化。②权责划分明确，专业指挥具体。

不足：①与其他职能部门难以协调，容易形成本位主义，忽视风险主体总体目标。②易形成多头领导，有关风险管理和生产的命令来自两条不同的系统，政令不一，容易造成管理秩序的紊乱。

（3）直线—职能型风险管理组织机构。直线—职能型风险管理组织机构中，风险管理部门是风险主体的一个职能部门，是风险主体高级管理层的参谋和咨询机构，对下属单位没有命令和指挥权，只有业务上的指导权。

在美国，许多公司的风险管理人员，都是直接向公司的总经理或负责财务的副总经理或一个管理委员会、执行委员会报告工作。

风险主体在设置风险管理组织机构时，应按照专业标准和条件选择合适的人才并利用组织系统图、职位系统图及职务说明书清楚地反映风险管理者与其他管理者的职权关系、协作关系、信息交流关系，进一步确立风险管理的地位和目标。

4. 风险管理组织的规模

（1）小型风险管理机构。专职管理人员一般包括风险管理经理、一名安全专业人员和其他专业人员。风险经理对专业人员垂直领导，负责处理风险主体全部的风险（见图 2-8）。其优点是上下级关系简单，效率高，权限相对集中且责权分明；其缺点是对风险管理者个人素质要求很高。

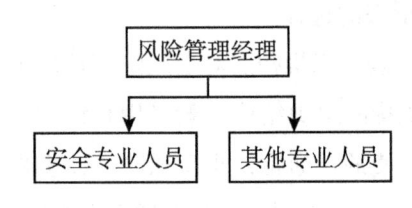

图 2-8 小型风险管理机构

（2）中型风险管理机构。中型风险管理机构适用于大中型风险主体。因风险管理范围较大，一般在保险事务、安全防损、索赔等方面更复杂，需要更多人员参与拟订有关风险管理计划，从事风险的调查、分析、研究与管理（见图 2-9）。其优点是人员分工明确，便于进行风险管理。其缺点是与其他部门协调难度较大。

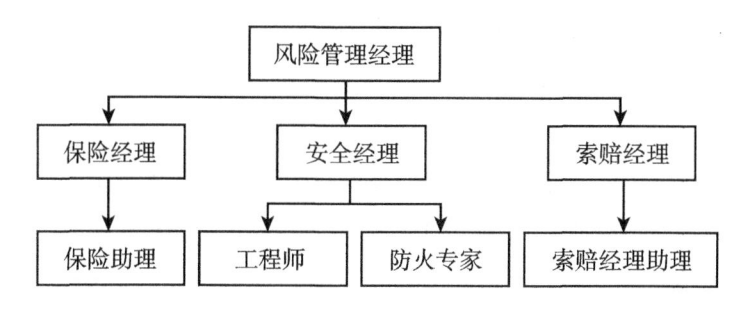

```
              ┌──────────────┐
              │  风险管理经理  │
              └──────────────┘
         ┌─────────┼─────────┐
    ┌────────┐ ┌────────┐ ┌────────┐
    │ 保险经理 │ │ 安全经理 │ │ 索赔经理 │
    └────────┘ └────────┘ └────────┘
         │      ┌───┴───┐         │
    ┌────────┐┌──────┐┌────────┐┌──────────┐
    │ 保险助理 ││工程师││防火专家││索赔经理助理│
    └────────┘└──────┘└────────┘└──────────┘
```

图 2-9 中型风险管理机构

（3）大型风险管理机构。大型风险管理机构一般适用于大型、特大型风险主体或跨国公司。其内部机构分工更为细密，对风险更能实行全方位的管理，但相互间协调更加重要。

人员构成一般包括：①风险经理；②助手；③秘书；④财产和责任保险经理；⑤损失控制经理；⑥雇员福利经理（见图 2-10）。

财产和责任保险经理要拥有一批在保险的各个领域有专长的人员；损失控制经理可领导一批在控制火灾和相应损失以及工业伤害、疾病、犯罪损失和责任方面的专家；雇员福利经理可有一批在退休金、死亡抚恤金、残疾福利、医疗费用、失业救济金等方面有专长的职员。

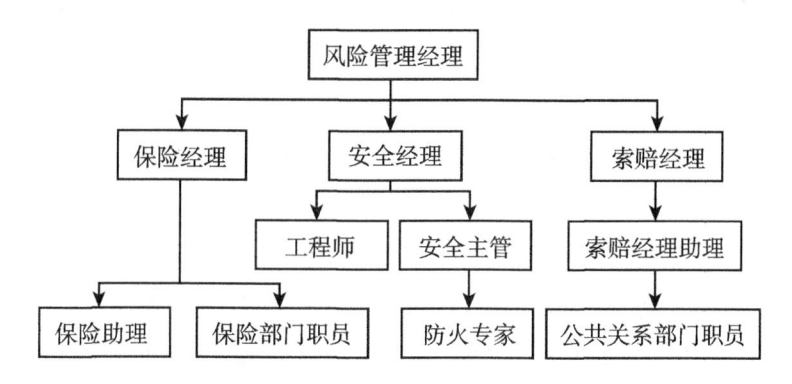

```
                    ┌──────────────┐
                    │  风险管理经理  │
                    └──────────────┘
              ┌──────────┼──────────┐
         ┌────────┐ ┌────────┐ ┌────────┐
         │ 保险经理 │ │ 安全经理 │ │ 索赔经理 │
         └────────┘ └────────┘ └────────┘
              │      ┌───┴───┐        │
              │  ┌──────┐┌──────┐┌──────────┐
              │  │工程师││安全主管││索赔经理助理│
              │  └──────┘└──────┘└──────────┘
    ┌────────┬──────────┐    │         │
┌────────┐┌──────────┐┌────────┐┌──────────────┐
│ 保险助理 ││保险部门职员││防火专家││公共关系部门职员│
└────────┘└──────────┘└────────┘└──────────────┘
```

图 2-10 大型风险管理机构组织架构

（三）与风险管理有关的外部组织

1. 风险主体内的其他部门

（1）财务会计部门。财务会计部门为风险管理部门提供风险分析的资料；帮助风险经理监督风险管理计划的执行情况；会计部门自身也会产生各种风险，应与风险管理部门配合，比较成本和效益，确定合适的风险处理方法。

（2）购销部门。销售部门容易面临风险损失，风险部门在进行损失控制时，需要销售部门合作，以便识别损失原因，从而使损失降至最小；采购部门也易产生风险。

（3）生产部门。生产部门应避免生产或劳务工人蒙受与工作相关的伤害，风险部门应帮助生产人员识别风险，指导如何防止、避免风险或为他们消除风险；设计产品时应考虑周全，以免消费者蒙受伤害而提出索赔；严把产品制造关，避免次品面市从而蒙受损失。

（4）人事部门。①人事部门与风险管理部门共同设计、安排和管理雇员福利计划，规定雇员福利事项的资格条件和福利范围并管理日常活动。风险管理部门则发挥其专业特长，选择保险公司并与之磋商，管理风险自留计划的财务问题。②人事部门可帮助风险管理部门分析、处理某些风险；对风险主体的各种工作、职位有系统描述，对雇员情况有详尽的记录分析。风险管理部门人员可借助这些资料掌握风险主体重要职员和重点雇员，即易引起风险损失的职位和易发生风险损失的雇员，并与人事部门共同实施培训，重新调配，使风险主体人事安排更合理，从而达到控制风险的目的。

2. 与风险管理有关的外部组织

与风险管理有关的外部组织指不属于某个风险主体组织但能够而且可以给风险主体提供有关风险管理服务的专职部门和机构。

风险主体的风险管理不仅要依靠风险主体内部的风险管理机构来实现，而且还应借助风险主体外部的风险管理机构的帮助实现。规模较小的风险主体设置专门的风险管理机构常常存在困难，利用外部组织处理风险是非常必要的；条件优越的风险主体虽拥有自己专门的风险管理机构，但利用外部力量也十分有益，甚至某些情况下必不可少。

与风险管理有关的外部组织包括保险公司、风险管理咨询机构以及有关的信息部门、政府的相关职能部门等。

（1）风险管理咨询机构。风险管理咨询机构为风险主体提供风险调查、风险政策的咨询，也可以提供风险事故诊断及设计风险处理方案等服务。咨询机构通常是由一些专家、学者和技术顾问组成的协会和团体，有公认的正式机构，也有非正式的机构；有官方的，也有民间性质的，甚至还有一些私人咨询机构。如美国的 RIMS 就是一个由大学教师、保险管理人员和有关专家、学者共同组成的民间性质的咨询机构，该协会为美国开展风险管理运动做出了巨大的贡献。我国目前也有众多的具有风险管理咨询机构性质的协会或团体，如中国保险学会、中国消防协会、中国地震学会等。

（2）保险公司。保险公司是指依保险法和公司法设立的公司法人，能够为风险主体提供有关风险管理的信息服务和技术服务。同时，购买保险常常是风险主体降低风险的有效手段，因此，风险主体开展风险管理，不可避免地要与保险部门打交道。

在美国，保险公司、保险代理人、保险经纪人为风险主体提供的风险管理技术服务有着显著的地位。这些技术服务包括：①风险主体的风险识别和估测；②处理风险的建议；③帮助选择最好的保险人；④损失控制服务；⑤索赔理算服务；⑥提供有关法律方面的协助等。

（3）专职管理部门。专职管理部门是指社会各界与风险主体风险管理有关的政府职能部门或技术部门，如消防管理部门、交通运输管理部门、气象监测部门、地震监测部门、公安部门等。此外，还有面向全社会专门从事风险管理服务的专业技术部门。这些职能部门和技术部门拥有对某一方面风险处理技术的公正性和权威性，可以为风险主体提供较好的服务。

四、项目风险的多维特性的引入

（一）风险多维性引入的原则

仅用风险发生概率、风险损失两方面对风险进行描述，不能全面客观地反映风险因素的发生规律。采用模糊方法又会使得一些本来定性的数据变得模糊不清，因此有必要对此问题进行深入的研究。

通常包含在项目管理机构、项目历史资料中的信息流可以分为经验信息流、历史数据信息流两类。

经验信息流的三个主要来源：①企业。这是散布在企业机构中的关于过去项目的知识。信息可以是个人记忆、各种报告，极少情况下，也会是比较项目计划与结果的数据库。②项目小组。这是特定项目小组中个人所拥有的企业经验的样本。通常，这样的知识非常有用，尽管有局限性或者可能的偏差。③外部。许多从中可以获得有用经验教训的项目是在外部世界实施的。这样的外部知识数量少但非常有用，可以对目前的项目产生较大影响，典型的方法是通过聘用咨询人员来获得。

历史数据信息流：在拥有描述过去项目的量化历史数据的情况下，统计分析可以为项目风险分析提供有价值的基础。这样的分析需要大量类似项目活动及其最终结果的记录。然后就可以通过统计获得各种活动计划和结果之间的偏差。这样的统计结果可以用来决定不同种类活动的"不确定性等级"。

要全面地对上述关于项目风险的信息进行考虑，可用一种新的风险描述方法，克服概率和模糊方法的缺点，发挥它们各自的优点。

我们提出如下风险描述方法的原则：

尽量兼顾定性与定量信息，全面反映项目风险的内容，即尽可能全面地将关于项目风险的客观知识和主观判断集中进行考虑，充分利用来自各个方面的项目风险信息。

要体现面向项目过程的观念，即动态观念的引入。也就是说，随着项目的进行，要能够随时更新其基本数据和结论。

要突出风险管理观念比具体技术手段更重要的思想。

要便于实际运作，容易被使用者理解和掌握，分析结果容易解释和交流。

基于上述原则，下文提出把风险的描述向多维特性进行推广的思想。

（二）风险多维特性的引入

风险除了应考虑风险发生概率、风险损失外，还要考虑风险的以下几个方面：风险事件的可预测性、风险事件的可控制性（概率和损失）、风险损失的可保险性（担保）、风险损失的可转移性、风险损失的可分担性。这些内容在一些文献中有所涉及。[15] 很显然，这些风险特性与风险事件的发生、作用以及对风险事件的评价、响应、管理有着密切的联系。将这些与风险有关的内容纳入风险分析和风险管理程序中来，会使得风险分析人员和管理决策者对工程项目风险有更全面系统的认识。

为方便分析，我们对这些方面进行合并和归类，以确保风险多维特性之间的相互独立性。一般可以归纳为风险事件的可预测性、风险事件的可控制性（概率和损失）、风险损失的可转移性三类（可保险、可分担是转移性的一个方面）。

在此我们给出以下五个风险特性的定义。

风险损失——指该风险事件发生时经济价值的减少和灭失，包括直接损失和间接损失（以货币数量进行等量比较）。

风险发生概率——指该风险事件发生的可能性的大小，通过概率表示。

可预测性——指根据经验或历史记录，对该风险事件的发生规律性的认识状况，能否对其发生的特性值事先进行长期或短期预测；预测内容可以包括风险发生的可能时间、可能地点、可能作用对象、持续时间的长短等内容。

可控制性——指根据经验或历史记录，当该风险事件发生前后或过程中，能否采取一定的技术或管理措施，对其所发生的概率和已发生的损失进行某种程度的控制（降低或弥补），以降低其发生的概率或减少其所造成的损失。

可转移性——是指能否事先采取措施，待风险发生后能与其他方分担损失或将损失转移给其他方（如保险等）。风险的可转移与否，主要和风险的性质以及国家、行业对该项风险的管理法规有关，也与项目合同各方所签订的合同中责任划分条款有关。

从上述各个风险特性的定义可以看出，对风险进行这样的考虑，实际上是在原来静态的风险思想当中引入了面向项目过程的、动态的风险思想，对更多的与后来的项目风险管理过程有关的内容在此进行了提前考虑。如对风险响应措施当中的保险、转移、分保以及风险的概率和损失控制措施提前进行了考虑。

风险的可预测性、可控制性和可转移性，主要反映的是风险管理过程中的定性的信息或知识。这三个特性一方面反映的是项目风险本身的性质，另一方面也与项目管理的历史资料记录，管理者的经验、对目前项目的熟悉程度有较大的关系，也就是说，项目风险的客观与主观信息都要得到恰当表达。因此，通过对风险的这样五个特性的描述，项目风险的定性信息和定量信息都将得到反映。在下面的分析中，我们还会看到，由于多维特性要求同时处理定性与定量信息，因此就要把两种分析与计算方法结合起来使用，这样恰好可以弥补单纯概率方法和模糊方法的缺点，突出其各自的优点和长处。

在增加了三个风险特性后，加上原来的风险发生概率和风险损失两个特性，每一个风险因素考虑五个方面的特性。我们给出如下风险多维特性向量：

$$R = (r_1, r_2, r_3, r_4, r_5) \qquad (2-1)$$

式中：R 为某风险因素；r_1、r_2、r_3、r_4、r_5 分别为风险的概率、损失、可预测性、可控制性、可转移性。

这里应该指出，在对风险进行多维特性考虑的情形下，对风险的识别和估计中也要相应加入这些内容。显然，对这些新加入的内容的识别相对比较容易，而对它们的定量化估计将是困难的，对它们的估计将以定性描述为主。那么，在引入较多定性因素的情况下，如何进行风险因素的风险度排序、系统的风险度评价？我们将在引入功效函数的基础上，做进一步地研究。

（三）多维特性的图形表示方法——雷达图

对风险因素引入多维特性以后，为了给管理者一个更直观、明确的项目风险印象，我们提出一个类似"雷达图"的风险图形表示方法。图形的一般形式如图 2-11 所示。

在图 2-11 中，项目风险五个特性分别用一个数轴表示，其取值区间为 [0, 1]，将某个风险的各个特性值的功效值在相应的数轴上以点的形式表示出来，然后连接起来，就形成这个风险因素的多维特性的形象的表示。不同的风险均采取这样的方法分别表示在一个"雷达图"上，各个风险的区别、差异可以很清晰地显示出来。图 2-11 中给出了两个风险 A、B，那么风险 A、B 的各自的特性，对于管理者来说可以一目了然。风险因素 A 除了可预测性比风险因素 B 好外，其余四个特性均劣于风险因素 B。通过这样的图形表示，风险管理者在管理过程中，拟定风险管理措施时目的更明确，而且，可以随时根据风险新的特性对其图形进行修正和补充。因此，该图形对于风险管理人员来讲具有较大的实际应用价值。

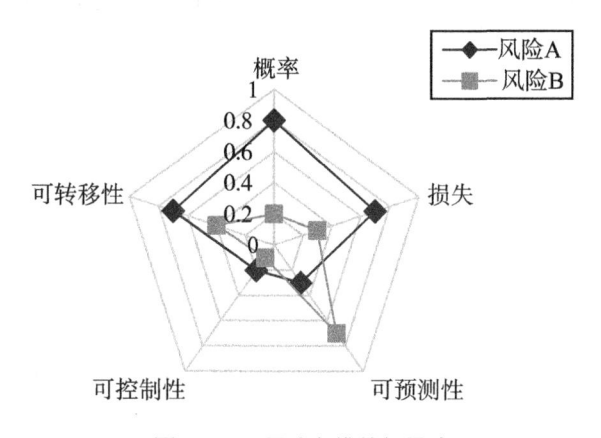

图 2-11　风险多维特征雷达

第三章 安全风险隐患分析

一、安全风险隐患分析的总体方法

(一) 隐患分析的概念

隐患分析：在系统的全寿命周期过程中检查系统，识别内在的与安全有关风险的过程。

实施安全风险隐患总体分析就是把系统风险看作潜在的系统事故情节和相关的促因隐患，据此设计出控制措施，将风险消除或控制到可接受的水平。系统安全总体工作组可以在安全检查和总体隐患跟踪和风险化解过程中进行这项工作。

分析者应该关注时间/空间变化或偏差产生的机器/环境相互作用可能造成的人身伤害、功能损坏和系统退化。

对相互作用的研究要评估人（包括程序）、机器和环境这些系统元素之间的相互关系。人的参数指相关的人为因素工程及相关元素，如生物力学、人类工程学和人类行为变量。机器指物理硬件、固件和软件。机器和人处于一个特定的环境中，隐患分析要研究的是环境带来的负面影响。隐患分析模型为5M模型（见图3-1）。

1. 分析模型

任务：系统的目标或主要功能。这是其他要素集中到一起的原因。

人：系统中的人员要素。如果系统需要人进行操作、维护或者安装，那么系统描述中必须考虑这个要素。

机器：指的是系统中的硬件和软件（包括软件和硬件相结合的固件）。

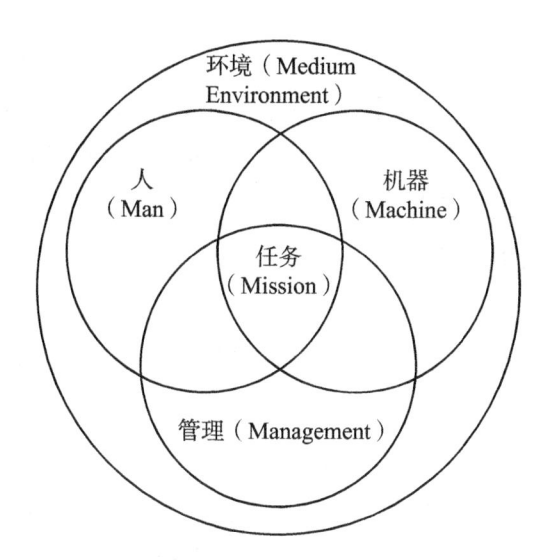

图 3-1　5M 模型

管理：包括在运行、维护、安装以及退役时系统涉及的程序、政策和规章。

环境：是系统安装、运行和维护时所处的环境。这里的环境包括运行环境和外界条件。运行环境指的是任务和功能被规划和执行时所处的条件。运行环境包括空中交通密度、通信拥塞程度、工作负荷等。运行环境的一部分可以用工作类型（空中交通管制、航空运输、通用航空等）和阶段（地面滑行、起飞、进近、航路中、跨洋、着陆等）来描述。外界条件包括温度、光、电磁作用、辐射、降水、震动等。

2. 分析手段

（1）人：人为因素分析。

（2）机器：异常能量交换，软件隐患分析，故障隐患分析。

（3）环境：异常能量交换，故障隐患分析。

3. 分析目的

分析目的是识别可能导致设想事故情节描述的偏差。偏差包括故障、退化、差错、失效和系统异常。它们是具有危害潜势的不安全状况和行为，统称为导致事故的隐患。

（二）隐患识别和风险评估

当确定一个特定的风险时，一方面，要考虑每一个导致事故的事件及其可能性，一个风险是由许多隐患构成的，且每个隐患都有它自己发生的可能性；另一方面，要考虑潜在的最严重灾情的危害，即后果或称事故情节的严重程度。

可能性是根据对潜在事故会不会发生所做的估计确定的。该事故有一个具体的可信范围内最严重灾情的严重程度。如果假设的事故结局改变、情节也随之改变，就必须考虑另一个不同的风险。

风险评估的步骤是：①假设情节；②确认相关隐患；③估计可能发生的可信范围内严重灾情的危害；④估计假设情节的发生可造成危害（严重程度）的可能性。

【例3.1】燃油箱破裂事件（见图3-2）

这里有几个与这个事故相关的隐患因素：出现燃料蒸发，点火装置出现火花，点火装置和燃油箱压力过大，油箱破裂和碎片射出。与这个潜在事故相关的成因是导线绝缘失效，油箱内导线裸露并具有足够的点火能量。其结果是飞机损坏、人员伤害、财产损失三种情况的各种可能组合。

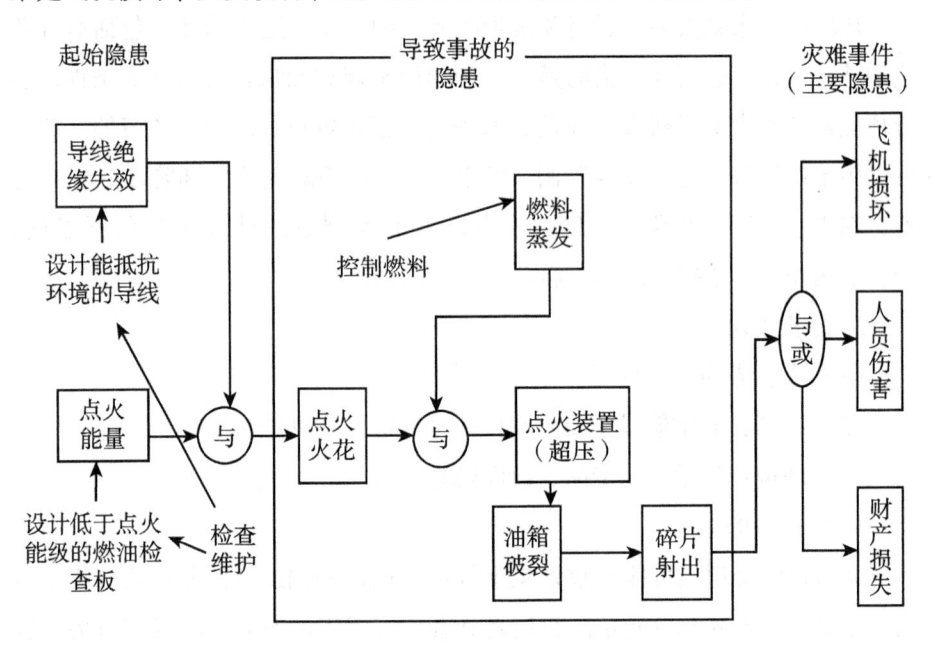

图3-2 燃油箱破裂事件

【例3.2】液压制动器事件（见图3-3）

这里有多种因素导致这一事件：主液压刹车系统失效，不适当地启动紧急刹车系统，飞机丧失刹车能力，飞机冲出跑道碰到障碍物。其结果是飞机损坏、人员伤害、财产损失三种情况的各种可能组合。始发事件与主液压刹车系统失效有关。这个失灵本身又是许多其他导致液压制动系统失效的因素造成的结果。

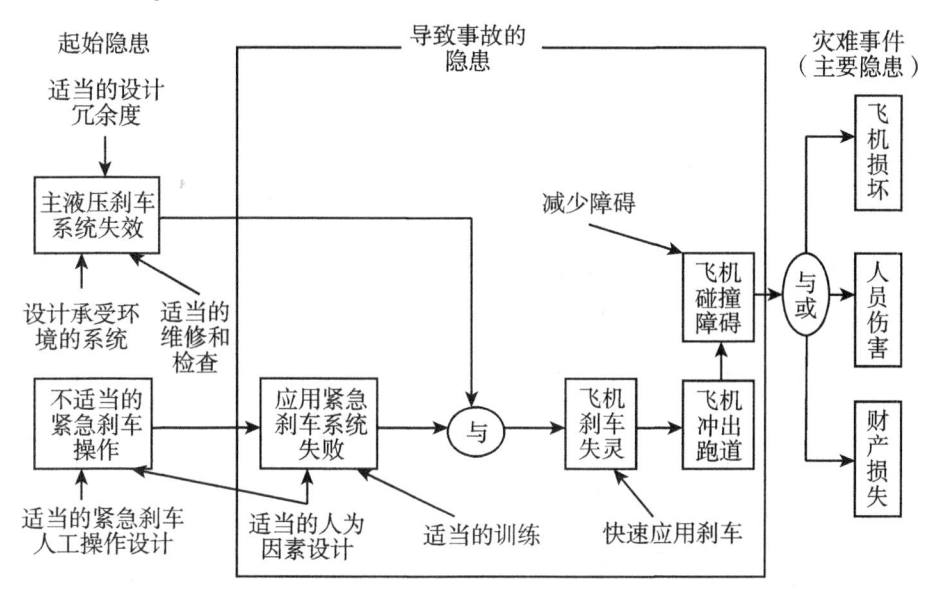

图 3-3　液压制动器事件

【例 3.3】　未关紧机舱门事件（见图 3-4）

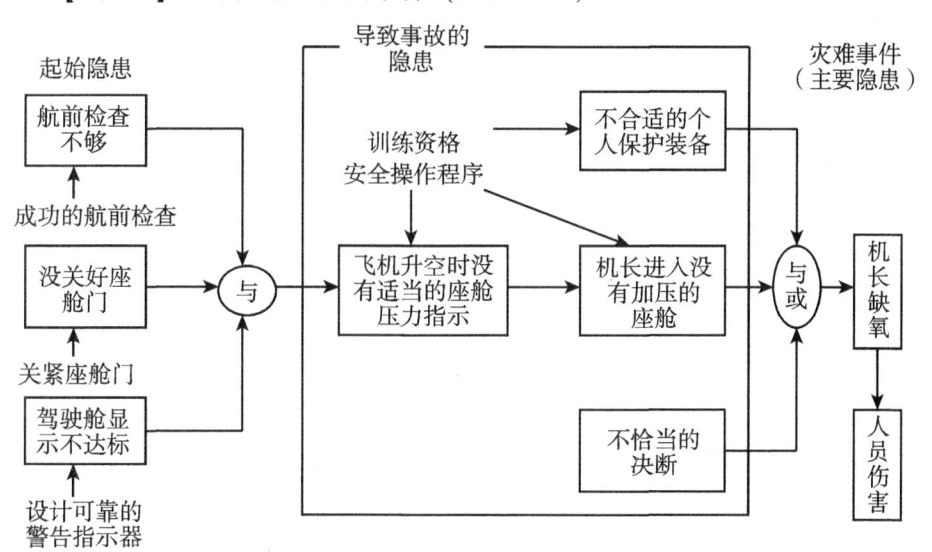

图 3-4　未关紧机舱门事件

此事件不是某一特定故障引起的，有许多因素：飞机升空时没有适当的座舱压力指示，机长在进入未增压的座舱时没有合适的个人保护装备。这一事件情节的起因包括座舱门没有关好、航前检查不够和驾驶舱内的座舱压力损失显示不充分。其结果是机长缺氧、人员伤害。

【例3.4】 发动机罩事件（见图3-5）

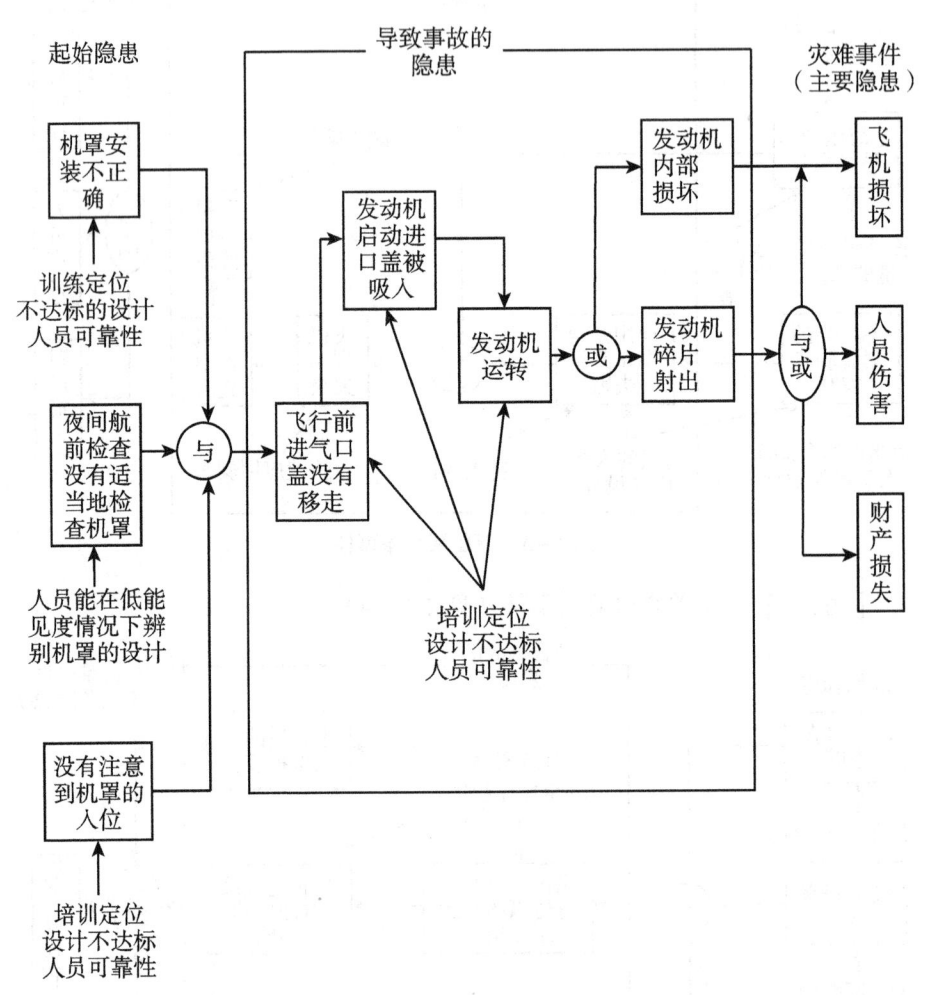

图3-5 发动机罩事件

此事件根据初始隐患的识别，分析导致事故的隐患，再分析隐患有可能导致的事故。

当评价风险时，导致事故的隐患是重要的。导致事故的隐患是具有危害潜势的不安全行为和不安全状况。不安全行为是在系统寿命周期中任何时刻都可能发生的人为差错。人的可靠性就是要解决人的差错或人的失效。不安全状况可以是失效、故障、错误和构成促因隐患的异常现象。一个出现问题的系统并不是天然就带有隐患，往往是运行过程中出现问题，这时需要进行风险管理，使之回归安全状态，此类系统可以设计成风险—安全转换模式；甚至可以研发容纳人为差错或自动化的程序和管理控制措施来保证安全。

二、隐患分析过程

隐患分析的目的是识别和界定隐患状况/风险，以便更好地消除或控制风险。分析中要检查系统、子系统、部件之间的相互关系，还要检查人员训练情况、设备维护工作、系统操作与维护环境以及系统或部件的问题处理。

（1）隐患分析步骤[16]。①描述系统并为其确定范围。②实施功能分析。③制定初步隐患清单。④确认促因隐患、起因隐患或其他原因。⑤在适当的时候通过识别现有的控制措施来建立隐患控制基准。⑥确定潜在的结局、效应或危害。⑦对后果的严重程度和发生的可能性进行风险评估。⑧依据风险的情况对隐患进行排序。⑨建立消除或控制风险的一套建议和要求。⑩向管理人员、设计师、测试计划者和其他相关的决策者提供有效的、权衡所需的信息和数据。⑪进行隐患跟踪和中高风险的化解工作。核实第九步中确定的建议和要求是否已经被执行。⑫论证给定的安全相关技术说明书、操作要求和设计标准的一致性。

（2）系统安全分析和可靠性之间的关系。可靠性是系统在规定的条件下执行所要求的功能到达规定时间的能力。可靠性和系统安全分析是互补的关系。它们可以相互提供比各自单独获取的更多的信息。它们不能互相代替，联合起来可以获得更好和更有效的结果。

两种可靠性分析经常被用作隐患分析：失效模式与影响分析（Failure Mode and Effects Analysis，FMEA），故障模式、影响和危害性分析（Failure Mode，Effects and Criticality Analysis，FMECA）。可靠性预测用以建立组件或部件的失效率，或者建立失效概率。

隐患分析首先以一种定性的方式来识别风险、风险起因以及与风险有关的隐患的重要性。

三、隐患的定性和定量分析

(一) 定性分析

定性分析就是对研究对象进行"质"的方面的分析，是对影响产品、系统、运行或者人员安全的所有因素全方位的检查。分析涉及对照预先确定的一系列可接受性参数对设计进行检验。所有可能的情况和事件及其后果都要考虑，以确定它们能否引起或造成伤害或损失。定性分析一般在定量分析之前。

(二) 定量分析

定量分析是识别危险的一种方法。比定性分析在逻辑上更进一步。它更加精确地估计事故发生的概率。这是通过计算概率来完成的。

在定量分析中，风险概率是用数字或者比率来表示的。它的目标是通过对重大风险的最小化、消除或者建立控制以达到最大的安全性。重大风险是通过工程评估、经验和相似设备的历史文献来识别的。

(三) 事件发生的可能性相关概念

(1) 概率表示故障、差错或者事故的可能性，即使它可能在一段时间或者相当多次操作中极少发生。例如，飞机发动机失效的可能性精确地预测概率为十万分之一。要点是：不要为了与有限的数据匹配而去改变预测。

(2) 概率是基于过去特定经验而得到的统计预测。要点是：做结论时要考虑到概率的统计本质。

(3) 有时数据只在特定的环境下有效，如鸟击飞行事故。要点是：寻找能影响统计数字的重要变量。

(4) 可靠性预测是根据设备在一定的时间段里和规定的参数范围内的操作情况做出的。要点是：一定要搞清楚应用于风险分析中的概率代表的是什么条件。

(5) 即使在设备的可靠性很高的情况下，人为差错也会造成破坏性的后果。例如，装好子弹的步枪的可靠性是很高的，但是有时人们在清洗、携带或者玩耍时致死或致伤。要点是：要考虑人为差错对事故概率估计的影响。

(6) 可靠性预测的可信度是基于原始数据的取样大小的。要点是：了解预测数据的来源，考虑数据的可信度。

（7）对电子部件的可靠性预测可以假设一个用指数表示的失效分布格局。要点是：已有磨损迹象系统的风险要比没有磨损迹象系统的难以做定量分析。

（四）初步隐患分析

初步隐患分析（Preliminary Hazard Analysis，PHA）是系统设计阶段或设备购置规划阶段查找隐患的起始工作。它也可以在运行的系统上实施用来对安全状态进行初步检查。PHA的目的不是影响所有隐患的控制，而是充分辨别出隐患状态，连同所有伴随的事故征候。

PHA工作应该尽可能从早的阶段开始，并在每一个后续阶段进行更新。

（1）PHA包括的内容。①对分析中的系统进行尽可能完整的描述，如它将如何使用，它与现有系统的接口。如果在开发前已经编制了运行环境文件，它就可以成为系统描述的基础。②查看相关历史安全经验（从相似系统中得到的教训）。③基本能源分类清单。④调查各种能源，以确定为控制它们所做的规定是否有效。⑤确认系统必须遵守的关于人身安全、环境隐患和有毒物质的要求以及其他规章制度。⑥纠正措施。

（2）PHA在确认和评估隐患分析时考虑的内容。①有隐患的地方（如燃料、推进剂、激光、爆炸物、有毒物质、有隐患的建筑材料、压力系统和能源系统）。②各种系统组件之间的安全接口（如材料兼容性、电磁干扰、硬件和软件的控制）。必须考虑软件对子系统/系统事故的潜在影响因素。③环境制约，包括操作环境（如电击、振动、噪声、静电等）。④操作、测试、维护和紧急程序（如人为因素工程、照明要求、噪声或辐射对人的工作的影响、海上营救等）。⑤设施、保障设备以及相关的训练。⑥与安全有关的设备、防护装置和代替的方法（如互锁装置、系统冗余度、人身防护装置、工业通风系统、噪声和辐射屏蔽）。

（3）PHA示例（见表3-1）。

操作：把一台重3吨的机器从一幢建筑物移到另一幢建筑物。

起点：机器所在的原建筑物A。

终点：机器的新位置建筑物B。

表3-1 移动机器的初步隐患分析

行为/事件	隐患
把机器升到叉车能够就位的高度	由于不平衡导致机器翻倒 由于起重设备故障导致机器翻倒 由于起重设备故障或不正确的放置导致机器砸到人或设备上 机器撞击上方障碍物 起重过程中机器被损坏
叉车就位	叉车撞到机器 叉车撞到区域内的其他东西
举起机器	机器撞击上方障碍物 由于机械故障导致起重失败 由于不平衡导致机器翻倒
把机器移到卡车旁	由于粗糙表面或天气条件导致不稳定 操作错误引起运载物不稳定 运载物移倒
把机器移到卡车上	不正确的捆绑产生不稳定 卡车超载或不合适的承重分布
把卡车开到建筑物 B	移动中的车辆事故 不娴熟的驾驶技术产生的不稳定 道路条件产生的不稳定
把机器从卡车上卸下	和"把机器移到卡车旁"的因素相同
把机器放到建筑物 B 的合适的位置上	除侧重于把机器放下外，和"举起机器"的因素相同

（五）故障隐患分析

故障隐患分析方法是一种推导式分析方法，这种方法可以专门用来做定性分析。若有必要，可以扩充为定量分析方法。故障隐患分析要求对子系统进行详细的调查以判断部件隐患模式，引起这些隐患的原因和对子系统及其操作的影响。

进行故障隐患分析，可了解并理解系统的特性：设备用途、操作限制、安全和失效的界线、实际失效模式及其发生概率的测定方法。

故障隐患分析的步骤：①把系统按功能或条块分成易于有效操作的模块。②对系统和每一子系统的功能图表、草图、工程图进行审查，以确定它们之间的关系以及组成部件的相互关系。这项审查可以通过准备和使用框图来实现。③当进行部件的一级分析时，应事先为每个模块列出一份完整的部件及其功能的表格。对于须在功能层面和条块层面进行分析的情况，表格是供最低层次的分析使用的。④审查影响系统的操作和环境压力，看其是否对系统及其部件有负面效应。⑤分析工程图和功能表，确定可能发生并影响部件的重大失效机制，随后考虑子系统故障失效的影响。⑥确认可引起子系统各种可能的失效的单个部件失效模式。⑦列出影响组件和部件的所有条件，以显示是否存在因操作、压力、人的行为或综合因素而增加的有失效或损坏可能性的特殊时期。⑧给风险确定类型。⑨列出消除或者控制风险的预防性或纠正措施。⑩输入初始概率。⑪实施一项初步关键程度分析。

故障隐患分析的局限：①一个子系统很可能发生并不导致事故的失效。②这一分析方法主要集中于硬件故障，较少涉及软件故障，而且对人为因素关注不够。③很少考虑环境条件出现的可能性。④导致硬件隐患的故障率忽略了由不标准加工过程带来的潜在缺陷。⑤数字分析过分精确。

(六) 故障树分析

故障树分析（Fault Tree Analysis，FTA）提供了一种评估和控制隐患的标准方法。从安全到管理中的一系列问题都能运用 FTA 加以解决。

FTA 使用了定性法，也使用了定量法来确定系统中关于安全操作的部位。

FTA 是由上向下的演绎式失效分析法，利用布林逻辑组合低阶事件，分析系统中不希望出现的状态，诸如发动机故障（见图 3-6）。这个演绎推断过程始于一个明确规定的不期望出现的事件（通常是个假定的事故条件），然后依次考虑所有可能导致或促使不期望事件发生的已知事件、故障和其他情况。

FTA 分析步骤：①首先假设系统的状态，确认并且明确写出位于最上层的不期望出现事件。这一步骤通常借助初步隐患分析和初步隐患清单来完成，或者通过查阅设计图表、流动图等。②把故障树的顶层自上而下地展开，以确定引起上一层事件所需的最少中间故障及故障组合或事件。这些逻辑关系是通过应用标准化的 FTA 逻辑符号及图形表示出来的。③继续自上而下的展开过程，直至为每个分支找到根本原因，或直到没有必要人为进一步分解。④给故障树中每个分支的最低层事件确定故障率，这项工作可以通过预测或者参考历史数据来完成。⑤利用布尔逻辑给故障树建立一个布尔方程，然后估算出不希望出现的顶层事件的概率。⑥与系统要求相比较。如果没有达到要求，就应该实施校正措施。校正措施从再设计到改进分析各不相同。

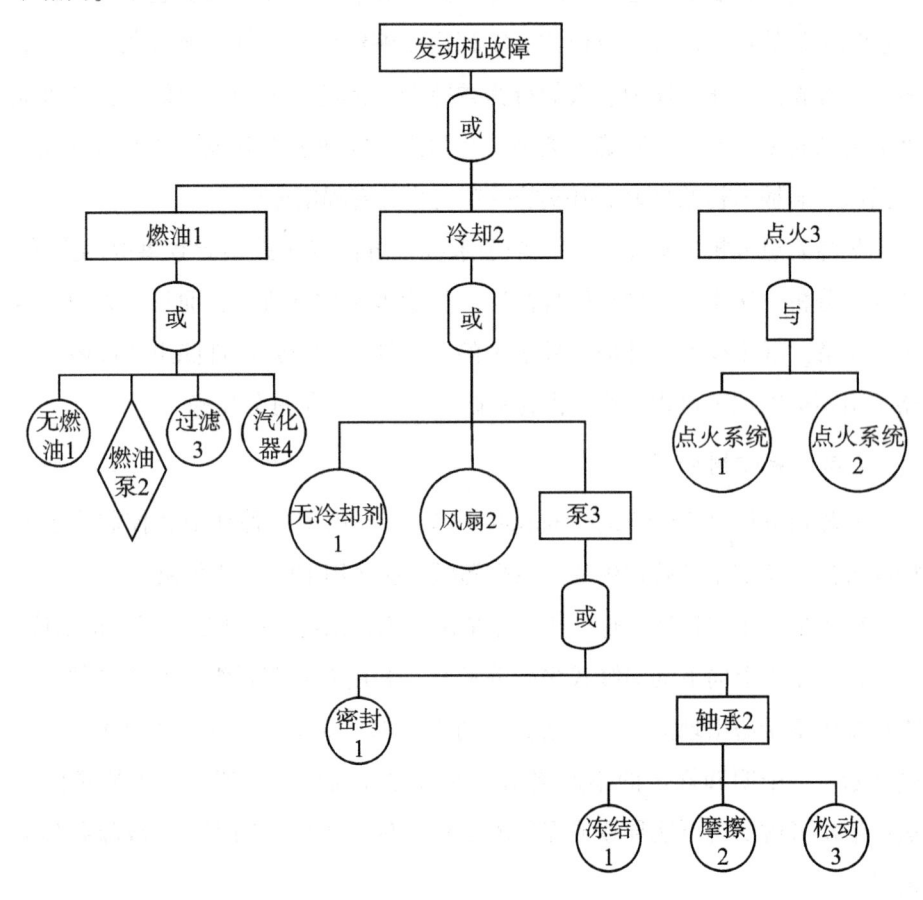

图 3-6 发动机故障树

在发动机故障的例子中，有三个可能的发动机故障原因：燃油流动、冷却问题、点火故障。通过对故障树的观察，还可以确定导致这三种故障的原因的其他因素和综合因素。

根据已有的数据，可以确定每个事件的发生概率。可以列出代数式求出顶层事件的发生概率。再把这个概率与可接受的阈值相比较，确定有无必要及怎样采取措施。

故障树分析是通过自上而下的顺序推导。这是一种演绎过程，因为它是考察"起因"路径中的事件组合的，与归纳法不同。

（七）共同原因失效分析

共同原因失效分析是故障树分析的一种延伸，用于识别造成各部件失效的潜在依存关系的"偶联因素"。故障树中基本事件最小的割集通过开发矩阵表来检查，以确定这些故障是否和环境、位置、次要因素或质量控制等共同因素有关。

共同原因失效分析为理解故障树分析中事件及其原因之间的关系提供了一个更好的办法。它分析的是安全系统中的实际冗余度。

共同原因失效分析步骤：①建立一组关键树群。这项工作要用 FMECA、FTA 进行分析。FTA 用于识别关键功能，FMECA 用于识别关键部件。②识别上1关键树群中的通用部件。这些部件可能是冗余的处理器，他们共用一个电源或者共享由同一液压泵供压的冗余液压线路。③确认一些可信的故障模式，如短路、漏油、不规范的操作步骤。④确认可信的共因故障模式。⑤总结分析结果，其中应包括纠正措施的识别。

（八）能量跟踪分析

能量跟踪分析针对所有可能引起事故的所未控制的和已控制的能量，包括公共设施的电源和航空器燃料。

（1）能源引发事故的情况：①可能与产品或过程有关，如易燃性或电击。②可能与人员行为有关。③可能与靠近易燃流体吸烟、系统周围的物品/条件/重要设备有关。④可能与车辆或滑行中的飞机有关。

（2）能量跟踪分析的目的。能量跟踪分析的目的是确认所有隐患和引起隐患的直接原因。隐患及其原因一旦被确认，就可作为故障树的顶层事件或者用来验证故障隐患分析的完整性。因此，能量跟踪分析方法可以辅助，但不能代替其他分析，如 FTA、FMECA 等。

（3）能量跟踪分析程序的步骤：①确认要保护的资源（人或设备）。②确认系统、子系统及安全关键部件。③确认每一系统/子系统/部件都要经历的运行阶段，如飞行前、滑行、起飞、巡航、着陆，最好为每个运行阶段分别报告隐患分析结果。④识别子系统或部件在每个运行阶段的运行状态。⑤识别与每个子系统和每种运行状态相关的能源或能量的传输方式。⑥确认每种能源的能量释放机制。⑦对照隐患类型检查表，检查每个部件、能源或传输方式。⑧识别和每种能量释放机制有关的原因。⑨识别由具体的能量释放机制释放的能量可能引发的潜在事故。⑩假设上一步骤识别的事故发生，界定可能出现的隐患后果。⑪评定潜在的事故的隐患类别（如关键性的、灾难性的或其他性质的）。⑫识别部件与能源或传输方式所牵连的关乎被保护资源的特定隐患。⑬推荐控制隐患条件的措施。⑭详细说明验证程序，确保控制措施已被有效实施。

（九）故障模式、影响和危害性分析

1. 概述

元部件的故障对系统可造成重大影响：①灾难性的影响，如挑战者升空爆炸——发动机液体燃料管垫圈不密封。②致命性的影响，如起落架上位锁打不开。以往设计师依靠经验判断元部件故障对系统的影响，依赖于人的知识和工作经验。

系统的、全面的和标准化的方法是故障模式、影响和危害性分析，在设计阶段发现对系统造成重大影响的元部件故障。FMECA 是可靠性、维修性、保障性和安全性设计分析的基础。

2. FMECA 的概念

（1）FMECA 的定义。FMECA 是分析系统中每一部件所有可能产生的故障模式及其对系统造成的所有可能的影响，并按每一个故障模式的严重程度及其发生概率予以分类的一种归纳分析方法。FMECA 是一种自下而上的归纳分析方法。FMECA 与故障隐患分析的主要不同之处在于分析的深度不同。FMECA 主要关注的是所有的故障及其影响，而故障隐患分析的任务是仅考虑和安全有关的那些影响。

（2）FMECA 的目的。从产品设计（功能设计、硬件设计、软件设计）、生产（生产可行性分析、工艺设计、生产设备设计与使用）和使用过程中发现各种影响产品可靠性的缺陷和薄弱环节，为提高产品的质量和可靠性水平提供改进依据。

（3）FMECA 的作用。FMECA 的作用包括：①保证有组织地、定性地找出系统的所有可能的故障模式及其影响，进而采取相应的措施。②为制定关键项目和单点故障等清单或可靠性控制计划提供定性依据。③为可靠性（R）、维修性（M）、安全性（S）、测试性（T）和保障性（S）工作提供一种定性依据。④为制定试验大纲提供定性信息。⑤为确定需更换的有寿件、元器件清单提供使用可靠性设计的定性信息。⑥为确定需要重点控制质量及工艺的薄弱环节清单提供定性信息。⑦可及早发现设计、工艺中的各种缺陷。

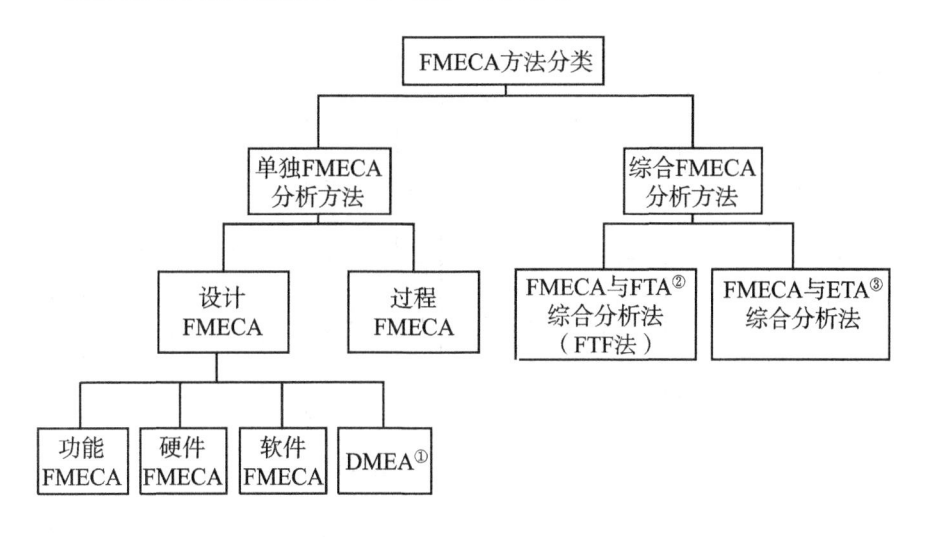

3. FMECA 方法分类

FMECA 方法分类如图 3-7、表 3-2 所示。

图 3-7 FMECA 方法分类

注：①DMEA 即 Damage Mode Effects Analysis（损坏模式影响分析）。
②FTA 即 Fault Tree Analysis（故障树分析）。
③ETA 即 Event Tree Analysis（事件树分析）。

表 3-2 在产品寿命周期各阶段的 FMECA 方法

阶段	论证与方案阶段	工程研制阶段	生产阶段	使用阶段
方法	功能 FMECA	硬件 FMECA 软件 FMECA 损坏模式影响分析	过程 FMECA	统计 FMECA
目的	分析研究系统功能设计的缺陷与薄弱环节，为系统功能设计的改进和方案的权衡提供依据	分析研究系统硬件、软件设计的缺陷与薄弱环节，为系统的硬件、软件设计改进和保障性分析提供依据	分析研究所设计的生产工艺过程的缺陷和薄弱环节及其对产品的影响，为生产工艺的设计改进提供依据	分析研究产品使用过程中实际发生的故障、原因及其影响，为产品使用可靠性和进行产品的改进、改型或新产品的研制提供依据

4. FMECA 的步骤

FMECA 的步骤如图 3-8 所示。FMECA 可分解成两个阶段，即故障模式影响分析（Failure Mode Effect Analysis，简称 FMEA）和危害性分析（Criticality Analysis，简称 CA）。

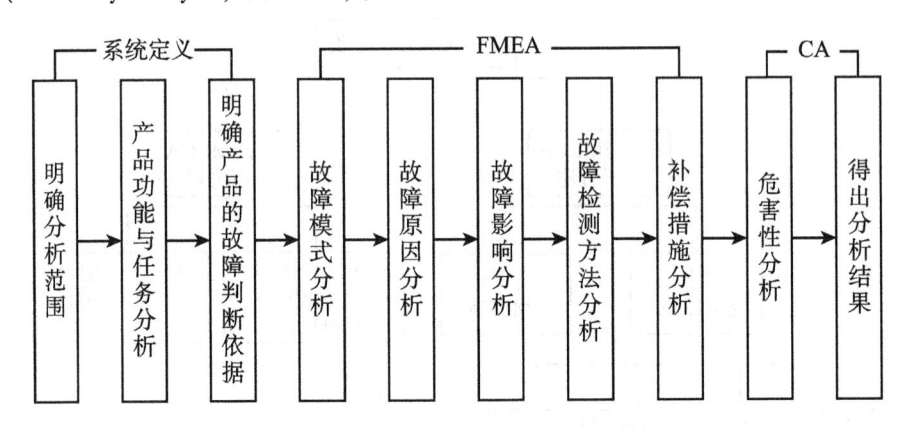

图 3-8 FMECA 的步骤

（1）系统定义。①确定系统中进行 FMECA 的产品范围：a. 产品层次示例。b. 约定层次——规定的 FMECA 的产品层次。c. 初始约定层次——系统最顶层。d. 最低约定层次——系统最底层。②描述系统的功能任务及系统在完成各种功能任务时所处的环境条件：a. 任务剖面、任务阶段及工作方式。b. 功能描述。③制定系统及产品的故障判据、选择 FMECA 方法等。

（2）故障模式影响分析（FMEA）（见表3-3）。

表3-3　故障模式影响分析 FMEA 表

初始约定层次产品					任务				审核		第　页　共　页	
约定层次产品					分析人员				批准		填表日期	

代码	产品或功能标志	功能	故障模式	故障原因	任务阶段与工作方式	故障影响			严酷度类别	故障检测方法	补偿措施	备注
						局部影响	高一层次影响	最终影响				
1	2	3	4	5	6	7	8	9	10	11	12	13
对每一产品的每一故障模式采用一种编码体系进行标识	记录被分析产品或功能的名称与标志	简要描述产品所具有的主要功能	根据故障模式分析的结果简要描述每一产品的所有故障模式	根据故障原因分析结果简要描述每一产品的所有故障原因	简要说明发生故障的任务阶段与产品的工作方式	根据故障影响分析的结果，简要描述每一个故障模式的局部、高一层次和最终影响并分别填入第7~9栏			根据最终影响分析的结果按每个故障模式分配严重度类别	简要描述故障检测方法	简要描述补偿措施	本栏主要记录对其他栏的注释和补充说明

（3）危害性分析（CA）（见表3-4、图3-9）。

表3-4　定性和定量 CA 表

初始约定层次产品						任务				审核		第　页　共　页	
约定层次产品						分析人员				批准		填表日期	

代码	产品或功能标志	功能	故障模式	故障原因	任务阶段与工作方式	严酷度类别	故障概率等级或故障数据源	故障率 λ_p	故障模式频数比 α	故障影响概率 β	工作时间 t	故障模式危害度 $C_m(j)$	产品危害度 $C_r(j)$	备注
1	2	3	4	5	6	7	8	9	10	11	12	13	14	15

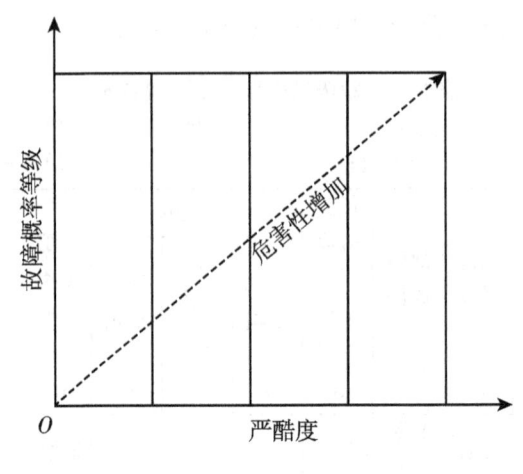

图 3-9　危害性矩阵图

5. 实施 FMECA 应注意的问题

(1) 强调"谁设计、谁分析"的原则。"谁设计、谁分析"的原则，也就是产品设计人员应负责完成该产品的 FMECA 工作，专业人员应提供分析必需的技术支持。实践表明，FMECA 工作是设计工作的一部分。"谁设计、谁分析"，及时改进是进行 FMECA 的宗旨，是确保 FMECA 有效性的基础，也是国内外开展 FMECA 工作的经验结晶。如果不由产品设计者实施 FMECA，必然造成分析与设计的分离，也就背离了 FMECA 的初衷。

(2) 重视 FMECA 的策划。实施 FMECA 前，应对所需进行的 FMECA 活动进行完整、全面、系统的策划，尤其是对复杂的大系统，更应强调 FMECA 的重要性。其必要性体现在以下几方面：①结合产品研制工作，运用并行工程的原理，对 FMECA 进行完整、全面、系统的策划，将有助于保证 FMECA 分析的目的性、有效性，以确保 FMECA 工作与研制工作同步协调，避免事后补做的现象。②对复杂大系统，总体级的 FMECA 往往需要低层次的分析结果作为输入，对相关分析活动的策划将有助于确保高层次产品 FMECA 的实施。③FMECA 计划阶段事先规定的基本前提、假设、分析方法和数据，将有助于承制方之间的交流和共享，确保分析结果的一致性、有效性和可比性。

(3) 保证 FMECA 的实时性、规范性、有效性。①实时性。FMECA 工作应纳入研制工作计划，做到目的明确、管理务实；FMECA 工作与设计工作应同步进行，将 FMECA 结果及时反馈给设计过程。②规范性。分析工作应严格执行 FMECA 计划、有关标准/文件的要求。分析中应明确某些关键概念，如故障检测方法是系统运行或维修时发现故障的方法；严重度是对故障模式最终影响严重程度的度量，危害度是对故障模式后果严重程度的发生可能性的综合度量，两者是不同的概念，不能混淆。③有效性。对分析提出的改进、补偿措施的实现予以跟踪和分析，以验证其有效性。这种过程也是积累 FMECA 工作经验的过程。

（4）FMECA 的剪裁和评审。FMECA 作为常用的分析工具，可为可靠性、安全性、维修性、测试性和保障性等工作提供信息，不同的应用目的可能得到不同的分析结果。各单位可根据具体的产品特点和任务对 FMECA 的分析步骤、内容进行补充、剪裁，并在相应文件中予以明确。

（5）FMECA 的数据。故障模式是 FMECA 的基础。能否获得故障模式的相关信息是决定 FMECA 工作有效性的关键。进行定量分析时还需故障的具体数据，这些数据除通过试验获得外，一般需要通过相似产品的历史数据进行统计分析。注意有计划、有目的地收集、整理有关产品的故障信息，并逐步建立和完善故障模式及频数比的相关信息库，这是有效开展 FMECA 工作的基本保障之一。

（6）FMECA 应与其他分析方法相结合。FMECA 虽是有效的可靠性分析方法，但并非万能。它不能代替其他可靠性分析工作。应注意，FMECA 一般是静态的、单一因素的分析方法，在动态方面还很不完善，若对系统实施全面分析还需与其他分析方法相结合。

（7）故障模式。①故障与故障模式。故障是产品或产品的一部分不能或将不能完成预定功能的事件或状态（对机械产品也称失效）。故障模式是故障的表现形式，如起落架撑杆断裂、收放作动筒不到位等。②产品功能与故障模式。一个产品可能具有多种功能，例如，起落架具有支撑、滑跑、收放等功能，每一个功能在应用过程中有可能具有多类故障模式，如滑跑时可能会出现震动，收放时可能收不起、放不下（见表 3-5）。

表 3-5 典型故障模式表

序号	故障模式	序号	故障模式	序号	故障模式
1	结构故障（破损）	12	超出允差（下限）	23	滞后运行
2	捆结或卡死	13	意外运行	24	错误输入（过大）
3	振动	14	间歇性工作	25	错误输入（过小）
4	不能保持正常位置	15	漂移性工作	26	错误输出（过大）
5	打不开	16	错误指示	27	错误输出（过小）
6	关不上	17	流动不畅	28	无输入
7	误开	18	错误动作	29	无输出
8	误关	19	不能关机	30	（电的）短路
9	内部漏泄	20	不能开机	31	（电的）开路
10	外部漏泄	21	不能切换	32	（电的）漏泄
11	超出允差（上限）	22	提前运行	33	其他

（8）机械产品典型故障模式。机械产品典型故障模式可分为以下七大类：①损坏型，如断裂、变形过大、塑性变形、裂纹等。②退化型，如老化、腐蚀、磨损等。③松脱性，如松动、脱焊等。④失调型，如间隙不当、行程不当、压力不当等。⑤堵塞或渗漏型，如堵塞、漏油、漏气等。⑥功能型，如性能不稳定、性能下降、功能不正常。⑦其他，如润滑不良等。

（9）故障原因。①直接原因：导致产品功能故障的产品自身的那些物理、化学或生物变化过程等，直接原因又称为故障机理。②间接原因：由于其他产品的故障、环境因素和人为因素等引起的外部原因。例如——起落架上位锁打不开，直接原因：锁体间隙不当、弹簧老化等；间接原因：锁支架刚度差。

（10）任务阶段与工作方式。①任务剖面又由多个任务阶段组成。如起落架任务阶段：起飞、着陆、空中飞行、地面滑行。②工作方式：可替换、有余度。因此，在进行故障模式分析时，要说明产品的故障模式是在哪一个任务剖面的哪一个任务阶段的什么工作方式下发生的。

（11）故障影响。①局部影响：某产品的故障模式对该产品自身和与该产品所在约定层次相同的其他产品的使用、功能或状态的影响。②高一层次影响：某产品的故障模式对该产品所在约定层次的高一层次产品的使用、功能或状态的影响。③最终影响：指系统中某产品的故障模式对初始约定层次产品的使用、功能或状态的影响。严重度类别定义，见表3-6。

表3-6 严重度类别定义

严重度类别	严重程度定义
Ⅰ类（灾难的）	这是一种会引起人员死亡或系统毁坏的故障
Ⅱ类（致命的）	这种故障会引起人员的严重伤害，造成重大经济损失或导致引起任务失败的系统严重损坏
Ⅲ类（临界的）	这种故障会引起人员的轻度伤害，造成一定的经济损失或导致任务延误或降级的系统轻度损坏
Ⅳ类（轻度的）	这是一种不足以导致人员伤害，造成一定的经济损失或系统损坏的故障，但它会导致非计划性维护或修理

（12）故障检测方法。故障检测方法一般包括目视检查、离机检测、原位测试等手段，使用自动传感装置、传感仪器、音响报警装置、显示报警装置等。故障检测一般分为事前检测与事后检测两类，对于潜在故障模式，应尽可能设计事前检测方法。

（13）补偿措施。①设计补偿措施：a.产品发生故障时，能继续安全工作的冗余设备。b.安全或保险装置（如监控及报警装置）。c.可替换的工作方式（如备用或辅助设备）。d.可以消除或减轻故障影响的设计或工艺改进（如概率设计、计算机模拟仿真分析和工艺改进等）。②操作人员补偿措施：a.使用特殊的使用和维护规程，尽量避免或预防故障的发生。b.一旦出现某故障后操作人员应采取的最恰当的补救措施。

（14）故障概率等级或数据来源。①故障概率等级——定性分析方法。A级——经常发生：>20%；B级——有时发生：10%~20%；C级——偶然发生：1%~10%；D级——很少发生：0.1%~1%；E级——极少发生：<0.1%。②数据来源：预计值、分配值、外场评估值等。

A级——经常发生：在产品的使用期间以高概率发生。高概率可定义为某一故障模式发生的概率大于产品使用期间总故障概率的20%。

B级——有时发生：在产品的使用期间以中等概率发生。中等概率可定义为某一故障模式发生的概率大于产品使用期间总故障概率的10%，而小于20%。

C级——偶然发生：在产品的使用期间以偶然概率发生。偶然概率可定义为某一故障模式发生的概率大于产品使用期间总故障概率的1%，而小于10%。

D级——很少发生：在产品的使用期间以很少概率发生。很少概率可定义为某一故障模式发生的概率大于产品使用期间总故障概率的0.1%，而小于1%。

E级——极少发生：在产品的使用期间，某故障的发生概率基本为0。极少发生可定义为某一故障模式发生的概率小于产品使用期间总故障概率的0.1%。

6. 应用举例

FMECA的应用举例见表3-7。

表3-7 某型军用教练飞机升降舵系统发动机部分 FMECA

项目	功能	失效模式	本级故障	高一级别故障	主要影响	检测失效方法	补偿方法	严重度等级
泵的轴承	使轴顺利转动	冻结	轴不动	泵出现故障	发动机故障	检测发动机温度	空气冷却	I
		高强摩擦	轴的转速慢	失去冷却能力	发动机转动过热	检测发动机温度	空气冷却	II
		松动（磨损）	轴打滑	失去冷却能力	马力太低	检测发动机温度	空气冷却	III

（十）事故树分析方法

1. 事故树分析的基本概念

事故树分析是一种根据系统可能发生的事故或已经发生的事故结果，

去寻找与该事故发生有关的原因、条件和规律，同时可以辨识出系统中可能导致事故发生的危险源的分析方法。事故树分析被国内外学者广为应用在安全分析研究的各个方面，事故树分析是一种严密的逻辑过程分析，分析中所涉及的各种事件、原因及其相互关系，需要运用一定的符号予以表达（见图3-10）。

事故树分析所用符号有四类，如图3-10所示包括：①矩形符号。它表示顶上事件或中间事件，也就是需要往下分析的事件。将事件扼要记入矩形方框内。②圆形符号。它表示基本原因事件，或称基本事件。它可以是人的差错，也可以是机械、元件的故障，或环境不良因素等。它表示最基本的、不能再往下分析的事件。③屋形符号。主要用于表示正常事件，是系统正常状态下发生的正常事件。④菱形符号。它表示省略事件，主要用于表示不必进一步剖析的事件和由于信息不足而不能进一步分析的事件。

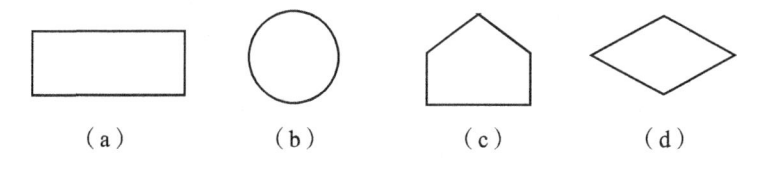

(a)　　(b)　　(c)　　(d)

图3-10　事故树分析所用符号

2. 事故树分析的基本程序

所谓事故树分析，就是从结果到原因描绘事故发生的有向逻辑树，该事故树遵循逻辑分析原则（即从结果追溯分析原因的原则），相关事件（节点）之间用逻辑门连接，利用事故树对事故进行预测的方法称为事故树分析，被用于分析的事故树也叫事故树图。作为被分析对象的特定故障事故叫顶上事件，导致顶上事件发生的最初始的原因事件叫基本事件。处于顶上事件与基本事件中间的事件叫中间事件，它们既是造成顶上事件发生的原因，又是基本事件产生的结果。事故树分析应用数理逻辑方法，从一个可能的事故开始，一层一层逐步寻找引起事故发生的触发事件的直接原因和间接原因，并分析各种事故原因之间的相互逻辑关系，是一种演绎分析方法。在一个事故树中，导致顶上事件发生的基本事件很多，在采取防止顶上事件发生的措施时应该分清轻重缓急，优先解决那些比较重要的问题，首先消除或控制那些对顶上事件影响重大的基本事件。在事故树分析中，用基本事件重要度来衡量某一基本事件对顶上事件影响的大小，常用的基本事件重要度有结构重要度、概率重要度和临界重要度。事故树分析的基本程序包括以下步骤：确定顶上事件、确定边界条件、查找技术资料、事故调查、编制事故树、定性分析、定量分析等。其程序流程见图 3-11。

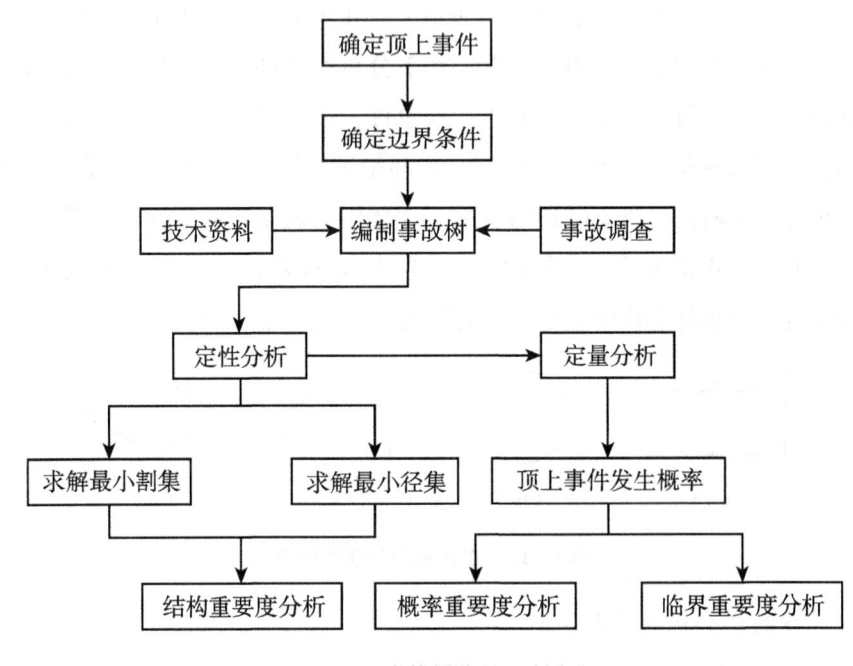

图 3-11 事故树分析程序流程

第一步：确定顶上事件。顶上事件就是所要分析的事故。选择顶上事件，一定要在详细占有系统情况、有关事故的发生情况和发生可能以及事故的严重程度和事故发生概率等资料的情况下进行，而且事先要仔细寻找造成事故的直接原因和间接原因。然后，根据事故的严重程度和发生概率确定要分析的顶上事件，将其扼要地填写在矩形框内。通过编制事故树，找出事故原因，制定具体措施，防止事故再次发生。

第二步：调查或分析造成顶上事件的各种原因。顶上事件确定之后，为了编制好事故树，必须将造成顶上事件的所有直接原因事件找出来，尽可能不要漏掉。直接原因事件可以是机械故障、人的因素或环境原因等。要找出直接原因可以对造成顶上事件的原因进行调查，召开有关人员座谈会，也可根据以往的一些经验进行分析，确定造成顶上事件的原因。

第三步：绘事故树。在找出造成顶上事件的各种原因之后，就可以用相应的事件符号和适当的逻辑门把它们从上到下分层连接起来，层层向下，直到最基本的原因事件，这样就构成一个事故树。在用逻辑门连接上下层之间的事件原因时，若下层事件必须全部同时发生，上层事件才会发生时，就用"与门"连接。逻辑门的连接问题在事故树中是非常重要的，含糊不得，它涉及各种事件之间的逻辑关系，直接影响着以后的定性分析和定量分析。

第四步：认真审定事故树。事故树图是逻辑模型事件的表达。既然是逻辑模型，那么各个事件之间的逻辑关系就应该相当严密、合理。否则在计算过程中将会出现许多意想不到的问题。因此，对事故树的绘制要十分慎重。在制作过程中，一般要进行反复推敲、修改，除局部更改外，有的甚至要推倒重来，有时还要反复进行多次，直到符合实际情况、比较严密为止。

四、危险源辨识

（一）危险源及其辨识的概念

1. 危险源的定义

危险源是指长期或临时地生产、加工、搬运、使用或储存危险物质且危险物的数量等于或超过临界量的单元。

此处的单元指一套生产装置、设施或场所；危险物指能导致火灾、爆炸或中毒、触电等危险的一种或若干物质的混合物；临界量是指国家法律、法规、标准规定的一种或一类特定危险物质的数量。

2. 危险源的分类

一般工业生产作业过程的危险源分为七类：①易燃易爆和有毒有害物质危险源；②锅炉及压力容器设施类危险源；③电气类设施危险源；④高温作业区危险源；⑤辐射类、危害类危险源；⑥危害个体或群体生存的生物类危险源；⑦建筑土木工程类危险源。

3. 危险源的辨识

（1）概念。危险源辨识（hazard identification）是识别危险源并确定其特性的过程。这是危险源控制的基础，只有辨识了危险源之后才能有的放矢地考虑如何采取措施控制危险源。

以前人们主要根据以往的事故经验进行危险源辨识工作；由于危险源是"潜在的"不安全因素，比较隐蔽，所以危险源辨识是件非常困难的工作，因而需要许多知识和经验。

（2）进行危险源辨识所必需的知识和经验包括：①关于对象系统的详细知识，诸如系统的构造、性能、运行条件等，系统中能量、物质和信息的流动情况等；②与系统设计、运行、维护等有关的知识、经验和各种标准、规范、规程等；③关于对象系统中的危险源及其危害方面的知识。

（3）危险源辨识的目的。通过对系统的分析，界定出系统中的哪些部分、区域是危险源，其危险的性质、危害程度、存在状况、危险源能量与物质转化为事故的转化过程规律、转化的条件、触发因素等，以便有效地控制能量和物质的转化，使危险源不至于发生事故。

（4）危险源辨识方法分类。①对照法：与有关的标准、规范、规程或经验相对照来辨识危险源。对照法是一种基于经验的方法，适用于以往经验可供借鉴的情况。②安全分析法：从安全角度进行的系统分析，通过揭示系统中可能导致系统故障或事故的各种因素及其相互关联来辨识系统中的危险源。适用于辨识可能带来严重事故后果的危险源，也可用于辨识没有事故经验的系统的危险源。

（二）两类危险源理论

第一类危险源是指作用于人体的过量的能量或干扰人体与外界能量交换的危险物质，它是事故发生的前提。实际生产中往往把产生能量的能量源或拥有能量的能量载体以及产生、储存危险物质的设备、容器或场所看作第一类危险源。

第二类危险源是指导致能量或危险物质的约束或限制措施破坏或失效的各种不安全因素，是第一类危险源导致事故的必要条件。为保证第一类危源的安全运转，必须采取措施约束、限制能量。

第一类危险源是事故发生的前提，它在发生事故时释放出的能量或危险物质是导致人员伤害或财物损失的能量主体，并决定事故发生可能性的严重程度。两类危险源的危险性决定了危险源的危险性。第一类危险源的危险性是固有的。两类危险源的危险性随着技术水平、管理水平及人员素质的不同而不同，是可变的。

危险源控制（hazard control）是利用工程技术和管理手段消除、控制危险源，防止危险源导致事故、造成人员伤害和财产损失的工作。

危险源控制的基本理论依据是能量意外释放论。危险源控制技术包括防止事故发生的安全技术和减少或避免事故损失的安全技术。前者在于约束、限制系统中的能量，防止发生意外的能量释放；后者在于避免或减轻意外释放的能量对人或物的作用。

管理也是危险源控制的重要手段。通过系统安全管理活动，控制系统中人、物和环境因素，以有效控制危险源。

（三）危险源辨识技术

1. 危险源区域调查

在某个生产企业内部是否存在危险源，需要通过一定的方法找到并确定下来。常用的方法有：根据国家、行业的有关规程和标准进行大检查；根据以往事故案例寻找线索；根据危险工艺、设备检查表确定。

2. 危险源区域的划分原则

把产生能量或具有能量的物质，操作人员作业区域，产生聚集危险物质的设备、容器作为危险源。划分原则：①按设备、生产装置及设施划分。②按独立作业的单体设备划分。③按危险作业区域划分。按作业区域可划分为：有发生爆炸、火灾危险的场所，有提升系统危险的场所，有车辆伤害危险的场所，有高处坠落危险的场所。

3. 危险源调查内容

危险源调查内容包括：①设备名称、容积、温度、压力、性能；②日常维护范围；③事故类别、危险等级、对友邻的危害及相关措施；④正常操作过程中的危险、操作失误存在的危险、生产工具存在的缺陷；⑤设备本质安全化水平；⑥工业设备的固有缺陷；⑦工人接触危险的频度；⑧有无安全防护措施及符合国标否，有无防护栏杆及符合国标否；⑨安全通道是否符合国标；⑩安全作业规程有何缺陷。

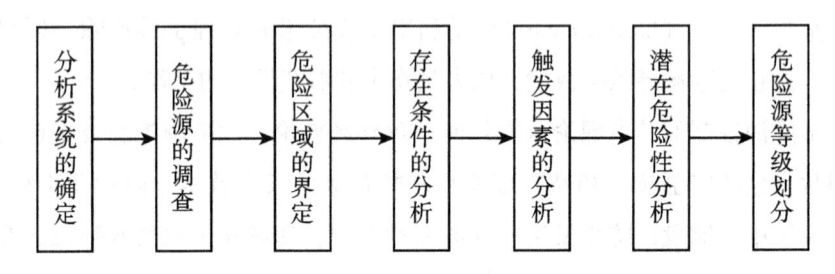

4. 危险源辨识的技术程序

危险源辨识的技术程序如图 3-12 所示。

分析系统的确定 → 危险源的调查 → 危险区域的界定 → 存在条件的分析 → 触发因素的分析 → 潜在危险性分析 → 危险源等级划分

图 3-12　危险源辨识的技术程序

第四章 风险估算

一、风险估算的定义

风险估算（risk estimation）又称风险估计，是在对过去的损失进行分析的基础上，运用概率论和数理统计的方法对某一个或某几个特定风险事故发生的概率（或频数）和风险事故发生后可能造成的损失的严重程度做一个定量分析，从而预测出一个较精确的、定量的结果。

二、风险估算的内容

（1）风险事件发生频率的估计用定性方式。其主要根据有：①企业风险管理计划；②已经识别出来的风险因素；③风险的类型；④历史经验数据。风险事件发生频率的估计的成果有：①企业风险发生频率的清单；②需进一步分析的风险清单。

（2）损失严重程度的估计。损失程度估计的范围，既应包括发生频率很高、损失额比较小的风险损失，也应包括发生频率较低、损失额却比较大的风险损失；不仅包括损失的直接后果，而且包括间接的损失后果和财务影响。损失的严重程度与发生损失的单位数量密切相关。在确定损失严重性的过程中，风险管理人员应特别注意同时考虑一个特定时间可能产生的所有类型的损失以及他们对企业的最终影响。在评估任何损失的货币价值时，还应重视损失对财务的最终影响。

三、风险事件的状态

使用概率分析方法衡量风险大小，需要知道风险事件的发生概率和后果大小。风险事件发生概率和后果大小的乘积可叫作风险事件状态。因此，风险的大小可由风险事件状态来计量（见图 4-1）。

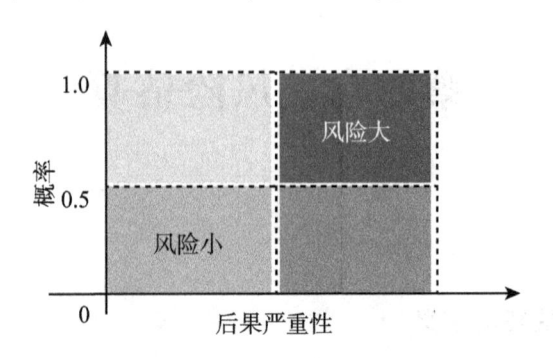

图 4-1 风险事件状态

风险量反映不确定的损失程度和损失发生的概率。若某个可能发生的事件其可能的损失程度和发生的概率都很大，则其风险量就很大，如图 4-2 中的风险区 A。

若某事件经过风险评估，它处于风险区 A，则应采取措施，降低其概率，使它移位至风险区 B；或采取措施降低其损失量，使它移位至风险区 C。风险区 B 和 C 的事件则应采取措施，使其移位至风险区 D。

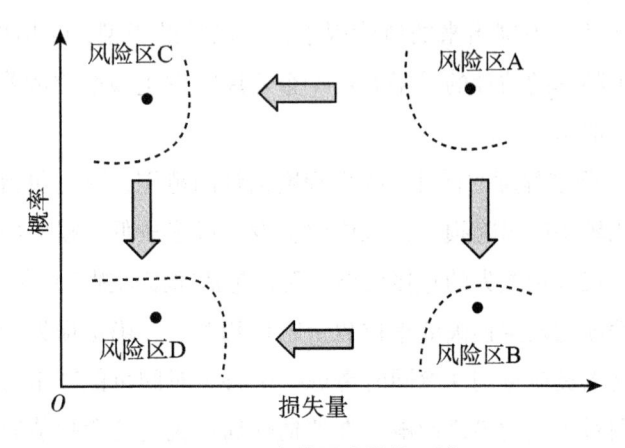

图 4-2 事件风险量的区域

四、风险估算的意义

通过风险估算，计算出比较准确的损失概率和损失严重程度，减少损失发生的不确定性，可使风险管理者有可能分辨出主要风险和次要风险。

建立损失概率分布，确定损失概率和损失值的预测值，为风险定量评价提供依据，也最终为风险管理者进行决策提供依据。

(一) 风险估算基础：损失分布

风险估算的理论基础有如下几种。

(1) 大数法则。只要被观察的风险单位数量足够多，就可以对损失发生的概率、损失的严重程度衡量出一定的数值来。而且，被观察的单位数越多，衡量值就越精确。当观察的同类风险单位的数目较多时，这种致损事故就呈现出一定的规律性，显现出某种必然性的特征。

(2) 概率推断原理。单个风险事故是随机事件，它发生的时间、空间、损失严重程度都是不确定的。但就总体而言，风险事故的发生又呈现出某种统计的规律性。因此，采用概率论和数理统计方法，可以求出风险事故出现状态的各种概率。如二项分布、泊松分布可用来衡量风险事故发生次数的概率。

(3) 类推原理。数理统计为从部分去推断总体，提供了非常成熟的理论和众多有效的方法。利用类推原理衡量风险的优点在于能弥补事故统计资料不足的缺陷。实际进行估算时，往往没有足够的损失统计资料，且由于时间、经费等许多条件的限制，很难甚至不可能取得所需要的足够数量的损失资料。因此，根据事件的相似关系，从已掌握的实际资料出发，运用科学的衡量方法而得到的数据，可以基本符合实际情况，满足预测需要。

正态分布：
$$X \sim N(\mu, \sigma^2) \quad (4-1)$$

$$f(x) = \frac{1}{\sqrt{2\pi}\sigma} e^{-\frac{(x-\mu)^2}{2\sigma^2}} \quad (4-2)$$

$$E(X) = \mu \quad (4-3)$$

$$Var(X) = \sigma^2 \quad (4-4)$$

$$X \sim N(\mu,\sigma^2) \Rightarrow \frac{X-\mu}{\sigma} \sim N(0,1) \quad (4-5)$$

标准正态分布的分布函数：
$$\phi(x) = \frac{1}{\sqrt{2\pi}} e^{-\frac{x^2}{2}} dx \quad (4-6)$$

【例4.1】假设一个设备上有600个电子元件,每个元件的使用寿命是有限的,使用时间过长会有潜在的爆炸或着火的危险。安全使用时间服从正态分布。承保火灾保险时,承保人要寻找证据,表明有了适当的维护措施,使得元件过热时就更换,问题是:何时更换发热的元件?更换太早风险太高,而更换太晚会增加火灾发生的可能性。假设期望值为5000小时,标准差为300小时,时间与风险概率见图4-3。假设使用5000小时后全换,则有50%的概率出现问题;如果使用4700小时后全换,存在风险的概率为15.87%;使用4400小时以后全换,只有2.28%的概率出现问题;使用4100小时以后全换,则只有0.13%的概率出现问题。管理者可先确定可接受风险,然后就能确定何时更换。

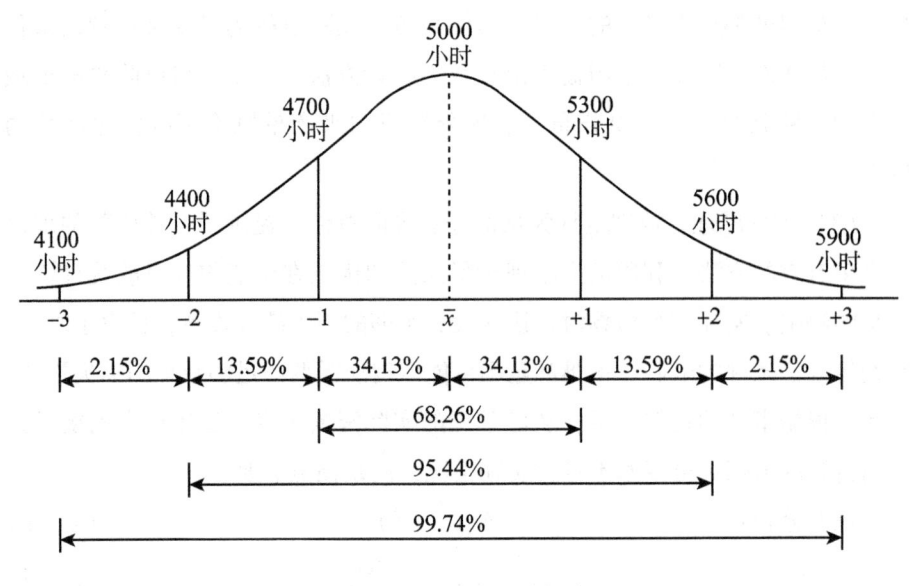

图4-3 时间与风险概率

【例4.2】概率分布在民航上应用。

某家民航公司的飞机发生空难,出事后的第二天,很多人都害怕乘坐这家航空公司的飞机。请同学们从概率论的角度给乘客解释一下第二天乘坐飞机是否安全。

分析1

做一个简单的假设,即发生空难的概率是0.01%,因为每次发生空难的事件是独立事件，所以连续两天发生两次空难的概率为 0.01% × 0.01% = 0.000001%，从概率的角度来看，安全性提高了 10000 倍。这种解释是否正确？

0.000001% 的概率为两架飞机同时失事的概率，确实是一个非常小概率的事件。两天内发生两次空难和一年内发生两次空难的概率一样！

分析 2

在做空难发生率的假设时忽略了一个单位时间的要素，正确的假设应该表达为诸如"每天空难的发生率平均为 0.1 次（等价于平均每 10 天发生 1 次）"的形式。也就是说每两天空难的发生率平均为 0.2 次。空难事件的泊松分布表达式如下：

$$P(X = i) = \frac{e^{-\lambda} \cdot \lambda^i}{i!} \quad (4-7)$$

式中：$\lambda = 0.2$；i 为连续两天内发生空难的次数；$P(X=i)$ 为连续两天发生 i 次空难的概率。

因此 $P(X=0) = 81.873\%$，$P(X=1) = 16.376\%$，$P(X \geq 2) = 1.752\%$，也就是说两天之中至少发生一次空难的概率为 (16.376% + 1.752%) = 18.128%，而已发生一次空难后，两天内仍会发生空难的概率应为发生两次或两次以上空难的所有机会的概率和，也就是 1.752%。基于泊松分布的这种推理证实安全性确实提高了 18.128%/1.752% ≈ 10.347 倍。显然这样的推理更容易让人接受，安全性并没有达到前面所推理的 10000 倍，仅提高 10 倍而已。

分析 3

分析 1 的问题出在哪儿呢？分析 1 推理中"飞机空难"的概率为 0.01% 这个假设是对"飞机空难"这个随机事件的基本描述。基于这种描述时，"飞机空难"这个随机事件实际上是典型的服从二项分布的事件。这时空难事件的二项式分布表达式如下：

$$P(X = i) = \binom{n}{i} p^i (1-p)^{n-i} \quad (4-8)$$

式中：$p = 0.01\%$ 是发生空难的概率；i 为发生空难的次数；n 为应该假定的

飞机飞行的航班次数。在这里计算空难发生次数的概率离不开飞机航班总次数这个限定参数，因为次数越多，发生空难的概率肯定就越大。如果要计算两天内分别发生 i 次的概率，则要获取两天航班的总飞行次数 n 这个参数。现在我们假定两天内航班飞行总次数为 2000 次，那么按上述公式计算，则 $P(X=0) = 81.872\%$，$P(X=1) = 16.376\%$，$P(X \geq 2) = 1.752\%$，也就是说两天之中至少发生一次空难的概率为 $(16.376\% + 1.752\%) = 18.128\%$，而已发生一次空难后，两天内仍会发生空难的概率应为发生两次或两次以上空难的所有机会的概率和，也就是 1.752%。基于二项式分布的这种推理证实安全性确实提高了 18.128%/1.752% ≈ 10.347 倍。

我们可以看到，按泊松分布计算的空难概率与按二项式分布计算的空难概率几乎是一样的，这里的二项式分布的假设实际上等同于每天空难的平均发生率也为 0.1 次。也就是说，假设的条件是一样的，其计算出的结果也是一致的。其实泊松分布是从二项式分布中推导出来的，其本质是一样的。泊松分布是当 n 很大、p 很小时的二项式分布的另一种表达方式。

现在如果我们按二项式分布来做新的假设，空难发生率仍为 $p = 0.01\%$，但总航班次数增加了 10 倍，达到了 20000 次时，这时我们计算出的 $P(X=0) = 13.532\%$，$P(X=1) = 27.067\%$，$P(X \geq 2) = 59.401\%$。这时，至少发生一次空难的概率为 $(27.067\% + 59.401\%) = 86.468\%$，至少发生两次空难的概率 59.401%，发生一次空难后安全性只提高 (86.468%/59.401%) ≈ 1.4557 倍。这时若做换算的话，实际上相当于空难发生率平均每天 1 次，也就是说，如果每天平均空难发生率越高，发生一次空难后的安全性提高越少。

因此，在讨论单位时间内发生一次空难后乘坐飞机的安全性提高了多少倍的问题时，必须基于单位时间内空难发生的平均次数（在空难平均发生概率以及单位时间内总航班的次数已知时也可算出单位时间内空难发生的平均次数）这个参数，否则将缺乏讨论的基本依据。

(二) 风险估算模型：评估模型

1. 损失频率分布

(1) 客观概率、主观概率和合成概率。

①客观概率：将概率看作反映集体现象的客观性质，独立于认识主体而存在。

$$P(A) = \lim_{N \to \infty} \frac{n}{N} \quad (4-9)$$

式中：n 为在 N 次独立重复试验中事件 A 的发生次数。

$$P(A) = \frac{m}{N} \quad (4-10)$$

式中：m 为事件 A 发生的后果数。

②主观概率：根据对某事件是否发生及该事件发生可能性大小的个人主观判断，用一个 0~1 的数来描述事件发生的可能性。

主观概率虽然是由专家利用较少的统计信息做出的估计，但它是根据个人或集体的隐性知识而做出的合理判断，加上一定的信息、经验和科学分析而得，这种认识适合于复杂事件、可用信息资料严重不足或根本无可用信息资料等情况。

③合成概率是介于主观和客观估计之间形成的概率。它不直接由大量试验或计算分析得到，也不完全由主观判断或计算分析得出，而是介于两者之间。

(2) 运用二项分布进行估算。

【例 4.3】某企业有五栋建筑物，根据过去的损失资料可知：其中任何一栋在一年内发生火灾的概率都是 0.1，且相互独立，试计算下一年该企业两栋以上建筑物发生火灾的概率。

从所给的条件知道：

第一，风险单位总数 $n=5$，且每栋建筑物发生火灾的概率均为 $P=0.1$。

第二，这五栋建筑物互相独立，发生火灾时不会互相影响。

第三，一栋建筑物在一年内发生两次火灾的可能性极小，可认为其概率为 0。

根据例题条件可以对不同火灾楼栋数量进行概率计算，其结果如表4-1所示。

表4-1　例4.3数值计算

发生火灾栋数 X	概率
0	$P\{X=0\} = C_5^0 p^0 q^{5-0} = 0.5905$
1	$P\{X=1\} = C_5^1 p^1 q^{5-1} = 0.3281$
2	$P\{X=2\} = C_5^2 p^2 q^{5-2} = 0.0729$
3	$P\{X=3\} = C_5^3 p^3 q^{5-3} = 0.0081$
4	$P\{X=4\} = C_5^4 p^4 q^{5-4} = 0.0004$
5	$P\{X=5\} = C_5^5 p^5 q^{5-5} = 0.0000$

下一年不发生火灾的概率 $q = 0.5905$。

两栋以上建筑物发生火灾的概率：

$$q = 0.0081 + 0.0004 + 0.0000 = 0.0085$$

2. 损失幅度分布

损失幅度分布同样可采用概率分析方法进行计算，下面通过例题举例说明。

【例4.4】一个村庄每次遭受洪水灾害而导致的损失金额见表4-2。

表4-2　某村庄遭受洪水灾害损失金额

损失金额/百元	[5, 15)	[15, 25)	[25, 35)	[35, 45)	[45, 55)	[55, 65)	[65, 75)
次数	2	9	28	30	21	5	1

问题：

（1）每次损失金额小于500元的概率是多少？

（2）每次损失金额在4500元至6000元的概率是多少？

（3）损失金额大于7500元的概率是多少？

数值计算见表4-3。

表4-3 例4.4数值计算

损失金额/百元	[5, 15)	[15, 25)	[25, 35)	[35, 45)	[45, 55)	[55, 65)	[65, 75)
中值 x_i	10	20	30	40	50	60	70
x_i^2	100	400	900	1600	2500	3600	4900
频数 f_i	2	9	28	30	21	5	1
$f_i x_i$	20	180	840	1200	1050	300	70
$f_i x_i^2$	200	3600	25200	48000	52500	18000	4900

期望值：
$$\mu = \frac{\sum f_i x_i}{\sum f_i} = \frac{3660}{96} = 38.125$$

标准差：
$$\sigma = \sqrt{\frac{\sum f_i x_i^2}{\sum f_i} - \left(\frac{\sum f_i x_i}{\sum f_i}\right)^2} = 11.575$$

将损失随机变量 X 变换为标准正态分布随机变量 Z，以便使用标准正态分布表进行计算。

$$Z = \frac{X - \mu}{\sigma} = \frac{X - 38.125}{11.575}$$

(1) 每次损失金额小于500元的概率：

$$P(X < 5) = P\left(\frac{X - 38.125}{11.575}\right) < \left(\frac{5 - 38.125}{11.575}\right)$$

$$= P\left(Z < \frac{5 - 38.125}{11.575}\right)$$

$$= \phi\left(\frac{5 - 38.125}{11.575}\right)$$

$$= \phi(-2.86)$$

$$= 1 - \phi(2.86)$$

$$= 0.0021$$

(2) 每次损失金额在4500~6000元的概率：

$$P(45 < X < 60) = \phi\left(\frac{60 - 38.125}{11.575}\right) - \phi\left(\frac{45 - 38.125}{11.575}\right)$$

$$= \phi(1.89) - \phi(0.594)$$

$$= 0.2469$$

(3) 每次损失金额大于7500元的概率：

$$P(X > 75) = 1 - \phi\left(\frac{75 - 38.125}{11.575}\right)$$

$$= 1 - \phi(3.816)$$

$$= 1 - 0.9993$$

$$= 0.0007$$

【练习】某风险遭受损失的金额及概率如表4-4所示。

表4-4 某风险遭受损失的金额及概率

损失金额/元	概率
500	0.9
1000	0.08
5000	0.018
10000	0.002

问题：

(1) 每次损失金额小于1000元的概率是多少？

(2) 损失金额大于2000元的概率是多少？

解：$\mu = 640$ 元 $\sigma = 738$ 元

关于每次损失金额的信息不充分，常用正态分布来近似每次事故所致损失金额的概率分布。影响结果的因素众多，且这些因素是相互独立的，近似效果好。

$$X \sim N(\mu, \sigma^2) \qquad X \sim N(640, 738^2)$$

$$X - \mu/\sigma \sim N(0,1) \qquad X - 640/738 \sim N(0,1)$$

$$P(X \leq 1000) = \phi[(1000 - 640)/738] = 0.6844$$

$$P(X > 2000) = 1 - \phi[(2000 - 640)/738] = 0.032$$

3. 估算的不确定性与偏向

估算的本质是在项目信息不完全的情况下的一种主观评估。进行风险估计时要注意：①不管使用哪种标度，都需要有某种形式的主观判断。所以，风险估算的结果必然带有一定程度的不确定性。②计量本身也会产生一定程度的不确定性，灰色理论见图4-4。

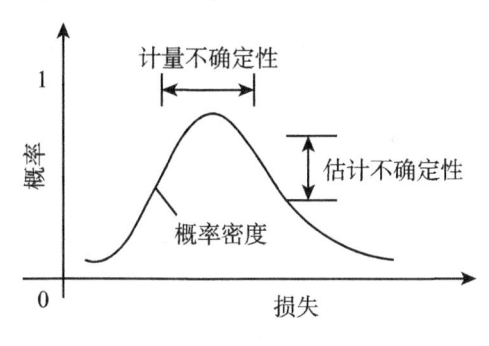

图4-4 灰色理论

风险估算还涉及信息资料问题。人们一般不能从收集到手的信息资料直接获得有关风险大小、后果严重程度和发生频率的信息。在传播过程中，信息资料的意义常常被人们歪曲地理解或解释。如果事件给人的印象深，则其损失容易被高估。有人研究过这种现象，结论是广为传播的事件发生频率常常被高估，而传播少的事件则被低估[17]。

人们对事物的感知是有选择的（选择性或偏向性）。这种选择性倾向使人们戴上了有色眼镜。符合自己思路的信息资料容易被接受，而不符合的则容易被大脑过滤掉或排斥掉。对专家的迷信即是如此。还表现在人们往往只依赖一种信息资料，如只依赖定量的或只依赖定性的信息资料，而排除另外一种。

风险估算时若干认知上的偏向：①人们往往过分自信；对风险的估计要么比实际风险大，要么比实际小。②当获得新资料时，人们常常不能或不愿意对原来做的估算进行准确、前后一致的修改。③人们似乎很少注意样本的大小。④人们做初步判断时总要选择一个起点并根据这个起点修改以后的各次判断。因此，最初判断对以后的预测都将产生重大影响。⑤进行估算时，人们常常做简单的类推。例如，如果一个人认为项目的技术风险低，他就有可能认为技术风险对项目的费用影响也小。

如何减少或消除不确定性和估算偏向？

其一，风险估算的精确性和准确性取决于发生风险事件的那些过程。从风险估算的角度看，过程分为行为过程、自然过程和随机过程三类。

行为过程指有人参与的过程。人的行为或行动带有大量的不确定性。由自然规律支配的自然过程具有"重复性",是具有"确定性"的过程,因而可被预测。

自然过程的因果关系可被人类揭示和理解。所以,在理论上自然过程的不确定性可以减少到零。

随机过程是自然过程的一种。其不确定性需要依靠统计手段来理解和掌握。

过程与确定性的关系如表4-5所示。

表4-5 过程与确定性的关系

过程	说明性不确定性的减少	计量性不确定性的减小
行为过程	受人们能否对自身行为有清楚明确的认识并给出一个正确的定义的限制	受人类理性行为的限制
自然过程	理论上无限制,但实际上有限制	受计量系统精确度的限制
随机过程	理论上无限制,但实际上有限制	无法减少

其二,使用德尔菲法,把各种潜在的有关问题、想法、意见和见解尽可能地都提出来并让多人分别进行仔细认真地考虑,最后取得一致的集体意见,提高风险估算的准确性。如果参加考虑的人不带有严重的偏见,而且关键的信息资料不遗漏的话,德尔菲法很有效。

其三,确定风险估算中的"确定性"和"购买"有关的资料和信息。建立系统原型、随机模拟、实际调查、实验、数学模型都属于这类方法。

第五章 风险评价

一、风险评价概述

（一）风险评价的作用和意义

1. 风险评价的定义

风险评价是指以实现系统安全为目的，运用安全系统工程原理和方法对系统中存在的风险因素进行辨识与分析，判断系统发生事故和职业危害的可能性及其严重程度，从而为制定防范措施和管理决策提供科学依据。

风险评价是在风险识别和风险估测的基础上，对项目风险进行综合分析，并依据风险对项目目标的影响程度进行项目风险分级排序的过程。它是在项目风险规划、识别和估计的基础上，通过建立项目风险的系统评价模型，对项目风险因素影响进行综合分析，并估算出各风险发生的概率及其可能导致的损失大小，从而找到该项目的关键风险，确定项目的整体风险水平，为如何处置这些风险提供科学依据，以保障项目的顺利进行。

2. 风险评价的意义

（1）全过程和全方位安全控制。风险评价包括安全预评价、安全验收评价、安全现状综合评价和专项安全评价。风险评价可以帮助企业对生产设施系统地从计划、设计、制造、运行、储运和维修等全过程进行安全控制。

安全预评价是根据建设项目可行性研究报告对项目进行评价，位于初步设计之前。通过安全预评价可以避免选用不安全的工艺流程和危险的原材料以及不合适的设备、设施，当必须采用时，可以提出降低或消除危险的有效方法。

安全验收评价是在建设项目竣工、试生产运行正常后进行评价，其所需的技术文件是详细的设计文件和现场情况资料。通过安全验收评价可以查出设计中的缺陷和不足，及早采取改进和预防措施，从而提高生产项目的安全水平。

安全现状综合计价和专项安全评价所处阶段一般是建成后的正式运行阶段。安全现状综合评价所需的技术文件是详细的设计文件、修改的设计文件和现场情况资料，专项安全评价所需的技术文件是详细的设计文件和专项资料。它们的目的是了解系统的现实危险性，为进一步采取措施降低危险提供依据。

（2）提高生产经营单位的安全管理水平。①使企业安全管理变事后处理为事先预防。②使企业安全管理变纵向单一管理为全面系统管理。③使企业安全管理变经验管理为目标管理。

（3）合理控制安全成本。安全评价不仅能确定系统的危险性，还能考虑危险性发展为事故的可能性及事故造成损失的严重程度，进而计算出风险大小，以此说明系统可能出现的负效益的大小，然后以安全法规、标准和指标为依据，结合企业的经济、技术状况选择出适合企业安全投资的最佳方案，合理地选择控制、消除事故的措施，使安全投资和可能出现的负效益达到合理的平衡，从而实现用最少的投资得到最佳的安全效果，大幅度地减少人员伤亡和设备损坏事故。

3. 安全评价的目的

安全评价的目的是查找、分析和预测工程、系统存在的危险、有害因素，提出合理可行的安全对策措施，指导危险源监控和事故预防，从而达到最低事故率、最少损失和最优的安全投资效益。

4. 风险评价的原理

危险性评价包括确认危险性和评价危险程度（见图 5-1）。确认危险性在于辨识危险源和量化来自危险源的危险性。定性辨识只能概略地区别危险源的危险程度；要更为精确地明确事故发生概率的大小及后果严重程度则需要定量辨识。借助于一些数学方法，可以将定性辨识转变为定量辨识，从而提高定性辨识的精确度。

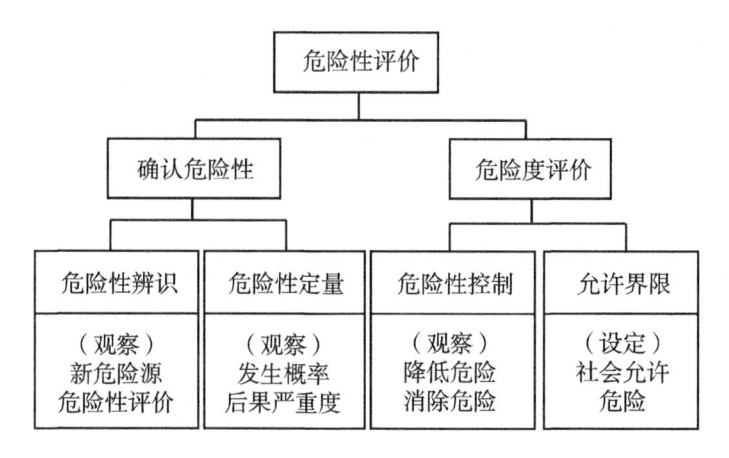

图 5-1 危险性评价

确认系统的危险性需对危险性进行反复校核，以确认是否存在新的危险。将反复校核过的危险性定量结果与允许界限进行比较，以确认危险程度。对采取控制措施后仍然存在的危险源的危险性再进行评价，以确认危险是否可以接受。

(二) 风险评价的程序

风险评价的程序如图 5-2 所示。

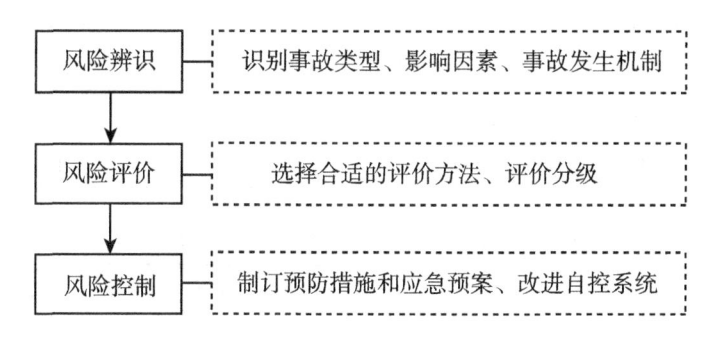

图 5-2 风险评价的程序

(三) 风险分级的方法

风险分级的基本思想是基于风险理论的数学关系：风险程度 = 危险概率 × 危险严重度。如果能够定量计算出风险程度，则可根据风险程度水平来进行风险分级。

但是，实际的风险管理过程中很难进行精确的和定量的风险计算，因此常常用定性或半定量的方法进行风险定量。

MIL-STD-882（美国系统安全军用标准）提供的定性分级方法，规定了危险严重性等级以及危险概率的定性等级，通过不同的等级组合进行风险水平分级（见表5-1~表5-3）。

表5-1 危险严重等级（MIL-STD-882）

分类等级	危险性	破坏	伤害
一	灾难性的	系统报废	死亡
二	危险性的	主要系统损坏	严重伤害、严重职业病
三	临界的	次要系统损坏	轻伤、轻度职业病
四	安全的	系统无损坏	无伤害、无职业病

表5-2 危险概率等级分析（MIL-STD-882）

分类等级	特征	项目说明	发生情况
一	频繁	几乎经常出现	连续发生
二	容易	在一个项目使用寿命期中将出现若干次	经常发生
三	偶然	在一个项目使用寿命期中可能出现	有时发生
四	很少	不能认为不可能发生	可能发生
五	不易	出现的概率接近于零	可能假设不发生
六	不能	不可能出现	不可能发生

表5-3 风险定性分级（MIL-STD-882）

可能性	灾难的	严重的	轻度的	轻微的
频繁	1	3	7	13
很可能	2	5	9	15
有时	4	6	11	18
极少	8	10	14	19
几乎不可能	12	15	17	20

风险评价指数矩阵法，是一种评价风险水平和确定风险的简单方法。

用矩阵中指数的大小作为风险分级准则，即指数为 1~5 的为一级风险，是风险主体所不能接受的；6~9 是二级风险，是不希望有的风险；10~17 是三级风险，是有条件接受的风险；18~20 是四级风险，是完全可以接受的风险。

二、风险评价方法

根据系统的复杂程度，可以采用定性、半定量或定量的评价方法。具体采用哪种方法，要根据行业特点以及其他因素进行确定。但无论采用哪种方法都有相当大的主观因素，都难免存在一定的偏差和遗漏。各种风险评价方法都有它的特点和适用范围。

（一）风险评价方法概述

1. 定性评价法

定性评价法是根据经验和判断对生产系统的工艺、设备、环境、人员、管理等方面的状况进行定性的评价，包括安全检查表、预先危险性分析、失效模式和后果分析、危险可操作性研究、事件树分析法、故障树分析法、人的可靠性分析法等。

2. 半定量评价法

半定量评价法包括打分的检查表法、作业条件危险性评价法（LEC）、作业条件风险程度评价法（MES）等。

这种方法大都建立在实际经验的基础上，合理打分，根据最后的分值或概率风险与严重度的乘积进行分级。由于其可操作性强，且还能依据分值有一个明确的级别，因而也广泛地用于地质、冶金、电力等领域。因化工、煤矿等行业的系统复杂、不确定性因素太多，对于人员失误的概率估计困难，难以应用。

打分的检查表法的操作顺序同前面所述的检查表法，但在评价结果时不是用"是/否"来回答，而是根据标准的严与宽给出标准分，根据实际的满足情况打出具体分，即安全检查表的结果一栏被分成两栏，一栏是标准分、一栏是实得分。由于有了具体数值，就可以实现半定量评价。

这种评价计分法是把安全检查表所有的评价项目根据实际检查结果分别给予"优""良""可""劣"等定性等级的评定，同时赋予相应的权重，累计求和，得出实际评价值，即

$$S = \sum_{i=1}^{n} f_i \cdot g_i \quad (5-1)$$

式中：f_i 为评价等级的权重系数；g_i 为在总 N 项中取得某一评价等级的项数和；n 为评价等级数。

3. 定量评价法

定量评价法是根据一定的算法和规则对生产过程中的各个因素及相互作用的关系进行赋值，从而计算出一个确定值的方法。若规则明确、算法合理，且无难以确定的因素，则此方法的精度较高，且不同类型评价对象间有一定的可比性。美国陶氏化学公司的火灾、爆炸指数法，英国帝国化学公司蒙德工厂的蒙德评价法，日本的六阶段风险评价法和我国化工厂危险程度分级法，我国的易燃、易爆、有毒危险源评价方法均属此类评价法。

（二）LEC 评价法

（1）评价公式。LEC 法是一种半定量评价方法。

$$D = L \cdot E \cdot C \quad (5-2)$$

式中：D 为风险性；L 为事故或危险事件发生可能性（见表 5-4）；E 为暴露于危险环境的频率（见表 5-5）；C 为一旦发生事故可能造成的后果（见表 5-6）。

表 5-4 事故发生的可能性（L）

分数值	事故发生的可能性	分数值	事故发生的可能性
10	完全可以预料	0.5	很不可能，可以设想
6	相当可能	0.2	极不可能
3	可能，但不经常	0.1	实际不可能
1	可能性小，完全意外	0.000001	趋于无穷小

表 5-5　人员暴露于危险环境中的频繁程度（E）

分数值	人员暴露于危险环境中的频繁程度	分数值	人员暴露于危险环境中的频繁程度
10	连续暴露	2	每月一次暴露
6	每天工作时间内暴露	1	每年几次暴露
3	每周一次或偶然暴露	0.5	非常罕见的暴露

表 5-6　发生事故可能造成的后果（C）

分数值	发生事故可能造成的后果	分数值	发生事故可能造成的后果
100	大灾难，许多人死亡，或造成重大财产损失	7	严重，重伤，或造成较小的财产损失
40	灾难，数人死亡，或造成很大财产损失	3	重大，致残，或很小的财产损失
15	非常严重，一人死亡，或造成一定的财产损失	1	引人注目，不利于基本的安全卫生要求

（2）由评价小组专家共同确定每一危险源的 L、E、C 各项分值，然后再以三个分值的乘积来评价作业条件危险性的大小，即 $D = L \cdot E \cdot C$。

（3）将 D 值与危险性等级划分标准中的分值相比较，进行风险等级划分（见表 5-7），若 $D > 70$ 分，则应定为重大危险源。

表 5-7　根据风险值 D 进行风险等级划分

分数值	风险级别	危险程度
>320	一级	极其危险，不能继续作业（制订管理方案及应急预案）
161~320	二级	高度危险，要立即整改（制订管理方案及应急预案）
71~160	三级	显著危险，需要整改（编制管理方案）
20~70	四级	一般危险，需要注意
<20	五级	稍有危险，可以接受

无论是专家打分法还是 LEC 法，危险等级的划分都是凭经验判断，难免带有局限性，应用时要根据实际情况进行修正。

【例 5.1】某涤纶化纤厂在生产短丝过程中有一道组件清洗工序。为了评价这一操作条件的危险度，确定每种因素的分数值如下。

事故发生的可能性（L）：组件清洗所使用的三甘醇，属四级可燃液体，如加热至沸点，其蒸气爆炸极限范围为 0.9%～9.2%，属一级可燃蒸气。而组件清洗时，需将三甘醇加热后使用，致使三甘醇蒸气容易扩散的空间（如室内通风设备不良）具有一定的潜在危险，属"可能，但不经常"，其分数值 $L=3$。

暴露于危险环境的频繁程度（E）：清洗人员每天在此环境中工作，取 $E=6$。

发生事故产生的后果（C）：如果发生燃烧爆炸事故，后果将是非常严重的，可能造成人员的伤亡，取 $C=15$。根据 D 值关系式可得：$D=L\cdot E\cdot C=3\times6\times15=270$。

270 处于 160～320，危险等级属"高度危险、要立即整改"的范畴。

（三）综合评价

1. 总分法

设 n 个评价因素的分数分别为 S_1，S_2，$\cdots$，S_n，则评测对象的总分 S 为

$$S = S_1 + S_2 + \cdots + S_n = \sum_{i=1}^{n} S_i \qquad (5-3)$$

2. 加权平均法

$$S = \omega_1 S_1 + \omega_2 S_2 + \cdots + \omega_n S_n = \sum_{i=1}^{n} \omega_i S_i \qquad (5-4)$$

式中：$\omega_i(i=1,2,\cdots,n)$ 为各评价因素的权重系数。

3. 模糊综合评价

在普通集合中，论域 U 中的任意给定的一个元素 u，如果它具有集合 A 的选择性，也就是说它是集合 A 的元素，可以用记号 $u \in A$ 来表示。我们说元素 u 属于 A；如果元素 u 不具备集合 A 的特性，则说元素 u 不属于集合 A，记为 uA。普通集合表示法有列举法、描述法和文字叙述法。其特征函数为

$$x_A(u) = \begin{cases} 1 & \text{当 } u \in A \text{ 时} \\ 0 & \text{当 } u \notin A \text{ 时} \end{cases} \qquad (5-5)$$

这里，函数 $x_A(u)$ 称为集合 A 的特征函数，它刻画了集合 A 中元素有隶属情况。因而，又可以称函数 $x_A(u)$ 为隶属函数，也就是说，隶属函数的值描述了元素隶属于集合 A 的程度。

由映射
$$u_{\tilde{A}}: U \to [0,1] \tag{5-6}$$
$$u \to u_{\tilde{A}}(u)$$

所刻画的集合称为 U 上一个模糊子集，记为 $\tilde{A}$，其中 $u_{\tilde{A}}(u)(\in[0,1])$ 是对于任意 $u \in U$ 所指定的一个数，称为 u 对 $\tilde{A}$ 的隶属度。

模糊集合的表示方法：扎德表示法、向量表示法、序偶表示法。

$\tilde{A} \int_U u_{\tilde{A}}(u)/u$，这里符号"$\int$"不是积分的，也不是和的记号，而是表示各个元素与隶属度对应关系的一个概括。

若模糊集
$$\tilde{A} = \int_0^\infty \frac{1}{1+10x}/x \tag{5-7}$$

即表示
$$\tilde{A} = \begin{cases} 0 & x < 0 \\ \dfrac{1}{1+10x} & x \geq 0 \end{cases} \tag{5-8}$$

综合评价法首先要求针对评价对象列出与评价相关的 m 个因素，组成因素集合 U：
$$U = \{u_1, u_2, \cdots, u_m\}$$
并预先规定好评价的 n 个等级，组成评价集合 V：
$$V = \{v_1, v_2, \cdots, v_n\} \tag{5-9}$$

然后，针对每个因素按照预先规定的 n 个等级做出评价，m 个因素的评价组成评价矩阵 R。

$$R = \begin{bmatrix} r_{11} & r_{12} & \cdots & r_{1n} \\ r_{21} & r_{22} & \cdots & r_{2n} \\ \vdots & \vdots & & \vdots \\ r_{m1} & r_{m2} & \cdots & r_{mn} \end{bmatrix} \tag{5-10}$$

考虑到每个因素的重要程度不同,赋予每个因素不同的权重。对应因素集合的分配向量 A 为

$$A = (a_1, a_2, \cdots, a_m) \quad (5-11)$$

这样,可求得该对象的综合评价结果为

$$B = A \cdot R \quad (5-12)$$

$$b_i = \sum_{j=1}^{m} a_i r_{ji} (i = 1, 2, \cdots, n; j = 1, 2, \cdots, m) \quad (5-13)$$

【例5.2】考虑区域电气安全水平与触电死亡人数、人口数量有关,其因素集为

$$U = \{触电死亡人数,人口数量\}$$

规定评价等级为四级,其评价集为

$$V = \{优秀,良好,及格,不及格\}$$

因素集对照评价集评定,得到评价矩阵为

$$R = \begin{bmatrix} 0.2 & 0.2 & 0.5 & 0.1 \\ 0.3 & 0.1 & 0.4 & 0.2 \end{bmatrix}$$

权重向量为

$$A = (0.6 \quad 0.4)$$

则评价结果为

$$B = A \cdot R = (0.6 \quad 0.4) \begin{bmatrix} 0.2 & 0.2 & 0.5 & 0.1 \\ 0.3 & 0.1 & 0.4 & 0.2 \end{bmatrix} = (0.24 \quad 0.16 \quad 0.46 \quad 0.14)$$

结论:该地区电气安全水平优秀的为24%,良好的为16%,及格的为46%,不及格的为14%。

(四) 机场飞航安全风险评估方法

机场飞航安全风险管理的评估方法与架构,主要有矩阵法、树形图法。这两种方法的理念是相同的。

1. 矩阵法

飞航安全风险管理矩阵法之应用,乃是针对未来风险值、事件发生概率和使用者对事故之反应做综合评估[18]。

亦即，风险值 = 事故严重程度 × 事故发生概率。其中事故严重程度（severity）又可分为严重、中度、轻微三级。

事故发生概率（probability of occurrence）又可分为高、中、低。

矩阵法分析架构表见表 5-8。

表 5-8 矩阵法分析架构

事件严重程度	事故发生概率		
	高	中	低
严重	A	B	C
中度	B	C	D
轻微	C	D	E

依据上述风险评估方法可将风险程度分为 A、B、C、D、E 五级，分别说明如下。

A 级：极重度（severe），须最优先应变处理之少数事件，通常政府会介入调查。

B 级：重度（high），须最优先于其他事件之重大关切事件。

C 级：中度（medium），须由相关单位注意之事件。

D 级：轻度（low），正常情况下，无须有进一步行动之事件。

E 级：极轻度（minimal），仅做统计上处理之事件。

2. 树形图法

采用树形图法之风险评估分析（见图 5-3），是对所评鉴出来的各项缺失因素赋予适当的风险程度，须考虑以下四种因素。

（1）事件结果（consequence）或最大损伤程度（extent of the damage）。表示该事件最严重情况下，可能对机场造成之最大损伤程度，可区分为可被忽略之损伤（不影响机场运作或无人员伤亡）、轻微损伤（影响机场整体运作或造成一人或多人受伤）、中度损伤（影响机场整体运作或造成多人重伤或死亡）、重大损伤（造成机场关闭或引起重大灾祸，造成多人死亡）。

(2) 频率及发生时间 (frequency and exposure time) 或陷于危险状况之概率 (exposure to the hazardous area)。可区分为偶发到经常 (seldom to quite often)、持续 (permanent exposure)。

(3) 避免危害的可能性 (possibility of avoiding the hazardous event)。表示该事件发生后，是否能够避免发生进一步的危害，可区分为在某些特定情况下可以避免 (possible under specific conditions)、几乎无法避免 (almost impossible)。

(4) 事件的发生概率 (probability of unwanted event)。表示在一般情况下，导致事件发生的概率程度，可区分为低 (low)、中 (medium)、高 (relatively high)。

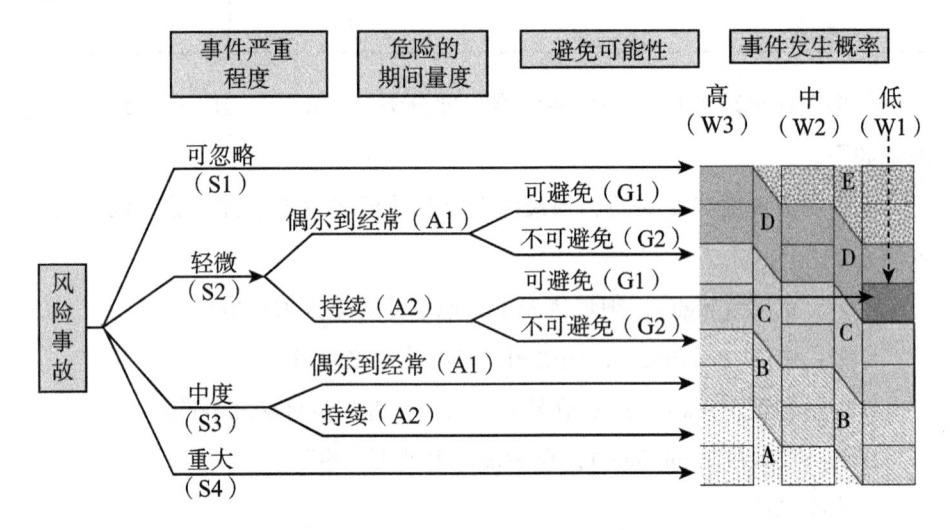

图 5-3 树形图法之风险评估系统架构

依据树形图之风险评估方法，同样可将风险程度区分为 A、B、C、D、E 五级。分别说明如下：

A 级：极重度 (severe)，须最优先应变处理之少数事件，通常政府会介入调查。

B 级：重度 (high)，须最优先于其他事件之重大关切事件。

C 级：中度 (medium)，须由相关单位注意之事件。

D 级：轻度 (low)，正常情况下，无须有进一步行动之事件。

E级：极轻度（minimal），仅做统计上处理之事件。

机场飞行安全风险管理是一项全员性、持续性、落实性和深入性的艰巨工程，也唯有落实推动，才可使飞行安全事故的发生次数减少，即便发生事故，亦可使其严重程度降至最低。

三、风险接受准则

(一) ALARP 原则

1. ALARP 原则的内容

任何工业系统都是存在风险的，不可能通过预防措施来彻底消除风险；而且，系统的风险水平越低，要进一步降低就越困难，成本往往呈指数曲线上升，也可以这样说，安全改进措施投资的边际效益递减，最终趋于零。因此，在工业系统的风险水平和成本之间有时需做出一个折中选择。ALARP 原则（as low as reasonably practicable，最低合理可行原则）也称为"二拉平原则"（见图 5-4）。

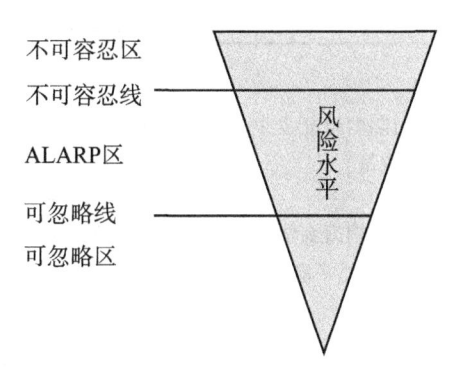

图 5-4 ALARP 原则

不可容忍区的风险除特殊情况外，无论如何是不能接受的。可忽略区的风险是可以被接受的，无须再采取安全改进措施。在 ALARP 区内的风险是可容忍的，即可以允许该风险的存在，以节省一定的成本（见图 5-5）。

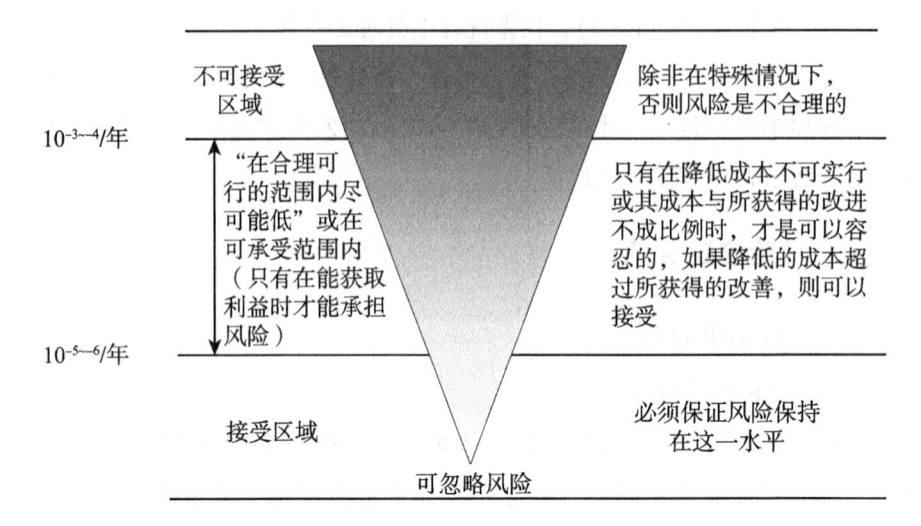

```
             不可接受         除非在特殊情况下，
             区域            否则风险是不合理的
10⁻³~⁻⁴/年   ─────────────

             "在合理可       只有在降低成本不可实行
             行的范围内尽   或其成本与所获得的改进
             可能低"或在    不成比例时，才是可以容
             可承受范围内   忍的，如果降低的成本超
             （只有在能获取  过所获得的改善，则可以
             利益时才能承担  接受
             风险）

10⁻⁵~⁻⁶/年   ─────────────

             接受区域        必须保证风险保持
                            在这一水平

                   可忽略风险
```

图 5–5　ALARP 示意

2. 民航风险评价

民航风险事件发生的可能性及后果的严重性见表 5–9、表 5–10。

表 5–9　危险事件发生的可能性

分类定义	含义描述	等级
频繁的	在使用寿命周期内可能发生一次或多次（定性）；每飞行小时 $1 \sim 10^{-3}$ 次（定量）	5
可能的	在一系统整个使用寿命周期内可能发生一次（定性）；每飞行小时 $10^{-3} \sim 10^{-5}$ 次（定量）	4
偶尔的	在每一个系统的整个使用寿命周期内不大可能发生，但是考虑到有多个相同类型的系统，可能会发生几次（定性）；每飞行小时 $10^{-5} \sim 10^{-7}$ 次（定量）	3
很少的	考虑到有多个相同类型的系统，不大可能发生，但是仍必须认为是有可能的（定性）；每飞行小时 $10^{-7} \sim 10^{-9}$ 次（定量）	2
不可能的	在整个使用寿命周期内几乎绝对不会发生（定性）；每飞行小时 $< 10^{-9}$ 次（定量）	1

表 5-10　危险事件后果的严重性

分类定义	含义描述	等级
灾难性的	设备损坏,人员死亡	5
重大的	安全系数大大下降,身体压力或工作负荷已达到无法依靠操作人员精确或完全履行任务的程度,人员严重受伤,主要设备受损	4
严重的	安全系数明显下降,操作人员因工作负荷增加,或因影响其效率的条件,应付不利工作条件的能力下降,严重事故征候,人员受伤	3
轻微的	小麻烦,操作限制,启用应急程序,较小的事故征候或差错	2
可忽略的	几乎无影响	1

由于风险的可接受性取决于风险发生的可能性及其后果的严重性,即判断可接受性的标准是二维的。因此,针对已经分别确定了严重性和可能性的危险,就可以方便地按照表 5-11 中的风险可接受性二维矩阵来确定其可接受性。可接受性等于严重性与可能性的乘积,乘积数值从 1~25 不等,数值越大表示风险越大,可接受性就越差。

表 5-11　风险可接受性矩阵

可接受性 = 严重性 × 可能性		可能性				
		不可能	很少	偶尔	可能	频繁
严重性	灾难性	TBD (5)	N (10)	N (15)	N (20)	N (25)
	重大	TBD (4)	TBD (8)	N (12)	N (16)	N (20)
	严重	Y (3)	TBD (6)	TBD (9)	TBD (12)	N (15)
	轻微	Y (2)	Y (4)	Y (6)	TBD (8)	TBD (10)
	可忽略	Y (1)	Y (2)	Y (3)	Y (4)	TBD (5)

注:Y 表示可接受;N 表示不可接受;TBD 表示待定(需进一步审查)。

利用风险矩阵来划分风险等级可将风险等级划分为可接受的、不期望的和不可接受的三类。下面对这些词语做进一步地解释:

可接受的意味着没有必要采取进一步措施(除非可以不花费什么代价或力量将此风险进一步降低)。

不期望的(或可容忍的)意味着受到风险影响的人为了某种利益准备容

忍风险的存在，但条件是风险正在尽可能地减小。

不可接受的意味着目前状态下的作业必须停止，直至风险降低到至少可容忍的水平。

从表5-11中的矩阵可以看出，白色区域为可接受的风险区域（标记为Y），深灰区域为不可接受风险区域（标记为N），在可接受区域与不可接受的区域之间还有一个浅灰区域，我们把它们标记为"TBD"。这类风险不能自动归纳到可容忍的风险中，如果风险被降低到切实可能低的水平，它就能成为可容忍的风险了。所以，对于落到TBD区域的风险，必须根据实际情况进行深入的评审和讨论，同时综合考虑成本效益与风险。

确定特殊风险可接受性的较少数值的方法包括考虑诸如下列一些因素：①管理因素。风险与组织的安全政策和标准相一致吗？②经济负担因素。从风险的性质考虑，是否难以取得具有成本效益的解决方法？③法律因素。风险与现有管理标准和执法能力相一致吗？④文化因素。组织中的员工和其他利益相关者如何看待该风险？⑤市场因素。如果不减少或排除该风险，是否会损害本组织对其他组织的竞争力和利益？⑥政治因素。不减少或排除该风险，是否需要付出政治代价？⑦公众因素。媒体或特殊利益集团在影响关于该风险的公众舆论方面有多大的影响力？

（二）风险接受准则

对于风险分析和风险评价的结果，人们往往认为风险越小越好。实际上这是一个错误的概念。减少风险是要付出代价的。无论减少危险发生的概率还是采取防范措施使发生危险造成的损失降到最小，都要投入资金、技术和劳务。通常的做法是将风险限定在一个合理的、可接受的水平上，根据影响风险的因素，经过优化，寻求最佳的投资方案。"风险与利益间要取得平衡""不要接受不必须的风险""接受合理的风险"——这些都是风险接受的原则。

（三）航空公司飞航安全风险评估

航空公司飞航安全风险因素衡量包括：①飞航安全风险因素的难检程度（detectability）。难检程度是指航空公司对飞航安全管理中各项飞航安全因素被侦测出来的难易程度。②飞航安全风险因素的发生可能性或概率（probability）。

概率是指航空公司对于飞航安全风险因素，于历年数据文件中统计所发生事件或事故的次数，或统计经查核而发生缺失的次数，再计算出各飞航安全风险因素发生事件或事故的可能性或概率。③飞航安全风险因素发生后果的严重程度（severity）。严重程度是指飞航安全风险因素于发生飞航安全事件或事故后，对人员、设备或环境等可能造成损伤或破坏的严重程度。

飞航安全风险（flight safety risk）的发生是在三项特性的交集之处，如图 5-6 所示。

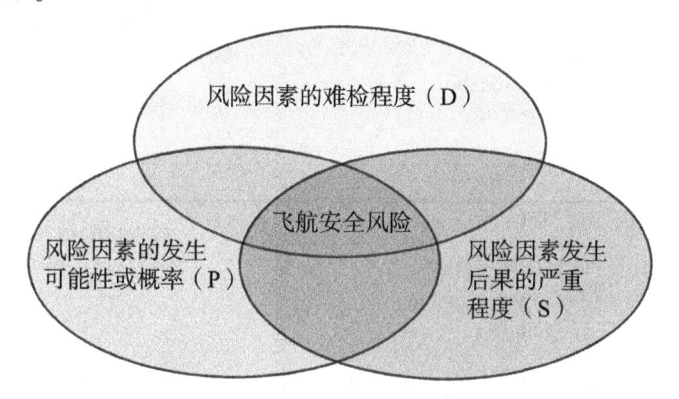

图 5-6　航空公司飞航安全风险因素特性与形成关系

通过飞航安全风险方格（risk grid, RG）的架构，可分析航空公司各飞航安全风险因素的类型（见图 5-7）。

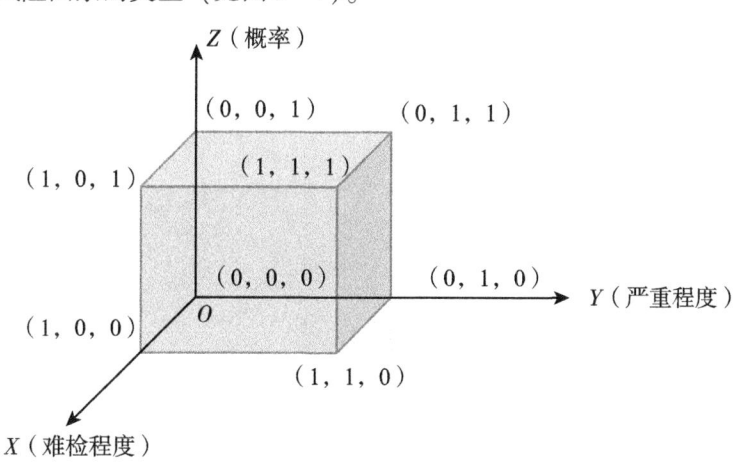

图 5-7　飞航安全因素风险方格示意

航空公司飞航安全风险因素之分析：结合上述的理论架构和航空公司历年飞航安全检查数据文件加以量化处理，然后再配合机场作业规定、各种机型操作标准及各项管制措施与管理制度等，制定最低可接受合理标准，如图 5-8 所示。

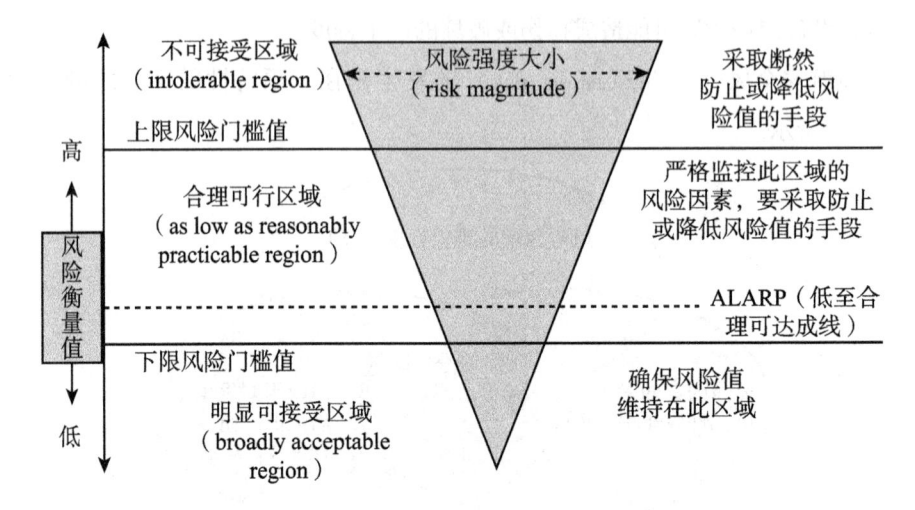

图 5-8　航空公司飞航安全风险管理 ALARP 原理（风险评估倒三角原理）

第六章 风险管理措施与风险控制

风险管理需要了解各种风险管理措施的适用性与局限性，掌握选择不同风险管理措施的方法。

风险响应措施是指在项目风险管理过程中，对项目风险采取回避、控制、分隔、分散、转移、自留及利用等所采用的相应技术手段和管理策略。也就是人们辨识、评估潜在的意外损失后，根据项目具体情况采取相应的措施进行处理，在主观上尽可能有备无患或在意外损失无法避免时亦能寻求切实可行的补偿措施，从而减少意外损失或使风险为我所用。

显然，在采取各种风险响应措施之前，必须明确各个风险因素适合于采取哪种措施。也就是说，由于各个风险因素具有不同的风险特性，同样的措施对不同的风险就会起到不同的作用，并非对每一个风险都有效。因此，首要的任务就是在风险因素与各个响应措施之间建立对应关系，然后才能有效地对风险进行管理。

同时，由于风险多种多样，且各具特征，不同的企业应根据各自的处境和项目环境特点制定出相应的风险管理措施。

通常，风险响应管理的指导原则如下：① 消除或尽量减少引起损失的条件和活动；② 当风险不能被消除或被降低到可承受的水平时，应购买可补偿巨额损失的商业保险，对那些与公司经营或财务状况无重大关系的风险，应根据如何对公司最有利，决定投保或自己承担；③ 优先考虑那些重要度排序靠前的风险因素的响应。下面首先说明目前常用的风险响应措施，然后结合本书提出的多维风险特性描述方法，提出相应的风险措施拟定和选择方法。

一、常用风险响应措施

要对风险进行管理，就必须对风险的特性有所认识。只有明确风险具有能够被管理的特点，才能够采取相应措施。风险的下述特征决定了风险的可防范性及其损失的可控制性：①风险具有特定的根源；②风险具有普遍特征；③风险概率具有互斥特性；④风险损失可通过概率测算；⑤风险可以被分割；⑥有些风险具有可利用性。

很多文献[19,20]中提出了各种各样的风险响应措施，归纳起来可以划分为如下几个大的类别。

(1) 风险忽略。在对项目风险进行分析评价以后，仍有部分风险未能被识别，当然也没有被评价，换句话说就是"未知风险"。这部分风险对于项目风险管理来讲是缺失的，但是肯定存在，其发生的情形以及后果状态均未知。这时，管理上只能忽略其存在，被动的承受这些风险一旦发生所带来的一切损失。

从严格意义上来讲，这部分风险属于风险管理以外的内容，但是，风险管理人员必须清醒地认识到该部分风险对项目的威胁，建立必要的风险应急计划，做到有备无患。反过来讲，这部分内容才真正是项目的风险所在，"一旦风险被识别、定义，它就不再是风险，就成为一个管理问题"[21]。按照这一思路，未识别出的风险才真正是风险管理应该防范的风险。

(2) 风险回避。面对已经识别出的风险因素，可以认为其有关信息（概率、损失等）是已知的，即已知风险。如果管理决策层认为某些已知风险的后果超出了管理的能力限度，为避免由此带来更大的经济损失，宁愿放弃承担项目任务，这样的策略就是风险回避。风险回避显然是风险响应中管理层最不愿意看到的，因为这样丧失了获取利润的机会，因此，项目管理决策层总在寻求更有效的办法对风险进行管理，以获取盈利机会。

(3) 风险减免。风险减免是指在风险发生前提前采取预防措施，降低风险发生的可能性或者减少风险发生所造成的损失；在风险发生后，采取有效措施缩小风险影响的范围，尽可能地降低风险损失的程度，或者弥补已造成的损失。

风险减免措施可以分为事前预防措施、事后减免措施。事前预防措施包括采取严格的安全管理制度、监督制度，保持规范的信息沟通和交流，建立系统的风险跟踪和控制机构等。这些措施都能够在某种程度上降低风险发生的可能性，或者减少风险损失。经常使用的事后减免措施有风险应急计划和项目风险金。应急计划是在风险发生时所采取的紧急处理措施，包括人力、物力、经费等资源的调配和合理使用等计划。风险金是承包商在工程总价上另外附加的一笔费用，用于应付那些难以预见和控制的风险，以确保承包商的利益。当然，项目有关的各方都可以从自己的利益出发，建立各自的应急计划和风险金。应急计划和风险金是项目承包商在投标过程中必须考虑的内容，尽管这样的考虑有时会使承包商丧失一定的价格竞争力，但是，为了避免遭受更大的损失，这样做仍然是可行的、合理的。

（4）风险转移与分散承担。风险转移是指通过合同或非合同的方式将风险转嫁给他人或单位的一种风险处理方式，包括非保险风险转移和保险风险转移。前者是指通过其他手段如转包、租赁、买卖等将风险转移给其他方；后者是指通过购买保险的办法将风险转移给保险公司或保险机构。由于保险业有一套专门应对风险的手段和相应的应对能力，承揽保险并不是引火烧身。风险转移并不是嫁祸于人，转移给他人的风险，对于接受者来说其并不见得是风险，因为同样的风险事件对于不同的承受者并不一定会造成同样的后果。

非保险风险转移主要指通过合同条款来合理划分和分担风险。合同风险转移及分担主要处理下列风险：法律上不可避免的风险、可量化风险、知识风险、保险风险。

风险的分担是指将风险由较多的部门来分散承担，当风险发生时，各个部门分别承担的风险损失相对较小。

（5）风险分割。风险分割是指将项目的活动或作业的内容在时间和空间上进行适当区域划分，当风险发生时，其影响范围在空间上、时间上受到限制，从而缩小风险的影响范围，减少风险发生损失。对于大型建设项目，这样的措施有时候是非常有效的，因为大型项目往往具备这样的任务分割时空条件，而小型项目实施起来就会难度较大。

（6）风险保留。对于一些项目风险，其发生的频率较高，但是其每次发生的损失相对较小，管理者可以通过严密的管理来降低其发生的频率，或者减少其损失，这时管理者可以选择让项目自身处理这些风险，即风险保留。当然主动地承担这些风险需要获得一定的回报，这可以通过在项目价格中附加风险金的办法获得。

(7) 风险利用。风险利用是指项目管理者通过承担一些风险，对风险加强管理，获得因承担风险而应该获得的丰厚利润回报。风险中往往蕴含着利润，也就是说利润与风险并存，这就构成了风险的可利用性。当然，要利用风险，必须充分分析风险利用的可能性与价值、计算利用风险的代价，绝不能做无谓的冒险。

显然，上述风险响应措施的拟定和选择需要结合项目的具体情况进行。同时还要借鉴历史项目的风险管理记录、管理人员的个人经验以及其他同类项目的经验等。因此，上述措施应该针对不同的项目类型、不同的风险类型，具体问题具体分析，谨慎地拟定和选择。此外，采取任何形式的风险响应措施，都会有伴随风险（次生风险），这也是需要认真研究的问题。

二、控制型风险管理措施

(一) 含义

控制型风险管理措施是指在风险成本最低的条件下，通过风险分析，所采取的防止或减少灾害事故的发生以及所造成的经济和社会损失的行动。

控制型风险管理措施的目标是在风险成本最低的前提下，降低事故的发生概率，将损失减小到最低限度。

控制型风险管理措施在风险管理程序中的位置如图 6-1 所示。

风险识别与评估 → 控制型风险管理措施 → 融资型风险管理措施

图 6-1 控制型风险管理措施在风险管理程序中的位置

1. 控制型风险管理措施与风险识别和评估的关系

风险链是指风险主体、风险主体所处的环境、风险主体和环境的相互作用、这种相互作用的结果、这种结果带来的后果。

【例6.1】一家生产型企业的设备管理。

风险主体：一台运转不灵的重型机械设备。

环境：所在车间（地面）。

结果：员工受伤、机器受损、其他直接损失。

后果：员工赔偿、未来的保险费上升、设备维修费用增加、停产以及雇员关系恶化等。

风险控制：设备维修，安装防范风险或减轻伤害的装置，培训操作工人、监督人员。

2. 控制型风险管理措施与融资型风险管理措施的关系

表面上看，只需要很少的成本就能够将风险转移出去是非常合算的事情，而从长远来看，企业实际上会支付自己遭受损失的全部费用。

【例6.2】自动喷洒头的安装。

成本：设备与安装成本，日常的保养、修护成本。

收益：减少了直接财产损失和营业中断损失的火灾保险费用，减少了火灾保险中每一事故免赔额下自留的期望损失以及可能超出保单限额的营业中断的期望损失。

【例6.3】安装钻孔机的安全防护装置。

成本：设备与安装成本，日常的保养、修护成本，单位产量的新增劳动成本。

收益：较低的员工赔偿保费；节省自留的员工赔偿期望成本；更少的营业中断，员工发生替代时更低的雇用和再培训成本；在长期内以较低的工资吸引员工。

【例6.4】非处方药的防儿童包装。

成本：研制费用、原材料成本。

收益：降低产品责任保险的保费；减少儿童吞食的概率，保持良好声誉；减少被迫付出高昂代价将产品收回的概率。

目前存在的问题是，收益经常被低估。各行业都容易忽视安全投入的收益，往往更容易看到安全投入的花费，但是潜在的收益是看不到的，因为有些间接和潜在的损失只有在相当长的时间之后才显现；企业内部损失可能会产生外部效应。

(二) 相关理论

1. 工程性理论

工程性理论强调事故的机械危险和自然危险，认为风险是由机械和自然方面的原因造成的，对风险的控制就要从这些角度入手。但其忽视了人的因素在其中的作用。

2. 多米诺理论

(1) 工业安全公理。工业安全公理认为：①损害事件总是由各种因素所构成的一个完整顺序引起的，其中最后一个因素就是事故。而事故又总是直接由人为的风险因素和物质风险因素所引起的。②人的不安全行为是造成大多数事故的原因。③大约每300个由于极为相同的不安全行为而受伤的人中，就有一个人致残。④严重的伤害基本上是偶然发生的，导致发生伤害事故的事件基本上是可以预防的。⑤产生不安全行为的基本原因为选择适当的控制措施提供了方向。⑥控制风险可以采取四种基本方法：技术措施、说服教育、人事调整、加强纪律。⑦控制风险的方法大部分与控制产品质量、成本和产量的方法类似。⑧领导人和管理部门具有开展控制风险工作的最好的条件和能力。因此，首先应该承担责任。他们工作管理得好坏，对能否成功地控制风险起关键作用。⑨除鼓励实行预防伤亡事故的人道主义外，还要用两个强有力的经济因素加以激励：安全的组织机构对生产是高效的；对职工由于工伤而付出的直接保险费、赔偿费、医疗费占职工成本的20%。

(2) 事故多米诺理论。事故多米诺理论（accident dominon theory）又译事故骨牌理论，是解释和分析事故成因的一种理论。海因里希在1929年首次提出。他认为，事故的发生是一连串相关联的事件相继发生的最终结果。在内部联系中，一个很小的初始能量就可能导致一连串的连锁反应。客观上，它是由点到面的一种运动过程，动作是一个接一个地接力着，直到完成最后的终点动作。事实上，多米诺骨牌在摆布时便是在静态积蓄能量，当起始点（也可能是体系中的某一位置）受到激励时，将积蓄能量释放，就引发一场类似灾难性的雪崩。一旦发生，其势不可当，迅速冲击整个体系。

该理论认为，事故的发生包含着顺序连贯的五个阶段（见图6-2）：不良的世代遗传和社会环境（第一阶段）培育了不健全的事故发生者（第二阶段），事故发生者不安全的操作或机械伤害（第三阶段）造成了事故的发生（第四阶段），而事故的发生最终导致了人员和物质上的损失（第五阶段）。只要在造成事故发生的事件顺序中消除一个事件因素就可以防止事故的最终发生。该理论对事故的预防具有积极意义。

事故多米诺理论受到批评的原因在于过于强调人的作用。

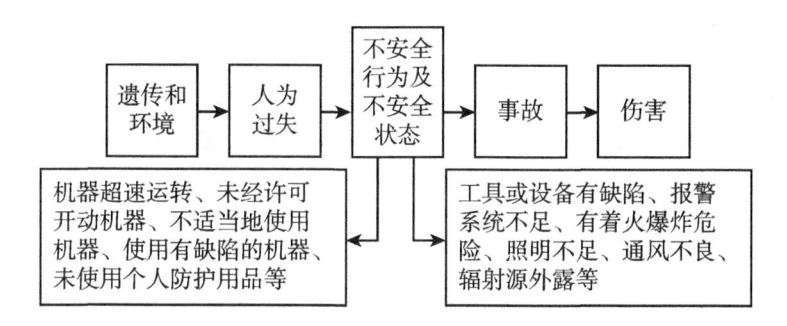

图 6-2 事故多米诺理论

3. 能量破坏性释放理论

20 世纪 70 年代，美国学者哈顿（W. Haddon）提出了能量破坏性释放理论。他认为人员或财产损失基本上是能量意外破坏性释放的后果，如飓风、闪电、车祸、火灾等。该理论认为，损失控制应重视机械或物的因素的管理，即为人们创造一个更为安全的物质环境。从表面上看，这些能量和危险物质的释放是由风险因素引起的，但究其根源，不外乎四个根本原因：管理因素、个人因素、环境因素、机械因素。为了预防或减少意外伤害，哈顿提出了 10 种控制能量破坏性释放的策略：①防止能量聚集；②减少已聚集的可能引发事故的能量；③防止已聚集的能量释放；④减慢能量释放的速度；⑤从时间或空间上把释放的能量与易损对象隔离开；⑥用物质屏障使能量与易损对象隔离；⑦改变接触面的物质以减少伤害；⑧加强易损对象对所释放能量的抗护能力；⑨减轻事故的损害；⑩事故后的恢复与复原措施。

（三）基本措施

1. 风险规避

风险规避是指有意识地回避某种特定风险的行为。

(1) 避免风险的方法如图 6-3 所示。

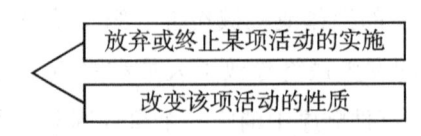

放弃或终止某项活动的实施
改变该项活动的性质

图 6-3 避免风险的方法

(2) 局限性：有些风险无法回避；可能会失去由这些风险带来的收益；回避一种风险，可能产生另一种新风险或加强已有的其他风险。

(3) 适用性：损失频率和损失幅度都比较大的特定风险；频率虽然不大，但后果严重且无法得到补偿的风险；采用其他风险管理措施的经济成本超过了进行该项活动的预期收益。

2. 损失控制

损失控制的方法有预防损失和减少损失，其目标在于最大限度地降低损失频率和损失幅度

(1) 预防损失。预防损失的措施有改变风险因素的损失预防措施，改变风险因素所处环境的损失预防措施以及改变风险因素和其所处环境的相互作用的损失预防措施。

(2) 减少损失（一种事后的措施）。减少损失的措施包括：

第一，抢救，制订灾难计划和紧急事件计划：发动组织的整体能力去识别可能的危机和灾难并制订针对这些事故的计划。

第二，控制意外释放能量，改变易遭受损害的生命和非生命结构：①预防风险因素的产生；②减少已存在的风险因素；③防止已存在的风险因素释放能量；④改善风险因素的空间分布和限制释放能量的速度；⑤在时间和空间上把风险因素与可能遭受损害的人、财、物隔离；⑥借助物质障碍将风险因素与人、财、物隔离；⑦改变风险因素的基本性质；⑧加强风险单位的防护能力；⑨救护被损害的风险单位；⑩医治受伤者，修理或重建。

应用损失控制方法时需要考虑：①成本与效益分析；②不能过分相信和依赖；③某些材料一方面能抑制风险因素，另一方面也会带来新的风险因素。

3. 控制型风险转移

控制型风险转移即借助于合同或协议，将损失的法律责任转移给非保险业的个人或群体，可出售、分包、开脱责任合同。

三、融资型风险管理措施

通过事故发生前所做的财务安排，摆脱事故发生后所造成的经济困境，为恢复正常经济活动和经济发展提供财务基础。基本的融资型风险管理措施分为借助内部资源的处理措施，即风险自留，以及借助外部资源的处理措施，即风险转移。

（一）风险自留

风险自留是指由经历风险的单位自己承担风险事故所致的损失。风险自留的基本性质，即通过内部资金的融通弥补损失，是一种残余技术。风险自留的类型可分为主动与被动、全部自留与部分自留。

1. 风险自留的筹资措施

风险自留的筹资措施包括：①将损失摊入营业成本。针对经常性的小额损失，取决于企业一年中能否保持一个超过其他支出项目的收入余额，或能否保持充裕的可变现的基金。其不足是存在波动性。②设立专用基金。用于损失大且无法准确预料的风险。其好处是会有较多的资金储备，不足是纳税问题。③信用限额（应急贷款）：损失发生前安排好企业可以得到贷款的条件（期权）。限制是需要一定的时间和努力，利率较高。④设立专业自保公司。也就是让一个全资子公司来支付损失（见图6-4）。

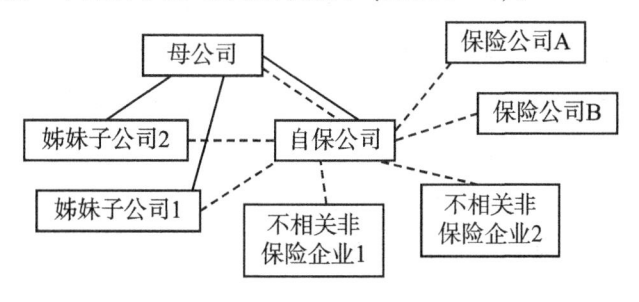

图6-4 专业自保公司

第一，专业自保公司的成立、经营与管理。其经营范围包括建筑物及其内部财产的火险、营业中断险、运输险、责任险、犯罪和保证保险。

第二，自保公司的成立动机。

首先，我们考虑税收和监管因素。

a. 自保可能被视为保险交易，从而减少纳税。

b. 离岸自保公司的额外税惠，投资收入和承保收入的更低税率。

1987年之前，美国的母公司可以无限拖延离岸自保公司获得承保收入的确认。

c. 允许企业直接从再保险公司购买超额保险保障，而一般再保险交易监管限制不严。

d. 执照税。与外国保险公司交易的执照税是保费的4%，是再保险费的1%。

e. 允许企业在自留其大部分风险的同时，仍符合强制保险的要求，遵守对选择保险公司的限制，满足第三方对评级保险公司的要求。

其次，自保公司可降低风险，当一个自保公司向非相关实体出售保险或再保险时。

第三，自保公司的种类及其税收待遇。

税收有两种原则：其一，只为单一母公司保险的自保公司，任何利润或损失都是母公司向自保公司付款或母公司遭受损失的直接后果。其二，为单一母公司和子公司保险，以利润为中心的自保公司。

第四，风险自留集团。

1981年，美国国会通过了一项法律，允许企业绕过某些州的监管组成集团对由产品责任风险带来的风险进行汇聚。

1986年，法律进一步允许为除员工责任风险和员工赔偿风险之外的所有责任风险组成风险自留集团。

1997年，大约有70个风险自留集团。

不足：短期内保费收入可能不敷赔款支出，可能增加费用支出。

2. 风险自留的选择

（1）权衡。①收益：节省附加保费，节省由信息不对称造成的过高纯保费；资金的持续使用，减少由保险市场波动引起的风险，增加企业防损工作的内部动力。②成本：更高的风险增大公司陷入财务危机的可能性；对债权人、雇员、供应商和顾客造成负面影响，使他们以不够优惠的条件与公司签订合同；昂贵的外部资金，使公司放弃一些有较好收益的投资机会；公司规模及损失之间的相关性；损失与其他现金流的相关性；财务杠杆（债务对权益的比率）。

（2）选择的原则。对单个公司来说，自留可预测损失（因为损失比较小），同时为不可预测的破坏性损失（因为损失比较大）进行保险这一情况，在实际中的应用程度取决于增加自留的收益和成本，包括经理层对可承受的且不会产生严重后果的损失规模的判断。

只有当小规模的损失保险具有除风险转移以外的其他优点（服务、监管、税收）时，这种保险策略才是可行的。中等规模的损失是指公司利润和资产规模的损失较大，但经营和损资没有受到严重破坏。大型的损失是指公司重大的损失，保险市场往往也难以承担，乃至于无保可投。

（二）基于合同的风险转移

基于合同的风险转移是指利用合同中的转移损失条款，如保证合同。优点是灵活、经济易行，就全社会而言，可能促进风险控制。局限性：受法律和合同条文本身的限制；在某些情况下，可能支付较大费用；如果风险承担者无力支付损失赔偿，则转移无意义。

如某合同规定："乙方在为甲方施工时，由于疏忽而造成第三方人身伤亡或财产损失，由乙方承担。"

其适用情况是：①转移者和承担者之间损失应能清楚划分。②承担者具有能力承受适当的财务责任。③实施该转移技术的成本，低于其他各技术的实施成本。④双方都觉得有利可图。

（三）保险

保险购买的缓急考虑：①基本保险。基本保险保护那些可能会导致企业破产的损失风险。法律要求必须购买的保险也是基本保险，基本保险是必要的保险。②重要保险。重要保险保护那些一旦发生损失，企业将被迫通过借贷来补偿损失的风险。这类保险虽非强制，但一般人们都会购买。③可选保险。可选保险针对那些损失可以由现有资产或当前收入补偿的风险。实践中对这类风险不购买保险。

保险购买的原则：①基本保险优先。对损失程度较低（一般损失频率较高）的风险，保险成本较高。如果通过免赔额把损失程度低的风险从保险中剔除，那么节省下来的保险费就可以用来购买其他重要保险。②保险作为最后的选择。保险过于昂贵，保险的成本总是大于损失的期望值（称为纯保险费），这是因为保险机制的运作成本也是由保险购买者承担的。因此，保险必须被视为最后的选择，只是在绝对必要的情况下才采用。

四、内部风险抑制

评价风险大小的最主要的两个方面，一个是损失期望值，另一个是损失方差。前面所述的控制型风险管理措施和融资型风险管理措施都在从不同角度影响损失期望值，而内部风险抑制的目的在于降低损失方差。

内部风险抑制措施包括分散与复制、信息管理和风险交流等。

（一）分散与复制

分散与复制即分散风险单位，将风险单位分割，化整为零，减少了一次事故的最大损失，增加了独立风险单位数。

（1）割离法：将面临损失的单一的风险单位分为两个或两个以上独立的单位，而且每一个风险都相互独立。其原理是一个大的风险单位分成若干个小的风险单位，不要把鸡蛋放在同一个篮子里。这种方法的优点是可降低损害幅度，缺点则是会增加成本、增大损失频率。

（2）聚集风险单位：把多个风险单位变成一个风险单位，通过减少风险单位的数量来提高整体预防损失的能力，如企业合并、联营和商品的多样化经营。其将多个风险单位聚集成一个风险单位，如保险公司的全保、保险的大数法则。

（3）复制风险单位：预留生产备用的资产和设备，只是在使用的资产和设备遭受损失后才会把它们投入使用。如重视关键仪器设备元件、资料备份，关键人物接班人的培养。其优点是降低营业中断损失，缺点是会增大成本、增加损失频率（加倍）。

(二) 信息管理

信息管理包括对纯粹风险的损失频率和损失幅度进行估计，对潜在的价格风险进行市场调研，对未来的商品价格进行预测，对数据进行专业化的分析等。在美国，有许多公司专门从事为其他公司提供信息和预测服务的业务，如数据库的经营者和风险咨询公司。

(三) 风险交流

风险交流是指在风险评估人员、风险管理人员、生产者、消费者和其他有关团体之间就与风险有关的信息和意见进行相互交流，包括对风险评估结果的解释和对执行风险管理决定依据的说明。风险交流应当与风险管理和控制的目标一致，且贯穿于风险管理的整个过程，它不仅是信息的传播，更重要的作用是把有效进行风险管理的信息纳入政府的决策过程中，同时对公众进行宣传、引导和培训，也包括管理者之间和评估者之间的交流，是具有预见性的工作。

五、多维特性下风险响应措施选择方法

本书所提出的风险因素多维特性描述方法，在拟定风险响应措施时，可以很方便地建立措施和风险因素之间的关系，而且可以对风险措施进行综合选择和优化选择。下面首先讨论风险响应措施的拟定方法，然后建立层次分析法选择风险响应措施的模型和方法。

(一) 风险多维特性下风险响应措施的拟定

由于引入了风险因素的多维特性，因此在风险因素的识别和评价过程中，已经不自觉地对与风险响应有关的内容进行了考虑。因此，在拟定风险响应措施时就更容易、更便捷。

由前述内容可知，风险的五个特性为风险发生的概率、风险发生时的损失、风险发生的可预测性、风险发生的可控制性、风险的可转移性。除风险发生概率和损失外，本书所增加的其余三个特性和风险的响应措施具有较为密切的关系。对每一个风险的预测、控制、转移等特性的估计与评价，事实上已经初步确立了该风险的相应措施类型。

现就风险的多维特性与响应措施的关系讨论如下：

风险的可预测性的强弱，决定了能否在事先对风险发生概率、损失进行可靠的估计。风险的可预测性越强，就越适合于采取事先风险预防控制措施。反之，则不宜采用。

风险的可控制性的强弱，决定了能否采取事后的减免措施。风险应急计划执行的有效性极大地依赖于风险的可控制性。也就是说，可控制性越强的风险，通过应急计划越容易将其损失减少到最小的限度。

风险的可转移性决定了能否对风险采取诸如分担、转移、分散等相应措施。显然该项特性所包含的风险信息是非常丰富的，因为它涉及风险响应措施的具体划分，如可保险风险和不可保险风险、可分担风险和不可分担风险、可转移风险和不可转移风险等。因此，对于可转移性较强的风险，仍需进行更为深入的分析，以确定采取哪一种措施更合理、更有利。

对于不同的风险发生概率和损失两个特性，也必然要采取不同的措施。对于概率较大而损失相对较小的风险，通常可以考虑采取风险自留措施；而对于概率较小损失很大的风险，通常可以考虑采取保险等风险转移措施。当然，对于概率和损失都比较大的风险，应放弃项目，即采取风险回避的措施。也有的人会充分利用这些机会，通过管理获得丰厚的风险管理回报。除此以外的情形，必须结合具体情形选择合适的措施。

从以上分析可以看出，引入风险的多维特性，为风险响应措施的拟定带来了极大的方便。也就是说，这样做使得风险分析与管理过程更具有系统性、连续性和一致性，将风险分析的各个环节有机地连成一个整体，克服了以往那种分阶段分析方法存在的不连续的缺陷。

此外，在风险措施拟定过程中，还需要深入考虑的问题是风险响应的成本问题。风险响应实质上是通过利用项目的人力、物力、财力等资源，通过计划的管理活动，减少风险给项目实施带来的损失。这些资源本身的占用和消耗势必要构成风险管理的费用（成本），因此，对风险响应措施进行成本分析就显得很有必要，目的是使得风险管理活动获得正向收益。如果某种响应措施的效果比较好，但是其成本也较高，这时或许管理者会放弃该措施，而选择效果一般而成本低廉的措施。这一点在转移措施选择中尤显得尤其重要。

(二) 多维风险特性下风险响应措施的 AHP 选择方法

通过以上分析可知,风险响应措施的拟定和选择涉及风险的多方面信息。那么,在引入了风险多维特性并考虑风险措施成本的情况下,本书提出了 AHP——选择风险措施的方法。

(1) 风险响应措施选择的 AHP 层次结构建立。在风险响应措施选择的层次结构中,最高层准则为某风险因素的减免。

第二层中要考虑的准则为风险因素发生概率的降低、风险损失的减少、风险不可控制性的降低、风险减免措施的成本这四个方面。我们认为在评价减免措施时,减免措施的成本是必须考虑的。

第三层为工程风险响应措施的分类,一般应根据工程实际来拟定。

上述层次结构的图形表达如图 6-5 所示。

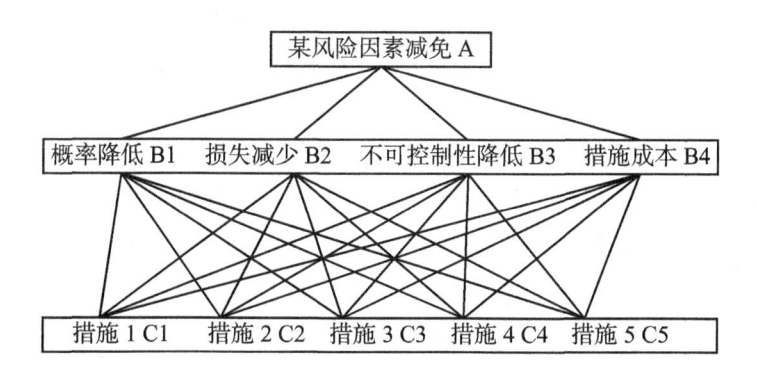

图 6-5　风险响应措施选择的 AHP 层次结构

(2) 比较矩阵及相对权重的计算。根据已建立的层次结构,可以通过两两比较获得各层次因素的比较矩阵,从而计算出各因素的相对权重,最后计算出各风险因素的总风险度排序。

六、风险管理理念与飞行数据案例分析

(一) 航空安全风险管理的基本理念

航空安全风险管理是指在航空相关企业、事业单位中,在肯定存在风险的环境里把风险减至可接受水平的管理过程。

注意1：安全的状态是指没有不可接受的风险。

历史上安全的定义：最初，"安全即是无事故"；后来，"安全是免于可能引起伤害的危险或风险"。

近来，根据国际民航组织的定义，"安全是一种状态，即通过持续的危险识别和风险管理过程，将人员伤害或财产损失的风险降至并保持在可接受的水平或其以下"。

注意2：如何判定可接受的水平？需要制定可接受准则，准则必须是科学、实用的，即在技术上是可行的，在应用中有较强的可操作性；需要考虑可承受程度。

做好风险管理需要如下内容：①大量的数据。收集安全信息，完善安全信息数据库，提高数据对于风险管理、事件调查、安全检查的支持作用。②科学的分析方法。结合实际采用合理的分析方法。③理性的决策。决策过程中需要综合考虑效益与安全、投入与产出、队伍稳定与组织效能之间的关系。

（二）风险管理的意义

风险管理理念不仅可以将管理手段科学化，而且能将安全管理模式从惩罚性管理变为无惩罚管理。

（1）量化能够考核的风险管控。①危险源上报：充分鼓励基层人员上报危险源信息，形成完善的危险源数据库，一旦发生问题，进行追溯；②风险分析与评估：充分利用安全信息，对风险水平进行度量；③风险控制：通过事件发生率可以评估风险是否通过管控措施得到了控制。

（2）改变"发生问题，查找隐患，然后整改"的老路。在问题发生前将事件发生的诱因消灭掉，充分体现组织管理的效能，有助于推进管理手段柔性化；有利于推进"人文内涵式"的管理方式和队伍稳定，是行业发展的必然。

（三）在民航安全管理中应用风险管理理念——关口前移

1. 飞行标准的关口前移

差错标准：通过管控情节相对较轻的事件，提高全员安全意识，防止更严重事件的发生。

超限：设置针对飞行数据较低的阈值标准，监控达到超限之前的数据，并进行管控，降低超限频次，提高机队飞行品质。

这种安全管理的思路与现阶段民航系统内的管理思路是一致的，其关键点在于对于不安全事件的认识。

航空业的安全管理思路（冰山理论）如图 6-6 所示。

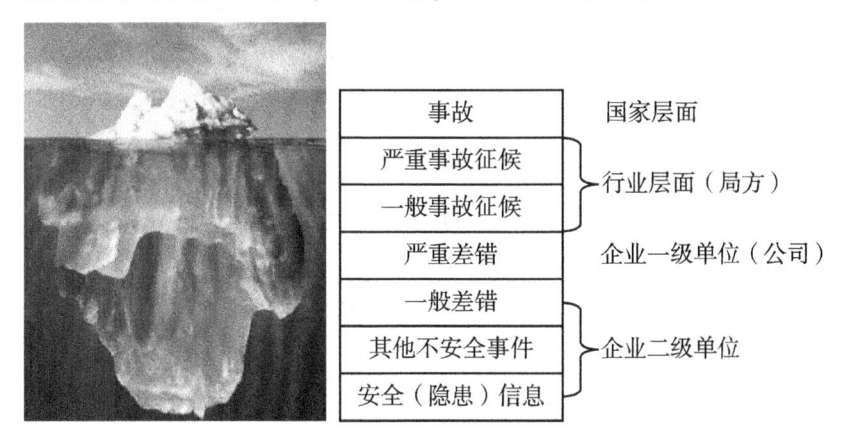

图 6-6　航空业的安全管理思路

构建飞行参数标准数据库。将每名飞行员的飞行数据进行汇总，基于大数据分析方法，筛选其中的标准飞行参数，建立 QAR 数据库、超限数据库、标准飞行参数数据库。

构建标准飞行参数数据库的目的在于：提高飞行品质监控的可信度，避免超限事件的偶发性影响了分析效果，避免因为小概率事件造成对飞行人员的误判。

超限受到各种因素的影响，可能涵盖飞机、环境和飞行员的操纵技术，一定要尽量剔除其他因素的影响，集中探讨飞行操纵技术对于超限的影响。

基于飞行参数数据库，分析 QAR 全数据，查找飞行中的趋势性、多发性的问题，最终立足于飞行操纵手法的监控。可将这套流程定义为飞行操作风险分析。

如译码软件平台 FOM（Flight Operations Monitoring）数据是根据 QAR 全时数据筛选的阶段、点数据，通过将 FOM 数据与人员信息匹配，建立飞行部门的正常数据库。可用做年度分析报告，提高数据对飞行训练的支持作用。FOM 数据分析如图 6-7 所示。

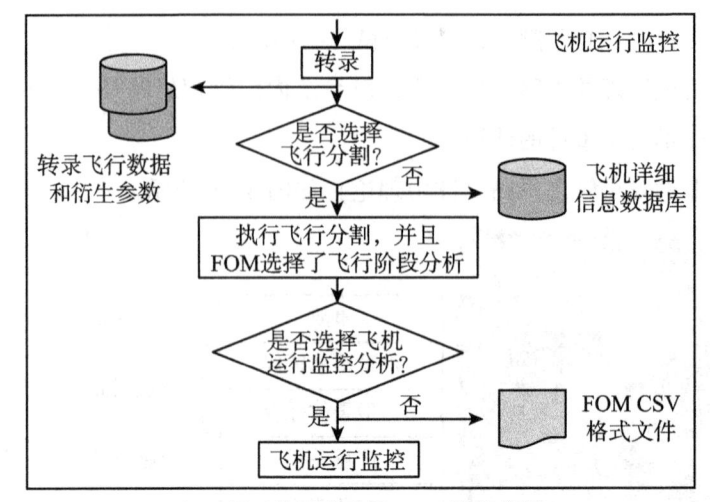

(a) 用工作流程表示 FOM 数据分析

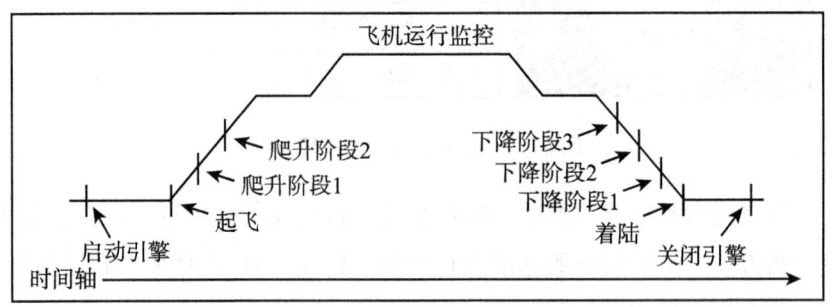

(b) 用时间维度表示 FOM 数据分析

图 6-7　FOM 数据分析

2. 特定时段的超限预警

根据数据统计，很多不安全事件的发生呈现一定的周期性，特别是与季节相关的事件（超限）。根据季节规律，可以提前做出预警，提醒机队特定超限或不安全事件的发生。

如北方地区每年的第二季度，大风天气多发，给飞行操纵带来了一定的不利条件，导致飞行品质下滑。

3. 基于工作流程的关口前移

一个管理流程中，某些管理环节容易出现问题，存在犯错的概率，通过在这个管理环节前增强纠错功能、增设纠错环节可以有效降低不安全事件的发生概率。例如，很多偏离指令高度事件的原因是机组听错、调错指令高度，这就需要机组成员之间进行有效的证实。

（1）强化流程。在具体流程上，设计成为"双证实"，即管制人员要证实所听到的指令与飞行人员复诵指令一致，监控飞行人员要证实操纵飞行人员所执行指令与管制指令一致。

（2）加入通信指令的记录，减少犯错的概率。

（3）观察员参与证实。一个三人制机组（左座、右座和观察员），分析一下这个机组由于调错而发生飞错高度的概率。

若没有交叉检查，飞行员总是存在一个出错的概率，假设是千分之一，即1000次调高度的操纵中偶尔会出错一次，民航业1000次航班出现调错高度的概率跟一个正常人出错的概率一样，也是千分之一，这个概率是很可怕的。

但是，通过交叉检查，另外一名在座飞行员就可以将这种概率降低下来，变成百万分之一；如果观察员位置的飞行员也配有耳机，能够对"调高度"这个操纵进行核实，那么调错概率迅速下降到十亿分之一。

$$\frac{1}{1000} \times \frac{1}{1000} \times \frac{1}{1000} = \frac{1}{10^9}$$

这里有一个比较明显的现象，一旦出现由于调错高度而发生的飞错高度，一般都有一条共同原因：驾驶舱资源管理不足，没有做到有效证实。

这是由于作为基层组织的机组成员之间没有很好地完成其职能。

在调查、分析这类不安全事件时，总是加入一条建议，请相关部门确保观察员位置耳机可用。

4. 发生不安全事件，识别隐患或不足，设置关口前移，开展风险管理（见图6-8）

所有飞行记录中存在的类似之处 ← 飞行操纵手法 ← 不安全事件

图6-8 飞行安全隐患识别

如飞行曲线分析。

（1）形象地展示飞行参数及其变化趋势。

（2）对比样本：将过去一段时间较好的操纵找出来，形成对比。

（3）根据时间、无线电高度两种方式进行逐项对比。

思路1：QAR数据一般是根据时间进行记录的（见表6-1），如何将其转化为以无线电高度为基准的记录（见表6-2）？

表6-1 根据时间记录的QAR数据

无线电高度/m	下降率/(m/min)	油门杆EPR	油门N1	俯仰角/(°)	杆位/(°)	坡度/(°)	盘量/(°)	计算空速/(km/h)	顺风风量/(m/s)
191.5	800	46.255	52.685	0.88	-0.00648	0.15	-0.056	144	6
182.5	792	46.055	51.285	0.83	-0.00478	0.4	-0.032	146.38	3.62
169	800	46.4075	50.5	0.83	0.00126	0.45	-0.02	143.88	6.12
153.75	800	46.8	51.31	0.922	-0.00294	-0.05	-0.088	145.5	3.5
143	792	46.635	52.345	0.914	-0.01004	0.25	-0.044	144.63	4.37
126.75	760	45.9	52.22	0.694	-0.02528	0.1	-0.044	143.88	5.12
116	752	45.8025	50.72	0.36	-0.0073	-0.1	-0.038	144.75	4.25
102.25	776	46.12	49.97	0.236	0.0207	-0.35	-0.072	144.25	4.75
92.5	816	46.45	50.72	0.536	0.02716	-0.3	-0.082	144.5	4.5
77	840	46.49	51.56	0.886	0.01256	-0.25	-0.076	145.63	3.37
63.25	856	46.0975	51.595	1.054	0.03156	0	-0.01	142.25	5.75
46.5	832	45.595	50.97	1.206	0.08174	-0.15	-0.046	143.88	4.12
33.25	632	46.0125	49.63	1.89	0.12246	0.3	0.016	144.75	3.25
22.75	512	44.7025	50.095	2.884	0.16362	0.25	0.024	141.63	6.37
14.5	368	39.8125	50.66	3.71	0.05536	-0.3	-0.082	142.75	4.25
9	304	34.8725	47.56	3.464	0.0721	-0.2	-0.062	143.13	3.87
4.75	200	33.88	44.72	3.332	0.06602	0.05	-0.042	142	4
2	224	33.88	42.065	3.19	0.09216	-0.15	-0.056	140.25	4.75
-0.25	208	33.87	39.19	3.19	0.12352	-0.1	-0.052	137.25	6.75
-2.5	152	33.85	36.97	2.996	0.08132	0.1	-0.028	136.38	6.62

注：本表按照1秒钟的时间间隔获取数据。

表6-2 根据无线电高度记录的QAR数据

无线电高度/m	下降率/(m/min)	油门杆EPR	油门N1	俯仰角/(°)	杆位	坡度/(°)	盘量/(°)	计算空速/(km/h)	顺风风量/(m/s)
200	800	46.26	52.69	0.88	-0.0065	0.15	-0.0560	144	6.0
190	799	46.22	52.45	0.87	-0.0062	0.19	-0.0520	144	5.6
180	793	46.12	51.14	0.83	-0.0037	0.41	-0.0298	146	4.1
170	799	46.38	50.56	0.83	0.0008	0.45	-0.0209	144	5.9
160	800	46.64	50.98	0.88	-0.0012	0.15	-0.0601	145	4.6
150	797	46.74	51.67	0.92	-0.0054	0.05	-0.0727	145	3.8
140	786	46.50	52.32	0.87	-0.0129	0.22	-0.0440	144	4.5
130	766	46.05	52.25	0.74	-0.0222	0.13	-0.0440	144	5.0
120	755	45.84	51.28	0.48	-0.0140	-0.03	-0.0402	144	4.6
110	762	45.94	50.39	0.31	0.0049	-0.21	-0.0528	145	4.5
100	785	46.20	50.14	0.31	0.0222	-0.34	-0.0743	144	4.7
90	820	46.46	50.86	0.59	0.0248	-0.29	-0.0810	145	4.3
80	835	46.48	51.40	0.82	0.0154	-0.26	-0.0772	145	3.6
70	848	46.29	51.58	0.97	0.0222	-0.12	-0.0424	144	4.6
60	851	46.00	51.47	1.08	0.0413	-0.03	-0.0170	143	5.4
50	837	45.70	51.10	1.17	0.0713	-0.12	-0.0385	144	4.5
40	734	45.80	50.31	1.54	0.1017	0.07	-0.0156	144	3.7
30	595	45.61	49.77	2.20	0.1352	0.28	0.0185	144	4.2
20	464	43.07	50.28	3.16	0.1275	0.07	-0.0113	142	5.7
10	316	35.77	48.12	3.51	0.0691	-0.22	-0.0656	143	3.9
0	210	33.87	39.51	3.19	0.1200	-0.11	-0.0524	138	6.5

调用方法：

$$b = \text{flightcurve}(a) \qquad (6-1)$$

式中：a 为输入量矩阵 1；b 为输出量矩阵 2；flightcurve 函数主要调用了线性插值算法 interp1，参数设置为 linear；其他插值方法设置如表 6-3 所示。

表 6-3 插值方法的参数设置

插值方法	参数设置
最近邻插值法	nearest
三次样条插值	spline
三次 Hermite 插值	pchip，cubic

对比分析：

（1）实际飞行曲线与机型训练手册提倡的操纵手法进行对比。

（2）实际飞行曲线与自动驾驶操纵手法进行对比（见图 6-9）。

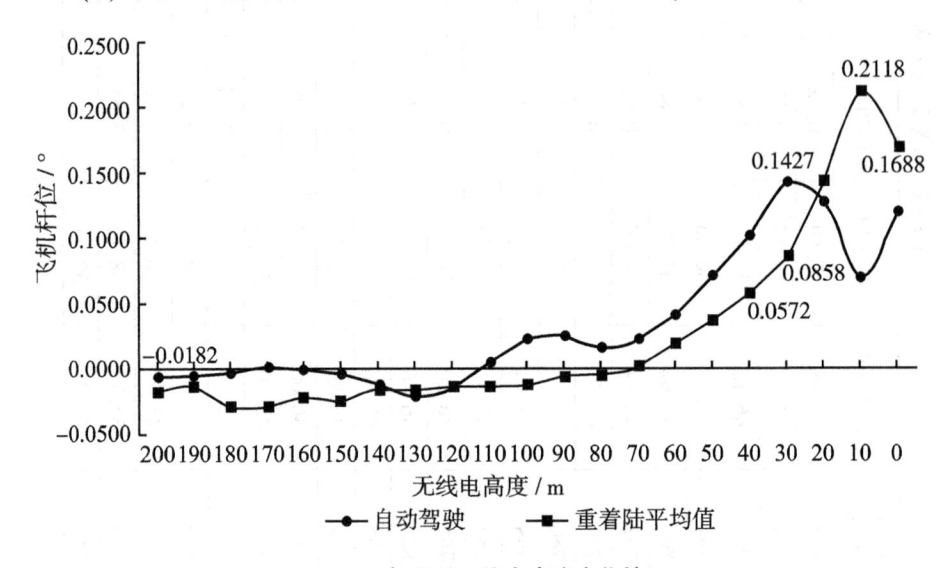

图 6-9 杆位随无线电高度变化情况

思路2：以散点图的方式记录飞行曲线。重点了解：

（1）在不同高度的飞机状态、机组操纵、趋势判断。

（2）不同点的纵向长短反映出指标的变化速度，横向间隔反映出指标间跨越的无线电高度差（见图6-10）。

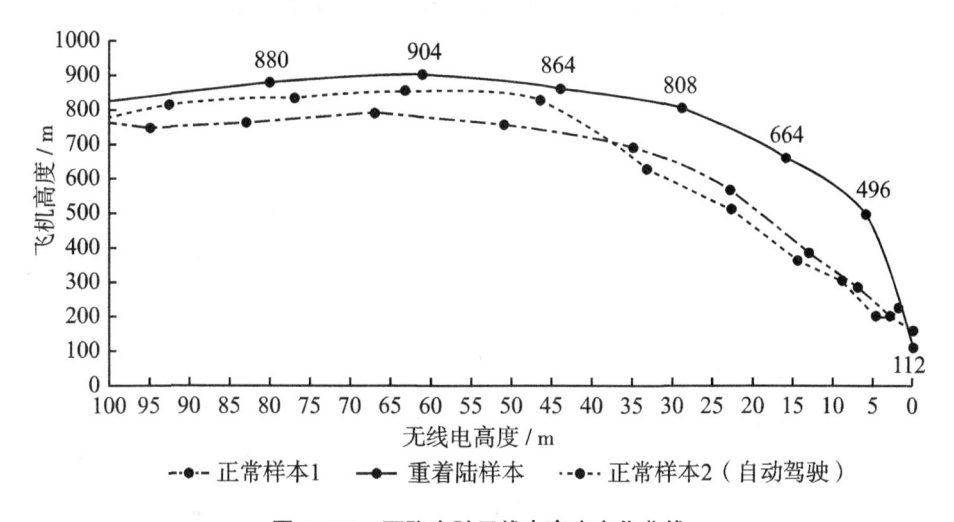

图6-10 下降率随无线电高度变化曲线

第七章 RBS 理论与方法

安全监管（包括公共安全、生产安全、社会治安、特种设备安全、交通安全、消防安全等领域）的方法论大致能分成三种：一是迫于事故教训的方法论，这是传统的经验型监管模式；二是依据法规标准的方法论，这是现实必要的规范型监管模式；三是基于安全本质规律的方法论，这就是基于风险的监管（Risk Based Supervision，RBS）模式。显然，基于安全本质规律的监管模式具有系统性、科学性、合理性和有效性。在针对现实社会安全监管资源有限、监管工作繁杂的势态下，研究、探索、应用更为科学、有效的安全监管理论和方法显得极为重要和具有现实意义。

RBS 是一种科学、系统、实用、有效的安全管理技术和方法体系。相对于传统的基于事故、事件、能量、规模、危险、危害以及规范、标准的安全管理，RBS 方法以风险管理理论作为基本理论，结合风险定量、定性分级，要求以风险分级水平，实施科学的分级、分类监管。因此，监管对策和措施与监管对象的风险分级相匹配（匹配管理原理）是 RBS 的本质特征。

一、RBS 理论基础

RBS 的理论基础首先是安全度函数（原理），是反映安全的定量规律的基本数学模型，即安全的定量描述可用"安全性"或"安全度"来表述。

系统安全性（或安全度）可表示为

$$F(R) = 1 - R(P,L,S) \qquad (7-1)$$

式中：R 为系统或监管对象的风险；P 为事故发生的可能性（发生概率）；L 为可能发生事故的严重性；S 为可能发生事故危害的敏感性。

RBS 的第二基本原理就是事故的本质规律。"事故是安全风险的产物"是客观的事实，是人们在长期的事故规律分析中得出的科学结论，也称为安全基本公理。安全的目标就是预防事故、控制事故，这一公理告诉我们，只有从全面认知安全风险出发，系统、科学地将风险因素控制好，才能实现防范事故、保障安全的目标。

在安全度函数式（7-1）的基础上，RBS 理论涉及如下 4 个基本函数。

风险函数：$\max(R_i) = F(P, L, S) = P \cdot L \cdot S$；

概率函数：$P = F(4M) = F($人因、物因、环境、管理$)$；

后果函数：$L = F($人员影响、财产影响、环境影响、社会影响$)$；

情境函数：$S = F($时间敏感、空间敏感、系统敏感$)$。

分级性是 RBS 应用的基本特征。风险的三维分级原理如图 7-1 所示。

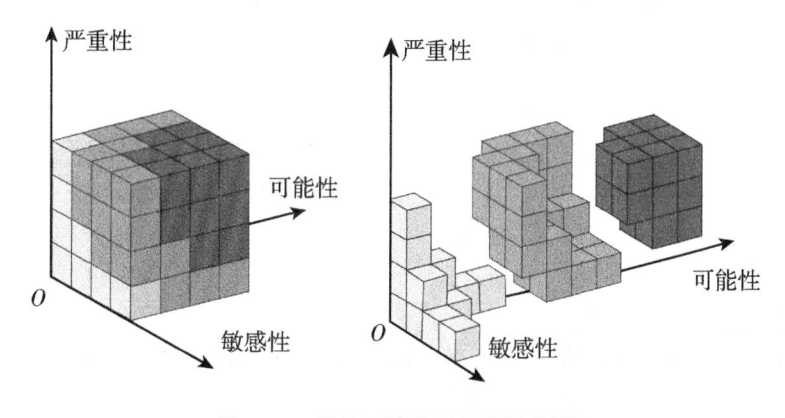

图 7-1 风险三维分级原理及模型

设可能性 P 分级为 A、B、C、D 四级，严重性 L 分级为 a、b、c、d 四级，敏感性 S 分级为 1、2、3、4 四级，则三维组合的风险分级如表 7-1 所示。

表 7-1 RBS 可能性 P、严重性 L、敏感性 S 三维组合风险分级

风险等级	要素风险组合
低风险	Aa1、Aa2、Aa3、Aa4、Ab1、Ab2、Ac1、Ad1、Ba1、Ba2、Bb1、Ca1、Da1

续表

风险等级	要素风险组合
中等风险	Ab3、Ab4、Ac2、Ac3、Ac4、Ad2、Ad3、Ad4、Ba3、Ba4、Bb2、Bb3、Bb4、Bc1、Bc2、Bd1、Bd2、Ca2、Ca3、Ca4、Cb1、Cb2、Cc1、Cd1、Da2、Da3、Da4、Db1、Db2、Dc1、Dd1
高风险	Bc3、Bc4、Bd3、Bd4、Cb3、Cb4、Cc2、Cc3、Cc4、Cd2、Cd3、Cd4、Db3、Db4、Dc2、Dc3、Dc4、Dd2、Dd3、Dd4

二、RBS 运行模式和原理

(一) RBS 运行模式

RBS 的运行模式给出了 RBS 的应用原理，如图 7-2 所示，以 5W1H 的方式展现了 RBS 的运行规律。

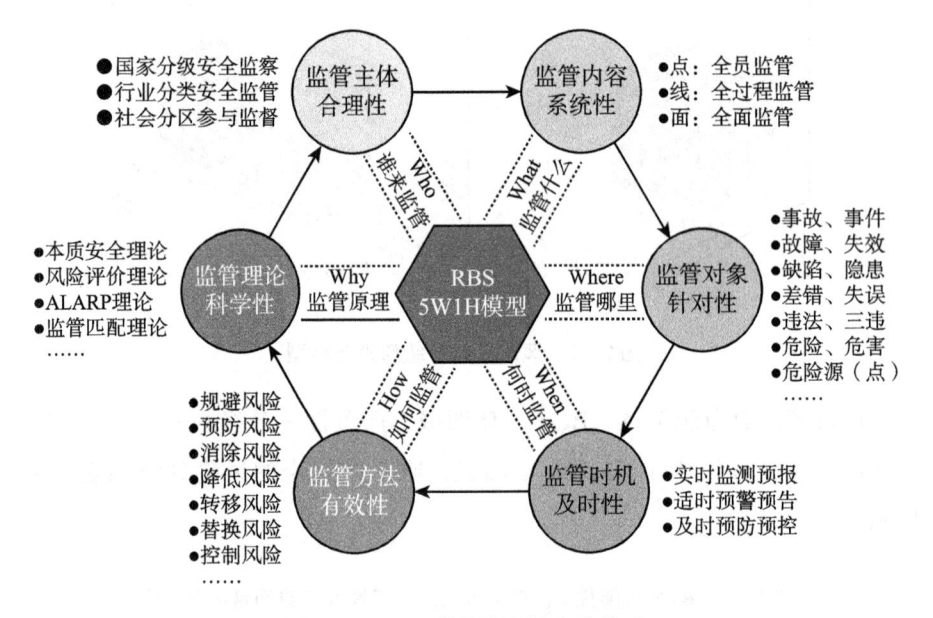

图 7-2 RBS 监管原理及方法体系

Why：安全监管的理论基础，追求科学性，安全监管的本质是什么？规律是什么？依据是什么？

Who：谁来监管，追求合理性，监管的主体是谁？

What：安全监管的内容，追求系统性，安全监管的客体是什么？

Where：安全监管的对象，监管哪里？安全监管的对象体系和类型。

When：安全监管的时机，追求针对性。

How：如何实施监管？追求科学性，安全监管的策略和方法是什么？

（二）RBS运行原理

RBS应用的基本原理之一是最低合理可行风险可接受性准则，理论上可以采取无限的措施来降低事故风险，绝对保障安全，但无限的措施意味着无限的成本和资源。但是，客观现实是安全监管资源有限、安全科技和管理能力有限。因此，科学、有效的安全监管需要应用ALARP原则。

ALARP原则将风险划分为三个等级。

（1）不可接受风险。如果风险值超过允许上限，除特殊情况外，该风险无论如何不能被接受。对于处于设计阶段的装置，该设计方案不能通过；对于现有装置，必须立即停产。

（2）可接受风险。如果风险值低于允许下限，该风险可以接受。无须采取安全改进措施。

（3）ALARP区风险。风险值在允许上限和允许下限之间。应采取切实可行的措施，使风险水平"尽可能低"。

RBS的应用核心原理就是基于ALARP原则的"匹配监管原理"，其原理如表7-2所示。基于风险分级的"匹配监管原理"要求实现科学、合理的监管状态，即应对相应级别的风险对象实行相应级别的监管措施，如对高级别风险的监管对象实施高级别的监管措施，如此分级类推。而两种偏差状态是不可取的，如高级别风险实施了低级别的监管策略，这是可怕的、不允许的；如果低级别的风险对象实施了高级别的监管措施，这是不合理的，但在一定范围内是可接受的。因此，最科学、合理的方案是与相应风险水平相匹配的应对策略或措施。表7-2表明了风险监管原理和科学化、合理化的系统策略。

表7-2 基于风险分级的监管原理与风险水平相应的"匹配监管原理"

风险等级	风险状态及监管对策和措施	监管级别及状态			
		高	中	较低	低
Ⅰ（高）	不可接受风险：高级别监管措施——一级预警、强力监管、强制中止、全面检查、否决制等	合理可接受	不合理不可接受	不合理不可接受	不合理不可接受
Ⅱ（中）	不期望风险：中等监管措施——二级预警、较强监管、高频率检查等	不合理可接受	合理可接受	不合理不可接受	不合理不可接受
Ⅲ（较低）	有限接受风险：一般监管措施——三级预警、中等监管、局部限制、有限检查、警告策略等	不合理可接受	不合理可接受	合理可接受	不合理不可接受
Ⅳ（低）	可接受风险：委托监管措施——四级预警、弱化监管、关注策略、随机检查等	不合理可接受	不合理可接受	不合理可接受	合理可接受

三、RBS 理论应用范畴与特点

（一）RBS 理论应用范畴

RBS 方法可以应用于针对行业企业、工程项目、大型公共活动等宏观综合系统的风险分类分级监管，也可以针对具体的设备、设施、危险源（点）、工艺、作业、岗位等企业具体的微观生产活动、程序等进行安全分类分级管理。其可以为企业分类管理、行政分类许可、危险源分级监控、技术分级检验、行业分级监察、现场分类检查、隐患分级排查等提供技术方法支持。RBS 的应用流程是：确定监管对象→进行风险因素辨识→进行风险水平评估分级→制定分级监管对策→实施基于风险水平的监管措施→实现风险可接受状态及目标。如图 7-3 所示。

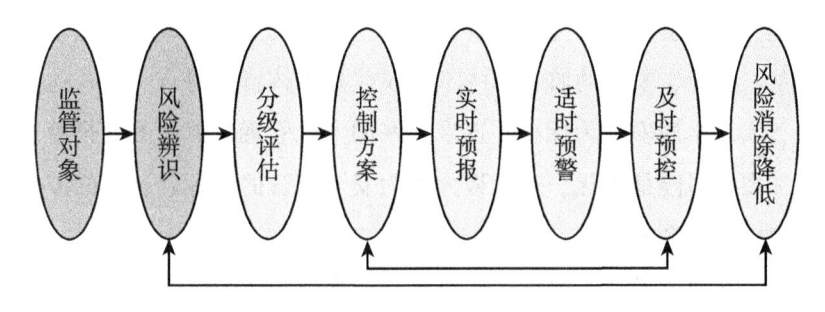

图 7-3　RBS 应用流程

(二) RBS 理论应用特点

应用 RBS 监管的理论和方法，将为安全监管带来如下转变：

第一，从监管对象的视角，需要实现变静态危险监管为动态风险监管。目前普遍采用的基于物理、化学特性的危险危害因素辨识和基于能量级的重大危险源辨识和管控，以及隐患排查治理的监管方式，前者是针对固有危险性的监管，实质是一种静态的监管方式；后者是局部、间断的监管方式，缺乏持续的全过程控制。重大危险源不一定有重大隐患，重大隐患不确定有重大风险，小隐患却有高风险。而监控重大风险才是系统安全的本质核心。现行的以固有危险作为监管分级依据的做法，往往放走了"真老虎""大老虎""活老虎"，以重大风险作为监管目标，才能实现真正意义的科学分类分级监管。因此，在安全监管的对象上，需要从静态局部的监管变为动态系统的监管。

第二，从监管过程的视角，实现变事故结果、事后、被动的监管为全过程的、主动的、系统的监管。安全系统涉及的风险因素事件链，从上游至下游涉及危险源、危险危害、隐患、缺陷、故障、事件、事故等，传统的经验型监管主要是事故、事件、缺陷、故障监管等偏下游的监管，显然，这种监管方式没有突出源头、治本、超前、预防的特征，不符合"预防为主"的方针。同时，还具有成本高、代价大的特点。应用 RBS 的监管理论和方法，将实现风险因素的全过程监管，并突出超前、预防性。

第三，从监管方法的视角，需要变形式主义式的约束监管方式为本质安全的激励监管方式。目前普遍以安全法规、标准作为监管依据的做法是必要的，但是，是不够的。因为，做到符合、达标是安全的底线，是基本的，不是充分的。因此，安全的监管目的不能仅仅是审核行为符合、形式达标，而要以是否实现本质安全为标准，追求更好的安全管理、卓越的安全管理。为此，就需要以风险最小化、安全最大化为安全监管的目标。这样的方式、方法才是科学、合理的。

第四，从监管模式的视角，需要变缺陷管理模式为风险管理模式。以问题为导向的管理，如隐患管理和缺陷管理，具有预防、超前的作用，但是，仅仅是初级的科学管理，常常是从上到下的管理模式，缺乏基层、现场的参与。而风险管理模式需要监管与被监管的互动，并且具有定量性和分级性，可实现多层级的匹配监管。

第五，从监管生态的视角，需要变安全监管的对象为安全监管的动力。现代安全管理的基本理念是参与式管理和自律式管理。通过基于风险的管理方式将监管者与被监管的管理目标（安全风险可接受）一致化，能够调动被监管的积极性，变被监管的阻力因素为参与监管的动力因素。

第六，从监管效能的视角，实现变随机安全效果为持续安全效能。迫于事故的经验型监管和依据法规、标准的规范型监管，都不能确定安全监管对事故预防的效果，即监管措施与安全的关系是随机的，不具有确定性。这也是合法、达标、审核、检查等通过的企业还会发生重大事故的原因。应用基于风险的监管符合安全本质规律，能够在安全监管资源有限的条件下，达到监管效能最优化和最大化，因此，RBS 是持续安全、安全发展的必需的有效工具。

监管主体包括五个主体，即政府、行业、企业、社会和中介。五主体要做到六结合，即国家监察与属地监管相结合、综合监察与部门监管相结合、政府监管与行业管理相结合、三方监管与企业管理相结合、技术监管与行为监管相结合、政府监管与社会监督相结合。

(三) RBS"三预"技术

1. 概念

风险"三预"管理系统概念即现场预报、专业预警、全面预控。①现场预报：实现生产现场实时预报。②专业预警：安全管理部门适时预警。③全面预控：各级各部门及时预控。

2. 特点

"三预"管理的特点包括：①风险管理对象的全面系统性。②风险管理过程的实时动态性。③风险管理方法的超前预防性。④风险管理效果具有科学有效性。

3. 运行步骤

RBS"三预"技术的运行步骤包括：

第一步，设计风险分析模式（标准、方法）。

第二步，进行全面风险辨识。

第三步，进行科学风险分级（评价）。

第四步，设计风险预警机制及模式。

第五步，开发报警、预警信息支持系统。

第六步，预警系统试运行。

第七步，制定风险动态预警管理办法。

第八章 保 险

一、保险的运行与作用

（一）保险的运行

1. 费率厘定

保险费率是保险人按保险金额向投保人或被保险人收取保险费的比例，是每一单位保险的价格，它和保险费不同，保险费取决于费率和购买保险的份数。保险费率由保险公司的精算部门厘定，包括纯保费和附加保费两部分。纯保费完全是风险的体现，取决于分摊到每一风险单位的预期损失，主要用于未来赔付，附加保费则用于支付公司的运营费用。

保险具有如下特征：①其他行业的产品在制定价格时，成本一般是确定可知的，但保险产品是对未来的一种保障，而未来是什么样现在还不能完全确定，因此，未来的成本只能是一种预测，费率就建立在这种预测的基础之上。②很多行业的产品价格可以基于市场供需进行涨跌，但由于保险的特殊角色，很多国家和地区的保险费率都要接受政府的监管，不能过高，不能有不公平的差别对待，在一段时间内要保持相对的稳定。

2. 展业

保险公司的展业部门有时也称为代理部，是公司的销售或市场策划部门。该部门负责外部的销售环节，由代理人或公司支付薪水的销售代表负责。

3. 承保

在保险的确认过程中，不是所有的风险保险公司都会接纳，保险公司会对风险单位进行选择并且分级，这个过程就是承保。

承保是防止逆向选择的关键环节。它的目标并不是选择那些不会发生损失的风险单位，而是要避免过多地承保实际损失大于预期损失的高风险标的。此外，保险公司也要通过承保来防止保险标的过度集中以减少巨灾损失。

4. 损失理赔

保险的损失补偿作用是在理赔中实现的。理赔包括四个步骤：①通报损失，即向保险公司通报损失发生，在大多数情况下，都要求通报要尽可能快。②调查。保险公司接到通报后，就要判断是否真的发生了承保范围内的损失。③提供损失证明。④支付或拒绝支付。如果一切都符合规定，保险公司将赔付损失。如果不符合条件，例如，损失并没有发生、保单未承保已发生的损失或索赔的金额不合理等，则拒赔。

5. 投资

投资是保险经营的重要支柱。由于用于投资的资金的一部分必须支付未来的索赔，所以保险投资的首要原则是安全性原则。投资回报是费率厘定过程中的一个重要变量。人寿保险公司在计算保费时会假设可获得的最低利率，财产和责任保险公司也将投资收益考虑到费率计算中。

(二) 保险的作用

保险的作用有：①经济补偿；②减少不确定性；③提供防灾防损服务；④可作为投资。

二、保险的原理——风险汇聚

一些风险管理措施采用了风险汇聚（risk pooling）的安排，保险就是最典型的一种。风险汇聚的理论基础是概率论中的两个重要理论，即大数定律与中心极限定理。

根据大数定律，在风险汇聚的安排中，假如在一个单位时间内，面临相同风险的参与者约定平摊损失，则参与者越多，每个人负担的数额就越固定，不确定性就越小，而这个数额就是风险损失的期望值。这也是纯保费计算的一个基本思想。

(一) 两人的情况

假设小王在未来一年中，有 20% 的可能性会遭遇损失为 10000 元的意外事故，有 80% 的可能性安然无恙。他的朋友小李在下一年也面临相同的风险，如表 8-1 所示。再假设两人是否遭受损失是不相关的。

表 8-1　小王和小李各自面临的风险

损失金额/元	概率
0	0.80
10000	0.20

协议就是：平摊任一次事件的成本。这也可以形象地描述为，小王和小李进入到一个风险池 (risk pool) 中。

1. 概率分布的比较

表 8-2 显示了小王和小李在进入风险池之后所面临的风险。

表 8-2　小王和小李各自面临的损失

损失/元	概率	可能发生的情况	两人的总成本/元
0	$0.8 \times 0.8 = 0.64$	两人都未发生意外事故	0
5000	$0.2 \times 0.8 = 0.16$	小王发生事故，但小李没有	10000
5000	$0.8 \times 0.2 = 0.16$	小李发生事故，但小王没有	10000
10000	$0.2 \times 0.2 = 0.04$	两人都发生了意外事故	20000

2. 损失期望值与标准差的比较

在风险汇聚之前，小王和小李的损失期望和标准差如下。

损失期望：$0 \times 0.8 + 10000 \times 0.2 = 2000$（元）。

标准差：$\sqrt{(0-2000)^2 \times 0.8 + (10000-2000)^2 \times 0.2} = 4000$（元）。

在风险汇聚之后，每个人的损失期望和标准差如下。

损失期望：$0 \times 0.64 + 5000 \times 0.32 + 10000 \times 0.04 = 2000$（元）。

标准差：

$$\sqrt{(0-2000)^2 \times 0.64 + (5000-2000)^2 \times 0.32 + (10000-2000)^2 \times 0.04}$$
≈2828（元）。

（二）多人的情况

风险池中每个人承担的都不再是自己的风险，而是大家风险总和的一个平均值。这种安排对每个参与者所面临的损失概率分布的影响如下：①每人所负担的平均损失的标准差下降，且由此导致极端事件——极高或极低的损失的发生概率降低。②汇聚安排使每个参与者的损失变得更加容易预测。特别地，当参与者的人数达到足够多时，标准差趋于零。这时，风险池中的每个人的未来结果可以近似视为只有一种，即2000元的期望损失。既然只有一种结果，也就无所谓风险了。这个规律是大数定律的体现。③加入风险池中的人数越多，每个人的损失概率分布越像一个钟形分布，直到最终变为一个正态分布。这反映的是中心极限定理的规律。

（三）可保风险的理想条件

可保风险的理想条件有：①是纯粹风险。②有大量独立（同分布）的风险单位。③损失的发生是偶然的。④概率分布可以确定。⑤风险造成的损失必须是明确的，可计量的。⑥损失不是灾难性的，但也不能太小。

三、风险汇聚和保险机构

从本质上来说，保险合同是一种可以降低汇聚安排成本的方式。

（一）合同的成本

合同的成本（与承保和合同执行有关的主要成本）分为与参加者加入风险汇聚有关的成本和与履行风险汇聚规则有关的成本。

（1）与参加者加入风险汇聚有关的成本。①分销成本（distribution cost）：市场营销、确定协议条款，还包括使用独立代理人和经纪人、专营代理人或保险公司雇员、直接销售（电话销售、邮购系统和在线营销）等的成本。②承保费用（underwriting expense）。承保是保险经营的重要环节，已参加汇聚的成员需要对每个潜在参考者的期望损失进行评估。

(2) 与履行风险汇聚规则有关的成本。①理赔费用（claims adjustment expense）：对索赔进行监控。②收集成本：损失后的通知收集或损失前的周期性支付（向每名成员发送账单的成本和努力确保每名成员支付其应缴金额的成本）。

（二）保险合同的优势

首先，风险汇聚的参与者到市场上寻找其他的潜在参与者是需要很大成本的。

其次，保险公司具备专业优势，在对潜在参与者进行风险评估时，成本和效率也是非专业人士所不可比的。

再次，当损失发生后，如果没有保险公司这样一个专职的机构进行理赔，风险汇聚的参与者对每项损失进行监控，需要耗费大量精力。

最后，每个人都要参与收集分摊款项，这也是一个庞大的工程。

（三）保险合同的风险

风险池中的成员有两种平摊损失的方式，一种是在损失发生后，根据实际损失的大小进行平摊；另一种是在损失发生前，根据预估的损失、投资收益和管理费用事先收取费用。保险采用的是后者，这主要是出于以下原因：

第一，如果事后分摊，有些人可能会因分摊的费用太多或自身经济条件一时不理想而延迟支付，或者在一些情况下逃避支付。

第二，一些严重的直接损失往往伴随着数额更大的间接损失，此时受害者可能会急需经济补偿，延迟支付索赔的结果会给那些遭受损失的参加者带来高昂的代价。

第三，虽然在理想条件下，风险池中的每个人都将负担期望损失那么多的费用，费用的标准差为零。但这个理想条件并不总是满足，加入风险池究竟要负担多少费用还是有一些不确定性，而事后摊派等于让参加者承担了这种不确定性。

损失发生之前预先收取保险费，就和事后才能确定赔偿数额及管理费用之间形成一个时间差，这个时间差使得收取的款项和支出的款项可能不一致，这就导致了风险，这种由保险的固有机制带来的风险称为偿付能力不足风险。

四、保险公司的偿付能力不足风险

（一）保险公司的资本金

大多数保险公司都拥有必要数额的资本金，当保费和来自保费的投资收入不足以支付索赔时，就需要用资本金来支付。其中，经济资本（economic capital）是资产的市场价值与负债的市场价值之差。负资本金是偿付能力不足（insolvent），不能如期偿付负债。

（二）所有权和资本来源——谁负责提供资本金？谁有权拥有超额资金？

（1）增加资本金的好处。额外的资本金将会减少年底索赔成本超过资本的可能性。

（2）增加资本金的成本。为什么不把资本金增加到使偿付能力不足的可能性无限小？其主要原因有：①索赔成本的不确定；②投资收益与投资者其他收益的相关性；③投资收益的双重征税；④投资收益的双重手续费；⑤代理成本（由于经理不根据股东利益行事而使公司价值减少）；⑥发行成本与压低定价的成本。

（三）保险公司偿付能力不足的风险管理

（1）承保风险的分散化，包括地域（巨灾和其他与天气有关的因素、地方立法与监管）和产品等方面。其不足之处在于不能集中于核心产品和地理区域。

（2）再保险，此种方法是风险间接的分散化，不足之处在于成本高。

（3）资产的选择与利率风险。投资于短期固定收入证券会导致投资收益减少。利用金融衍生品对冲：因为交易成本而减少期望收益，因此经常不能完全对冲掉利率风险。

（四）保险公司偿付能力不足——风险的外部约束

从20世纪80年代中期开始，与历史同期水平相比，无偿付能力的保险公司的数量有显著上升，原因有不适当定价、相对于资产来说承保业务的超速增长、过高的投资风险、巨灾损失以及资产价值的下降等。

1. 偿付能力评级

中诚信国际保险公司（寿险）评级方法如图 8–1 所示。

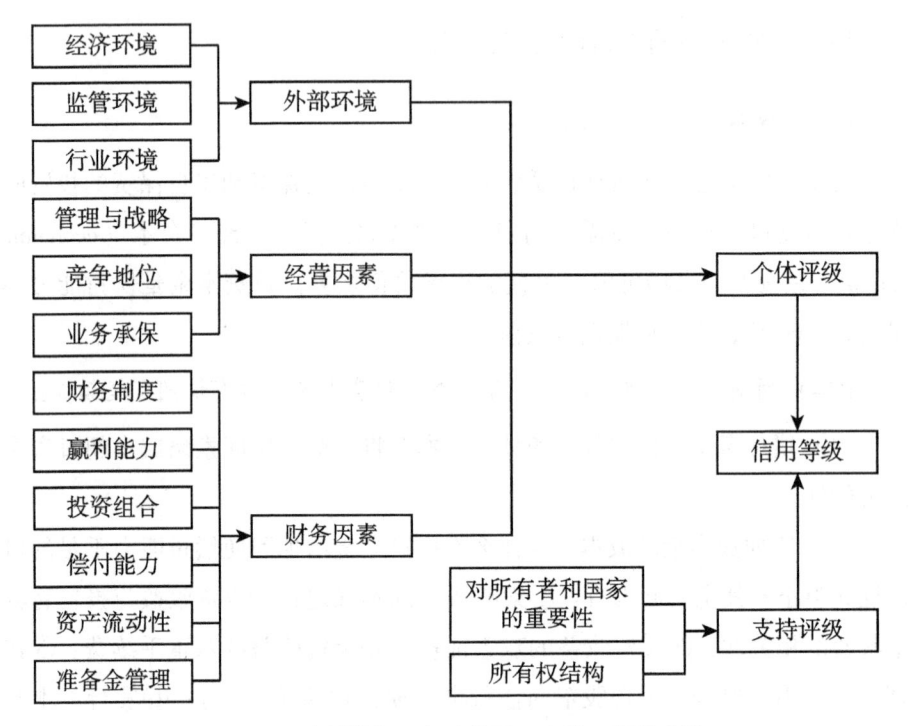

图 8–1　中诚信国际保险公司（寿险）评级方法

2. 对保险公司偿付能力的监管

应对保险公司的偿付能力风险进行监管检测，对保险公司的资本和资产进行限制，建立向无偿付能力的保险公司提供索赔保障的体系。

（1）偿付能力监管的目标：通过检测和控制降低无偿付能力的风险；如果保险公司破产，自身的损失可以得到保护。

偿付能力监管的目标包括：①收益和成本的权衡；②防止恐慌（保护免受损失）与降低损失的激励之间的权衡。

（2）监管预警（delegated monitoring）。在于及时发现公司的财务问题，在无偿付能力公司的资产和负债之间的差额增大之前进行干涉。

①保险监管财务系统（Insurance Regulatory Information System，IRIS）：于 20 世纪 70 年代开始使用，有 11 项财务比率的计算。可根据若干准则选择一部

分进行深入审查，以决定是否授权下一级监管部门进一步分析。

②财务分析跟踪系统（Financial Analysis Tracking System，FAST）：20世纪90年代开始使用，财务比率项数扩大。与IRIS不同，它为比值率的不同范围设定了不同的点值，这些点值与FAST总分对公众不公开。对需要优先关注的公司，对公司及监管部门的措施进行追踪，并推荐新的正确措施。财产-责任保险公司的IRIS和FAST变量示例见表8-3。

表8-3 财产-责任保险公司的IRIS和FAST变量示例

变量	系统	变量的基本原理	IRIS的正常范围
保险费净值÷盈余（资本）	IRIS和FAST	较高的数值意味着承保风险的增加	低于300%
保险费净值变化的百分比	IRIS和FAST	高保险费增长意味着价格可能不当，低增长值表明资源可能没有充分利用	-25%~25%
损失和未挣保费准备金÷盈余	FAST	较高的数值意味着承保风险的增加	无
再保险对未付损失的支付÷盈余	FAST	大量来自再保险公司的责任会增加信用风险	无

③争议：通过对历史数据的分析，发现现有系统中没有一个或多个财务比率能够预测更多的无偿付能力现象。

a. 干预过迟，即监管克制，实力弱的保险公司通常希望监管克制，期待自身的状况将来能够有所改观，但实际上其往往对于偿付保险金无能为力。

b. 干预过早，即监管过严，实力弱的保险公司一般并不期待监管过严，但早干预的情况下其往往有能力偿付保险金。

（3）监管控制与风险资本要求。①固定最低资本要求（fixed minimum capital requirement）：包括性质、业务范围的要求。②风险资本要求（risk-based capital requirement）：随保险公司资产、债务和保费的具体数量和类型而变化。

采取高风险行为的保险公司需要拥有更多的资本来满足风险资本要求（见表8-4）。

表 8-4 保险公司的风险资本

财产-责任保险公司	人寿-健康保险公司
资产风险（发行人违约和市场价值下降）	资产风险
信用风险（如再保险和其他应收账款在未来无法收回的风险）	保险风险（与疾病和死亡率相关的承保风险）
承保风险（定价和所报告的索赔债务与实际索赔成本相比可能不充分）	利率风险（主要是市场利率上升时保单持有人会撤回资金投资于其他方面的风险）
各种"资产负债表外"风险（如与保费收入高速增长相关的风险）	其他经营风险（如需要缴纳保证基金征收费的风险）

将实际资本与风险资本进行对比，如果保险公司的资本低于某个风险资本阈值，需要采取的监管措施，如表 8-5 所示。

表 8-5 保险公司的监管措施

保险公司资本水平	相应措施
风险资本的 150%~200%	公司必须向保险监督官提交计划，解释资本不足的原因，并说明如何改进
风险资本的 100%~150%	保险监督官必须对公司进行检查，并采取必要的纠正措施
风险资本的 70%~100%	保险监督官可以依法对公司进行整顿或清算
低于风险资本的 70%	保险监督官必须接管公司

保险公司监管措施的影响有：鼓励一些实力弱的保险公司限制风险或增加资本；有助于监管部门在有关情况发生时尽快采取纠正措施，因而制约不合理的监管克制；可能有利于帮助监管者和其他人识别那些因资本太少以致无法实现偿付能力目标的保险公司。

（4）保证基金。保证基金是为有足够的能力应付可能发生的巨额赔款，而从年终结余中所专门提存的后备基金。①保障范围。a. 财产-责任保险：免赔额具有上限（除员工赔偿保险）；有的排除大型商业保险的购买者。b. 人寿-健康保险：不包括再保险公司；不包括对具有储蓄累加性质且投资风险由保单持有人承担的保险合同；包含储蓄累加的保单，有利率调整条款。②基金的征收。为了保障被保险人的利益，支持保险公司稳健经营，保险公司应当按照保险法的规定，从公司当年保费收入中提取 0.8% 作为保险保障基金。该项基金提取金额达到保险公司总资产的 10% 时可停止提取。美国一些州允许保险公司用征收数额的 50%～100% 抵消未来 5～10 年的州保费税（人寿－健康保险）。③争议。a. 保障程度。应该削减对保单持有人的保护，否则会降低保单持有人对安全的重视程度，从而减少保险公司激励；大公司比个人购买者有更好的管理能力和承受能力，应提高保险公司安全激励。保证基金的限额太低（如美国有些州规定只有 10 万美元；大型公司付出了更高的保费从而承担了部分征收成本）。b. 征收时间。无偿付能力前征收：通过建立储备资产提高对潜在的大型无偿付能力状况的处理能力，保证有效性。无偿付能力后征收：降低了保险公司的风险，可能会降低安全性良好的保险公司接受有效监督的积极性。

五、航空保险的基本知识

1. 航空保险的概念

航空保险主要是为与航空运输和航空运动相关的各方利益主体（也包括航空公司、机场、飞机和零部件制造商、维修商、旅客、机组人员以及私人飞机拥有者等）提供风险分散和损失补偿服务的一种保险。

航空保险是赔偿由飞行事故造成的经济损失的保险业务。经营航空运输或其他航空业务的企业或个人向保险公司支付一定数额的保险费，即可在保险期内发生飞行事故遭受损失时得到经济赔偿。

2. 航空保险的特点

（1）高价值、高风险、高技术。

（2）再保险和共保不可少。

（3）国际航空保险市场影响大：险种国际化；承保条件与国际市场同步，费率波动受国际市场制约。

（4）原保险人与再保险人共同处理理赔案。

（5）保单的格式针对客户需求而定，无固定格式。

3. 航空保险的类别

（1）自愿航空保险与强制航空保险。

（2）航空财产保险、航空人身保险和航空责任保险。

(3) 原保险与再保险。

(4) 共保和独立保险。

4. 我国航空保险的特点

(1) 航空保险市场规模不断扩大：①航空保险产品日渐丰富；②保险市场主体不断增加，但市场竞争格局没有根本改变。

(2) 保险费规模不断扩大。

(3) 集中投保、统一承保成为国内航空保险市场上的通行做法。

(4) 航空保险的承保、理赔逐步与国际市场接轨。

第九章 风险管理决策

风险管理的前期工作是为决策提供必要的信息资料和依据，以帮助风险管理人员尽可能地制定科学、合理的风险管理决策。

任何一种管理活动实际上是制定决策和实施决策的过程，决策的科学合理性对实现管理活动的目标具有至关重要的作用。

风险管理决策就是根据风险管理的目标，在风险识别和衡量的基础上，对各种风险管理方法进行合理的选择和组合，并制订出风险管理的总体方案。决策是整个风险管理活动的核心和指南。

风险管理决策原则有：①全面原则；②量力而行原则；③成本效益比较原则；④注重商业保险，但不忽视其他办法。

风险决策的步骤可分为：第一步，全面而充分地制定能够补偿风险所致损失的最佳保险组合表。第二步，对组合表中的保险保障分类——必需的保障、需要的保障、可利用的保障。第三步，对各类具体保障具体分类。

一、风险决策模型

风险决策分为以下三种。

（1）确定型决策。任何方案的状态结果是确定的。

（2）不确定型决策。方案的结果与未来状态有关，而决策者不知道各种状态发生的概率。

（3）风险型决策。决策者根据几种不同的自然状态可能发生的概率进行决策，包括：决策者所选择的行动方案；决策者所无法控制（或无法完全控制）的客观因素；存在决策者希望达到的一个（或多个）明确的决策目标；存在决策者可以主动选择的两个以上的行动方案；不以（或不全以）决策者的主观意志为转移的两种以上的自然状态。不同行动方案在不同自然状态下的损益值可以预先确定；各种自然状态出现的概率可根据有关资料预先计算或估计出来。

二、期望损益决策模型

期望损益决策模型是以每种方案的期望损益作为决策依据，选择期望损失最小或期望收益最大的措施。

【例9.1】某栋建筑物面临火灾风险，有三种风险管理措施可供选择，各方案的实施结果见表9-1。为简便起见，每种方案只考虑两种后果：不发生损失和全损。

表9-1 不同方案下的火灾损失　　　　　　　　　　　单位：元

方案	可能结果	
	发生火灾的损失	不发生火灾的费用
(1) 自留风险不采取安全措施	直接损失：100000 间接损失：5000	0
(2) 自留风险采取安全措施	直接损失：100000 间接损失：5000 措施成本：2000	安全措施成本：2000
(3) 投保	保费：3000	保费：3000

注：间接损失是指如信贷成本的上升而带来的损失。如果购买保险，这种损失就可以避免了。

损失概率未知的情况下，有以下两种原则。

(1) 最大损失最小化原则。

$$\min\{方案1，方案2，方案3\}$$
$$=\min\{105000，107000，3000\}$$
$$=3000$$

投保为最佳方案。

(2) 最小损失最小化原则。

$$\min \{方案1,方案2,方案3\}$$
$$= \min \{0, 2000, 3000\}$$
$$= 0$$

自留风险且不安装安全措施为最佳方案。

但有致命的缺陷:只考虑了两种极端的情形,在现实生活中,更多的情况是界乎其间。

若损失概率已知,期望损失最小化:

已知不采取安全措施时发生全损的概率为 2.5%,采取安全措施后发生全损的概率为 1%。

方案 (1) 的期望损失:

$$105000 \times 2.5\% + 0 \times 97.5\% = 2625 （元）$$

方案 (2) 的期望损失:

$$107000 \times 1\% + 2000 \times 99\% = 3050 （元）$$

方案 (3) 的期望损失:

$$3000 \times 2.5\% + 3000 \times 97.5\% = 3000 （元）$$
$$\min\{2625, 3050, 3000\} = 2625$$

方案 (1) 为最佳方案。

什么都不做,自己承担风险是最优的选择,但在实际中,为什么很多人在面对这样的风险的时候还是愿意进行一些损失控制活动或者购买保险呢?这是由于在面对风险的时候,对高额损失的担忧,对自身风险把握能力的怀疑以及对风险的态度和风险承受能力都会导致一种主观成本——忧虑成本。

运用数量方法选择风险管理决策的过程中,需要把忧虑因素的影响代之以某个货币价值,从而产生了风险管理方案的忧虑成本。

忧虑成本的确定需考虑:①损失的概率分布;②对未来损失的不确定性的把握程度;③风险态度。含忧虑成本的火灾损失见表 9-2。

表 9-2　含忧虑成本的火灾损失　　　　　　　　　　　单位：元

方案	可能结果	
	发生火灾的损失	不发生火灾的费用
（1）自留风险不采取安全措施	可保损失：100000 间接损失：5000 忧虑成本：2500	忧虑成本：2500
（2）自留风险采取安全措施	可保损失：100000 间接损失：5000 措施成本：2000 忧虑成本：1500	措施成本：2000 忧虑成本：1500
（3）投保	保费：3000	保费：3000

若损失概率已知，期望损失最小化：

已知不采取安全措施时发生全损的概率为 2.5%，采取安全措施后发生全损的概率为 1%。

方案（1）的期望损失：

$$107500 \times 2.5\% + 2500 \times 97.5\% = 5125 （元）$$

方案（2）的期望损失：

$$108500 \times 1\% + 3500 \times 99\% = 4550 （元）$$

方案（3）的期望损失：

$$3000 \times 2.5\% + 3000 \times 97.5\% = 3000 （元）$$

$$\min\{5125, 4550, 3000\} = 3000$$

方案（3）为最佳方案。

【例9.2】某栋建筑物面临火灾风险，有/无自动灭火装置的损失及概率见表 9-3。

表 9-3　火灾损失分布

直接损失/元	0	1000	10000	50000	100000	200000
间接损失/元	0	0	0	2000	4000	8000
概率（无）	0.75	0.20	0.04	0.007	0.002	0.001
概率（有）	0.75	0.20	0.04	0.009	0.001	0.000

注：1. 概率（无）：无自动灭火装置时的损失概率。
　　2. 概率（有）：有自动灭火装置时的损失概率。
　　3. 未投保的直接损失为 150000 元时的间接损失为 6000 元。

可供选择的方案及相关费用见表9-4。

表9-4 可供选择的方案及相关费用

序号	方案	费用
1	完全自留风险，不安装灭火装置	0元
2	完全自留风险，安装灭火装置。当建筑物的损失达到10万元时灭火装置一起损毁	9000元，使用年限30年，年维护费和折旧费400元
3	购买保额为5万元的保险	保费1500元
4	在方案3的基础上安装自动灭火装置	保费1350元
5	购买带有1000元免赔额（绝对）、保额20万元的保险	保费1650元
6	购买保额20万元的保险	保费2000元

方案1：完全自留风险，不安装灭火装置（见表9-5）。

表9-5 方案1风险分布

损失概率	0.75	0.20	0.04	0.007	0.002	0.001
直接损失/元	0	1000	10000	50000	100000	200000
间接损失/元	0	0	0	2000	4000	8000
合计/元	0	1000	10000	52000	104000	208000

期望损失：1380元。

方案2：完全自留风险，安装灭火装置。当建筑物的损失达到10万元时灭火装置一起损毁（见表9-6）。

费用：9000元，使用年限30年，年维护费和折旧费400元。

表9-6 方案2风险分布

损失概率	0.75	0.20	0.04	0.009	0.001	0.000
直接损失/元	0	1000	10000	50000	109000	209000
间接损失/元	0	0	0	2000	4000	8000
维护和折旧费/元	400	400	400	400	400	400
合计/元	400	1400	10400	52400	113400	217400

期望损失：1581 元。

方案 3：购买保额为 5 万元的保险（见表 9-7）。

费用：保费 1500 元。

表 9-7　方案 3 风险分布

损失概率	0.75	0.20	0.04	0.007	0.002	0.001
直接损失/元	0	0	0	0	50000	150000
间接损失/元	0	0	0	0	2000	6000
保费/元	1500	1500	1500	1500	1500	1500
合计/元	1500	1500	1500	1500	53500	157500

期望损失：1760 元。

方案 4：在方案 3 的基础上安装自动灭火装置（表 9-8）。

费用：9000 元，使用年限 30 年，年维护费和折旧费 400 元，保费 1350 元。

表 9-8　方案 4 风险分布

损失概率	0.75	0.20	0.04	0.009	0.001	0.000
直接损失/元	0	0	0	0	59000	159000
间接损失/元	0	0	0	0	2000	6000
维护和折旧费/元	400	400	400	400	400	400
保费/元	1350	1350	1350	1350	1350	1350
合计/元	1750	1750	1750	1750	62750	166750

期望损失：1811 元。

方案 5：购买带有 1000 元免赔额、保额 20 万元的保险（见表 9-9）。

费用：保费 1650 元。

表 9-9　方案 5 风险分布

损失概率	0.75	0.20	0.04	0.007	0.002	0.001
直接损失/元	0	1000	1000	1000	1000	1000
间接损失/元	0	0	0	0	0	0
保费/元	1650	1650	1650	1650	1650	1650
合计/元	1650	2650	2650	2650	2650	2650

期望损失：1900元。

方案6：购买保额20万元的保险（见表9-10）。

费用：保费2000元。

表9-10 方案6风险分布

损失概率	0.75	0.20	0.04	0.007	0.002	0.001
直接损失/元	0	0	0	0	0	0
间接损失/元	0	0	0	0	0	0
保费/元	2000	2000	2000	2000	2000	2000
合计/元	2000	2000	2000	2000	2000	2000

期望损失：2000元。

结果汇总见表9-11。

表9-11 结果汇总

方案	1	2	3	4	5	6
期望损失/元	1380	1581	1760	1811	1900	2000
忧虑成本/元	800	600	500	350	80	0
合计/元	2180	2181	2260	2161	1980	2000

不计忧虑成本时的期望损失最小的是方案1。

计算忧虑成本时的期望损失最小的是方案5。

三、期望效用模型

1. 基本概念

效用：人们由于拥有或使用某物而产生的心理上的满意或满意程度。

效用理论：认为人们的经济行为的目的是从增加货币量中取得最大的满足程度，而不仅仅是得到最大的货币数量。

最大期望效用原理：在具有风险和不确定条件下，个人的行为动机和准则是获得最大期望效用值，而不是获得最大期望金额值。

2. 风险态度

风险态度：风险中立、风险偏好、风险厌恶。

设一决策者在 $[a, b]$ 上的效用函数 $u(x)$，任何一点 x，可看作是一个抽签的期望（见图 9-1）。

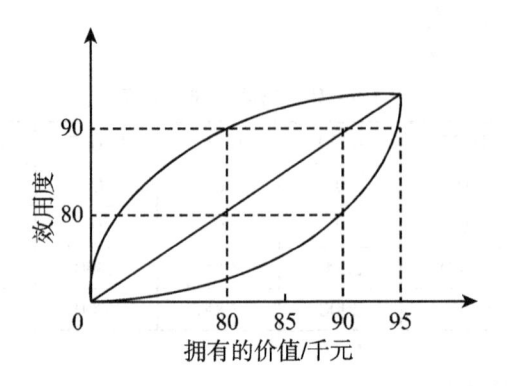

图 9-1 效用曲线

3. 期望效用模型的应用

【例 9.3】某人现有财产 3 万元。他面临的两个选择的结果、概率以及该人拥有不同财富的效用度的情况见表 9-12 和表 9-13。

表 9-12 面临选择的结果和概率

方案	结果/元	概率/%
A	再获得 50000	20
A	收益为 0	80
B	再获得 10000	30
B	再获得 20000	20
B	收益为 0	50

表 9-13 效用度

拥有财富/元	效用度/%
30000	50
40000	70
50000	80
80000	90
100000	100

期望损益模型的结果如下。

方案 A 的期望收益：50000×20% + 0×80% = 10000（元）。

方案 B 的期望收益：10000×30% + 20000×20% + 0×50% = 7000（元）。

期望收益最大的是方案 A。

【例9.4】某建筑物面临火灾风险，有关损失的资料见表9-14。如果不购买保险，当较大的火灾发生后会导致信贷成本上升，这种由未投保造成的间接损失与火灾造成的直接损失的关系见表9-15。

表9-14 损失的概率

损失额/元	概率
0	0.75
1000	0.20
10000	0.04
50000	0.007
100000	0.002
200000	0.001

表9-15 间接损失与火灾造成的直接损失的关系　　　　单位：元

直接损失	间接损失
50000	2000
100000	4000
150000	6000
200000	8000

风险管理者面临六种方案，如表9-16所示。

表9-16 六种方案

方案	内容
1	完全自留风险
2	购买全额保险，保费2200元
3	购买保额为5万元的保险，保费1500元

续表

方案	内容
4	购买带有 1000 元免赔额、保额为 20 万元的保险，保费 1650 元
5	自留 5 万元及以下的损失风险，将 10 万元和 20 万元的损失风险转移给保险人，保费 600 元
6	自留 1 万元及以下的损失风险，将剩余风险转移，保费 1300 元

经调查，风险管理者对拥有或失去不同价值的财产的效用度见表 9 – 17。

表 9 – 17　风险管理者对拥有或失去不同价值的财产的效用度表

拥有财产/千元	拥有的效用度/%	失去财产/千元	损失的效用度/%
200	100	200	100
198	99.9	170	75
194	99.8	120	50
190	99.6	100	25
185	99.2	75	12.5
180	98.4	50	6.25
170	96.8	30	3.2
150	93.75	20	1.6
125	87.5	15	0.8
100	75	10	0.4
80	50	6	0.2
30	25	2	0.1
0	0	0	0

其他的效用度的计算：线性插值。

例如：损失额为 52000，50000 < 52000 < 75000，则相应的效用损失 $u(50000) < u(52000) < u(75000)$，即 $6.25 < u(52000) < 12.5$。

由 $\dfrac{u(52000) - 6.25}{52000 - 50000} = \dfrac{12.5 - 6.25}{75000 - 50000}$

得出：$u(52000) = 6.75$。

问题：根据期望效用模型，这个风险管理者会选择哪种方案？

方案 1：完全自留风险（见表 9 – 18）。

表 9 – 18　方案 1 风险分布

损失额/元 （直接损失 + 间接损失）	效用损失	概率
0	0	0.75
1000	0.05	0.20
10000	0.4	0.04
50000 + 2000	6.75	0.007
100000 + 4000	30	0.002
200000 + 8000	100	0.001

期望效用损失：$0 \times 0.75 + 0.05 \times 0.2 + 0.4 \times 0.04 + 6.75 \times 0.007 + 30 \times 0.002 + 100 \times 0.001 = 0.233$。

方案 2：购买全额保险，保费 2200 元（见表 9 – 19）。

表 9 – 19　方案 2 风险分布

损失额/元 （直接损失 + 间接损失）	效用损失	概率
2200	0.105	1

期望效用损失：0.105。

方案 3：购买保额为 5 万元的保险，保费 1500 元（见表 9 – 20）。

表 9 – 20　方案 3 风险分布

损失额/元 （直接损失 + 间接损失）	效用损失	概率
1500	0.075	0.997
100000 − 50000 + 2000 + 1500 = 53500	7.125	0.002
200000 − 50000 + 6000 + 1500 = 157500	68.75	0.001

期望效用损失：$0.075 \times 0.997 + 7.125 \times 0.002 + 68.75 \times 0.001 = 0.158$。

方案 4：购买带有 1000 元免赔额、保额为 20 万元的保险，保费 1650 元（见表 9 – 21）。

表 9 – 21　方案 4 风险分布

损失额/元 （直接损失 + 间接损失）	效用损失	概率
1650	0.0825	0.75
1000 + 1650 = 2650	0.11625	0.25

期望效用损失：$0.0825 \times 0.75 + 0.11625 \times 0.25 = 0.091$。

方案 5：自留 5 万元及以下的损失风险，将 10 万元和 20 万元的损失风险转移给保险人，保费 600 元（见表 9 – 22）。

表 9 – 22　方案 5 风险分布

损失额/元 （直接损失 + 间接损失）	效用损失	概率
600	0.03	0.75
1000 + 600 = 1600	0.08	0.20
10000 + 600 = 10600	0.448	0.04
50000 + 2000 + 600 = 52600	6.9	0.007
100000 – 100000 + 600 = 600	0.03	0.002
200000 – 200000 + 600 = 600	0.03	0.001

期望效用损失：0.089。

方案 6：自留 1 万元及以下的损失风险，将剩余风险转移，保费 1300 元（见表 9 – 23）。

表 9 – 23　方案 6 风险分布

损失额/元 （直接损失 + 间接损失）	效用损失	概率
1300	0.065	0.75
1000 + 1300 = 2300	0.1075	0.20

续表

损失额/元 （直接损失+间接损失）	效用损失	概率
10000+1300=11300	0.52	0.04
50000−50000+100000−100000+ 200000−200000+1300=1300	0.065	0.007+0.002+ 0.001=0.01

期望效用损失：0.0918。

结果汇总见表9-24。

表9-24 结果汇总

方案	期望效用损失
1	0.233
2	0.105
3	0.158
4	0.091
5	0.089
6	0.0918

期望效用损失最小：0.089。

因此，选择方案5，自留5万元及以下的损失风险，将10万元和20万元的损失风险转移给保险人，保费600元。

【参考案例】一场"赌博"

一场"赌博"在进行：如果猜对游戏，可获60美元；如果猜错，什么都没有。

"如果需要花费20美元，有谁愿意买这个机会？"伯克·罗宾逊发问。

这是在美国斯坦福大学里的一堂风险管理与控制课。讲台上的罗宾逊是斯坦福大学管理科学与工程顾问教授、世界级决策专家，曾是咨询界泰斗，战略决策小组（Strategic Decisions Group）董事合伙人，在应用最尖端手段进行商业和投资决策方面拥有丰富经验。

台下坐着的，是远渡重洋来到这里求学的 30 多个国家的学员。现在，他们的大脑正进入决策的第十个阶段——选择。

此前，罗宾逊已用硬币说明可用"决策树"帮助"决策的结构化"。如对硬币朝面的不确定性，大家都知道成功率为 50。而当硬币变成一枚落地时针头朝向可能存在倾向性的图钉时，谁还愿支付 20 美元买这个投资机会？

赌，还是不赌？在这个瞬息万变的世界，就充满不确定性的未来做出抉择，是企业家常要面对的残酷"赌博"。

但谁也没有想到，第一个掏出 20 美元放到罗宾逊手上的，是浙江某律师事务所主任项律师，这位常年处理经济纠纷案件的高级律师。

"图钉针尖上的赌博"

从掷币游戏到"图钉"游戏，需先阐明一些基本要义。

如果玩硬币的最大收益是 60 美元，那么根据朝面各为 50% 的概率，参与者获得的收益平均值为 30 美元。但这只是一种统计学理论上的计算，而在实际生活中，除非可以玩很多次；否则他要么得到 60 美元，要么一无所获。

"很多投资决策，都只是一次性的决定。"罗宾逊说，这正是游戏风险所在，也是决策的含义。决策是一种不可变更的资源分配，"是一种可控制的行为，但事件发展和结果却不可控制"。

不过，"掷币"游戏仍值得一赌，原因是：相比 30 美元的期望值，花费 20 美元成本，参与者仍可能获得"10 美元"的回报。

但当投资机会由硬币变为杯子中摇动的图钉，事情就不一样了，这里出现的第一个分歧是：有些人认为针头朝向概率仍各为 50%；而有些人则认为某朝向的概率更高一些。

由此，人们可能站成三列。第一列是对图钉朝向毫无概念的人，他们认为与猜测硬币朝向一样，对错概率也各为 50%；第二列则是认为图钉朝向有所偏向、但不知偏向为何的人。

对他们来说，事情是否会不一样？

可以先来假设一个较强的偏向：针头朝上的概率为 80%，朝下的概率为 20%。那么，参与者对于朝上的猜对概率为 80% × 50% = 40%；朝下的猜对概率为 20% × 50% = 10%，即猜对概率为 50%（即 40% + 10%）。也就是说，图钉有无倾向性不重要，因为对错概率仍为 50%。

不过，还有第三种情况，即参与者认为自己知道针头倾向性是什么。这也正是项律师挺身而出"参赌"的初衷。

在罗宾逊问到"你认为针头朝上的倾向性是多少"时，项律师回答说："80%。"

台下哄堂大笑，但这个回答却正好解释他为何冲得那么快——如果他认为自己知道针头有 80% 倾向性是朝向哪里，那么 60×80% = 48（美元），这个机会的期望回报值就是 48-20（成本）= 28（美元）。

"你愿出多少信息费"

不过项律师没想到，在猜测罗宾逊摇动后的图钉 A 前，还要面临这么多抉择。

"现在，有一些看起来对你猜中结果具有价值的信息，"罗宾逊问，"假设我视力和记忆力都很好，也不会说谎，你愿付多少钱买这一信息？"

这是"信息费"。投资人士都清楚，如果拥有额外信息，他们可能获得更高的正确概率。项律师马上说，愿支付"30 美元"。

他的计算公式如下：60（收益）-30（信息费）-20（成本），仍可稳赚 10 美元。这个公式遭到学员们的强烈异议。"对决策者而言，上台后就已超越过去阶段，不应再惦记最初 20 美元的沉没成本。"大家说。

罗宾逊说，这的确是一个很典型的错误，很多人走到第二步，还会习惯性念叨第一步的付出。为说明信息费究竟值多少钱，他问："如果我现在给你钱，出多少你愿把赌的机会卖给我？"

出价从 20 美元一路飙升，到"25 美元"时，项律师忍不住了——"OK！"

这可以视为是他对投资机会风险调整后的估值。事情似乎到了这一步：如果获得信息，可赚 60 美元，如果没有，那么将获 25 美元的收益可能性，如此一来，该案例中"信息费"价值即 60-25 = 35（美元）。

不过，项律师很聪明。他提出，应讨价还价，不愿花 35 美元这一最高价去购买；原因是世上没有完美的信息。例如，企业可能去做市场调研、各种研究预测，但事实上得的都是不完美信息。

所以，当罗宾逊再问，他将摇动另一枚图钉 B 获得一些结果时，项律师说摇一次他只愿支付"6美元"。

最终，罗宾逊三次摇图钉B的结果全是朝上。统计学上，这三次摇动都有重要意义，但由于次数太少，参与者仍须谨慎采纳，不能被误导。

终于，可以猜图钉A的朝向了。项律师说，他一直认为图钉有80%的倾向性是朝上，所以那个早就躺在那里等他的图钉的朝向也应是"上"。

不过，图钉A最终跟律师开了一个玩笑，最终的姿态是"五体投地"。

全场哄笑。

这时，罗宾逊说，上述提问只是想知道学员想法，实际上律师的出价不是最优决策，因为对他而言，如果买到信息可稳获60美元；如果没有信息，其期望回报值是48美元。所以事实上，该信息最高价不应超过60 - 48 = 12（美元）。

"两岸咖啡"和"高盛"的组合

接下来出场的是浙江某食品连锁有限公司总裁兼总经理金女士，她赢得了比赛，不过也面临一个新抉择——是拿60美元走人，还是再投资40美元，她得到了一个掷骰子机会。

掷骰子的规则是这样的：如果显示1，那么游戏者将血本全亏；若显示2、3、4，收益120美元，若显示5或6，收益为240美元。

这看起来是个好生意：根据概率，有1/2概率可获120美元，1/3概率获240美元，1/6概率收益为零美元。也就是说，收益期望值为 $120 \times 1/2 + 240 \times 1/3 + 0 \times 1/6 = 140$（美元）。

不过，决定投资前；她还有其他选择，比如要不要找个合伙人？

这意味着金梅央的收益期望值降低，但风险也同时降低。台下热闹非凡，最终加入战场的是另一家创投公司的董事长刘总，这是国内第一个使用比较规范的合伙制形式组建公司的民营创投者。

因为金女士旗下的"两岸咖啡"近日刚获得高盛等约3000万美元的投资，该组合又被戏称为"两岸咖啡+高盛"组合。双方讨价还价后的合伙方案是这样的：由"高盛"支付40美元，如果获得收益，双方按出资比例分成。

"现在，你们愿买保险吗？"罗宾逊又抛出新抉择。购买保险的费用是

20美金，作用为若骰子显示1，那么组合还能获60美元。

如果组合决定接受，此时收益期望值将变成240×1/3+120×1/2-40（成本）+60×1/6（保险赔付）-20（保险费）=90（美元），收益虽有所降低，但风险也同时降低。

"你们是否愿再支付10美元进行分散投资？"不过，教授又紧接问，这意味着：组合可投两次骰子，每次获得的收益为原收益一半。也就是说，他们有1/4机会获120美金、1/9机会获240美金，但零收益的风险概率也变为1/36。

如果两个建议都采纳，该组合陷入极端情况的可能性也将大大降低；投资进入稳健状况。不过现场董事会发生了分歧，"两岸咖啡"犹豫不决，而"高盛"则坚持买入。

最终"高盛"说服了"两岸咖啡"。结果幸好也如此，因为金、刘掷骰子的显示数是"1"和"6"。就是说，该组合获得的收益（购买保险加分散投资后）为：30+240×1/2=150（美元）。

"奖励好决策，而不是好结果"

罗宾逊说这不是赌博，而是一个能帮助决策者理解如何做出卓越决策的游戏。"企业应奖励那些优秀决策而非优秀的结果。"他强调说。

即使项律师输了游戏，教授仍号召大家给他掌声；原因是其在主观概率为80%情况下进入游戏，这仍是一个好决策："结果产出前，要奖励好决策，只有这样才能鼓励做决策的人在合理范围内冒最大的风险。"

这可能给中国企业家敲响了一个警钟，通常情况下他们往往更看重结果，然而结果常常是不可控的，企业能控制的只是好决策。

中国人向来忽略风险。中国的企业家们称，这是一场浓缩了"决策""不确定性""概率""结果""沉没成本""合伙""保险""分散""风险""回报"的课程，形象地说明了以合理性与平衡性协调风险回报的要义。

"合伙、保险和分散都是降低风险的方式，虽然目前国内金融服务还未提供第三方保险，但可以将其理解为'对赌协议'等。"刘晓人说。

第十章 应急管理体系及实施

一、应急管理的概念

危险包括人的危险、物的危险和责任危险三大类。人的危险可分为生命危险和健康危险；物的危险指威胁财产安全的火灾、雷电、台风、洪水等事故灾难；责任危险是产生于法律上的损害赔偿责任，一般又称为第三者责任险。其中，危险是由意外事故、意外事故发生的可能性及隐藏的意外事故发生可能性的危险状态构成。

事故应急的管理包括预防、准备、响应和恢复四个阶段。尽管在实际情况中，这些阶段往往是重叠的，但它们中的每一部分都有自己单独的目标，并且成为下个阶段内容的一部分。

因此，应急管理可以从两个方面着眼进行分析，一个是政府层面，另一个是企业层面。

从政府层面看，应急管理是指政府及其他公共机构在突发事件的事前预防、事发应对、事中处置和善后管理过程中，通过建立必要的应对机制，采取一系列必要措施，保障公众生命财产安全，促进社会和谐健康发展的有关活动。

从企业层面看，应急管理是指在突发事件的事前预防、事发应对、事中处置和善后管理过程中，通过建立必要的应对机制，采取一系列必要措施，保障员工和公众的生命安全，最大限度地减少环境破坏、社会影响和财产损失的活动。

"居安思危，预防为主"是应急管理的指导方针。

预防在应急管理中有着重要的地位。古代的先哲们在总结历史经验的基础上，提出了许多精辟的思想。《诗经》里有"未雨绸缪"的告诫；《易经》中有"安而不忘危，存而不忘亡，治而不忘乱"的思想；《左传》里有"居安思危，思则有备"的警句。《孙子兵法》讲得更明白："百战百胜，非善之善者也；不战而屈人之兵，善之善者也。"所以孙子提出："故上兵伐谋，其次伐交，其次伐兵，其下攻城。攻城之法，为不得已。"应急管理也是同样的道理，最理想的境界是少发生或不发生突发事件，不得已发生了那就要有力、有序、有效地加以处置。做到"平时重预防、事发少损失"，坚持和贯彻好这个方针是十分重要的。

我国应急管理发展经历过三个主要阶段：

第一阶段，应急管理研究的萌芽时期。

在 2003 年以前，关于应急管理的研究主要集中在灾害管理研究方面。自 20 世纪 70 年代中后期以来，随着地震、水旱灾害的加剧，我国学术界在单项灾害、区域综合灾害以及灾害理论、减灾对策、灾害保险等方面都取得了一批重要研究成果。而对应急管理一般规律的综合性研究成果寥寥无几。笔者对中国期刊网社会科学文献总库中关于应急管理的研究文章进行检索，发现多数是以专项部门应对的灾害管理为研究对象的成果。目前可以检索到最早研究应急管理的学术文章是魏加宁发表于《管理世界》1994 年第 6 期的《危机与危机管理》，该文较为系统地阐述了现代危机管理的核心内容。此外，中国行政管理学会课题组勒江好、高小平等的《我国转型期群体性突发事件主要特点、原因及政府对策研究》、薛澜的《应尽快建立现代危机管理体系》，也是早期较有影响力的文章。许文惠、张成福等主编的《危机状态下的政府管理》，胡宁生主编的《中国形象战略》是较早涉及突发公共事件应急管理的力作。一些学者将应急管理的发展追溯到了中华人民共和国成立初期甚至中国古代。

第二阶段，应急管理研究的快速发展时期。

在 2003 年抗击"非典"的过程中暴露了我国政府管理存在的诸多弊病，特别是应急管理工作中的薄弱环节。众所周知，2003 年的"非典"事件推动了应急管理理论与实践的发展。事前准备不充分，信息渠道不畅通，应急管理体制、机制、法制不健全等一系列问题促使政府下定决心全面加强和推进应急管理工作。2003年7月，胡锦涛主席在全国防治"非典"工作会议上明确指出了我国应急管理中存在的问题，并强调要大力增强应对风险和突发事件的能力。与此同时，国务院常务会议提出"争取用3年左右的时间，建立健全突发公共卫生事件应急机制"，"提高公共卫生事件应急能力"。同年10月，党的十六届三中全会通过的《中共中央关于完善社会主义市场经济体制若干问题的决定》强调，要建立健全各种预警和应急机制，提高政府应对突发事件和风险的能力。理论和实践的需要使得2003年成为中国全面加强应急管理研究的起步之年。因此，这一时期的研究主要受"非典"事件的影响，既有针对该事件本身的研究成果，如彭宗超、钟开斌撰写的《非典危机中的民众脆弱性分析》、房宁等主编的《突发事件中的公共管理——"非典"之后的反思》等；同时也有从整体的角度对政府的应急管理进行的反思和总结，如马建珍的《浅析政府危机管理》等。由于这一时期的应急管理实践和研究处于快速发展和繁荣时期，为了能更加清晰地看清应急管理研究的发展脉络，笔者将这一时期研究大致分为两个阶段：前半阶段是从2003年"非典"至2006年年底，后半阶段则是从2007年至2008年年初。

第三阶段，应急管理研究质量提升时期。

2008年对中国应急管理来说是一个特殊的年份。南方雪灾、汶川特大地震等，为应急管理研究提出了严峻的命题。党和政府以及学界从不同角度深入总结我国应急管理的成就和经验，查找存在的问题。胡锦涛总书记10月8日在党中央、国务院召开的全国抗震救灾总结表彰大会上指出，要进一步加强应急管理能力建设。从2008年开始，我国应急管理体系建设再一次站到了历史的新起点上。

二、应急管理的原则及内容

（一）应急管理的原则

我国突发公共事件总体应急预案提出了六项工作原则，即以人为本，减少危害；居安思危，预防为主；统一领导，分级负责；依法规范，加强管理；

快速反应，协同应对；依靠科技，提高素质。

1. 加强预防

增强忧患意识，高度重视公共安全工作，居安思危、常抓不懈，防患于未然。坚持预防与应急相结合，常态与非常态相结合，做好应对突发公共事件的思想准备、预案准备、组织准备以及物资准备等。

2. 快速反应

加强以属地管理为主的应急处置队伍建设，充分动员和发挥乡镇、社区、企事业单位、社会团体和志愿者队伍的作用，依靠群众力量，建立健全快速反应机制，及时获取充分而准确的信息，跟踪研判、果断决策、迅速处置，最大限度地减少危害和影响。

3. 以人为本

把保障公众健康和生命安全作为首要任务。凡是可能造成人员伤亡的突发公共事件发生前，要及时采取人员避险措施；突发公共事件发生后，要优先开展抢救人员的紧急行动；要加强抢险救援人员的安全防护，最大限度地避免和减少突发公共事件造成的人员伤亡和危害。

4. 损益合理

处置突发公共事件所采取的措施应该与突发公共事件造成的社会危害的性质、程度、范围和阶段相适应；当处置突发公共事件有多种措施可供选择时，应选择对公众利益损害较小的措施；对公众权利与自由的限制，不应超出控制和消除突发公共事件造成的危害所必要的限度，并应对公众的合法利益所造成的损失给予适当的补偿。

5. 分级负责

在党中央、国务院的统一领导下，建立健全分类管理、分级负责、条块结合、属地管理为主的应急管理体制，在各级党委领导下，实行行政领导责任制。根据突发公共事件的严重性、可控性、所需动用的资源、影响范围等因素，启动相应的预案。

6. 联动处置

建立和完善联动协调制度，推行城市统一接警、分级分类处置工作制度，加强部门之间、地区之间、军地之间、中央派出单位与地方政府之间的沟通协调，充分动员和发挥城乡社区、企事业单位、社会团体和志愿者队伍的作用，形成统一指挥、反应灵敏、功能齐全、协调有序、运转高效的应急管理机制。

7. 专群结合

加强公共安全科学研究和技术开发，采用先进的预测、预警、预防和应急处置技术及设备，提高应对突发公共事件的科技水平和指挥能力；充分发挥专家在突发公共事件的信息研判、决策咨询、专业救援、应急抢险、事件评估等方面的作用。有序组织和动员社会力量参与突发公共事件应急处置工作；加强宣传和培训教育工作，提高公众自我防范、自救互救等能力。

8. 资源整合

整合现有突发公共事件的监测、预测、预警等信息系统，建立网络互联、信息共享、科学有效的防范体系；整合现有突发公共事件应急指挥和组织网络，建立统一、科学、高效的指挥体系；整合现有突发公共事件应急处置资源，建立分工明确、责任落实、常备不懈的保障体系。

9. 依法规范

坚持依法行政，妥善处理应急措施和常规管理的关系，合理把握非常措施的运用范围和实施力度，使应对突发公共事件的工作规范化、制度化、法治化。

10. 责权一致

实行应急处置工作各级行政领导责任制，依法保障责任单位、责任人员按照有关法律法规和规章以及本预案的规定行使权力；在必须立即采取应急处置措施的紧急情况下，有关责任单位、责任人员应视情临机决断，控制事态发展；对不作为、延误时机、组织不力等失职、渎职行为依法追究责任。

(二) 应急管理的内容

应急管理工作内容概括起来叫作"一案三制"。"一案"是指应急预案，就是根据发生和可能发生的突发事件，事先研究制订的应对计划和方案。应急预案包括各级政府总体预案、专项预案和部门预案以及基层单位的预案和大型活动的单项预案。"三制"是指应急工作的管理体制、运行机制和管理法制。

一要建立健全和完善应急预案体系。就是要建立"纵向到底，横向到边"的预案体系。所谓"纵"，就是按垂直管理的要求，从国家到省市再到县、乡镇各级政府和基层单位都要制订应急预案，不可断层；所谓"横"，就是所有种类的突发公共事件都要有部门管，都要制订专项预案和部门预案，不可或缺。相关预案之间要做到互相衔接，逐级细化。预案的层级越低，各项规定就要越明确、越具体，避免出现"上下一般粗"现象，防止照搬照套。

二要建立健全和完善应急管理体制。应急管理体制通常是指应急管理机构的组织形式，也就是不同层次的应急管理机构各自的法律地位、相互间的权力分配关系及其组织形式等。建立集中统一、坚强有力的组织指挥机构，发挥我们国家的政治优势和组织优势，形成强大的社会动员体系。建立健全以事发地党委、政府为主、有关部门和相关地区协调配合的领导责任制，建立应急处置的专业队伍、专家队伍。必须充分发挥人民解放军、武警和预备役民兵的重要作用。

国家建立统一领导、综合协调、分类管理、分级负责、属地管理为主的应急管理体制。

对于民用航空行业，民航应急工作同样应建立统一领导、综合协调、分类管理、分级负责的应急管理体制。

应急管理的一般组织结构如图 10-1 所示。

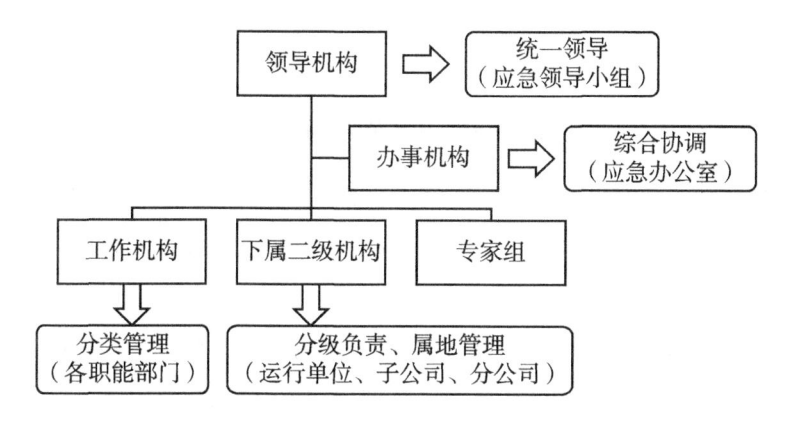

图 10-1　应急管理的一般组织结构

三要建立健全和完善应急运行机制。应急管理机制是指突发事件发生、发展和变化全过程中各种制度化、程序化的应急管理方法与措施。主要是要建立健全监测预警机制、信息报告机制、应急决策和协调机制、分级负责和响应机制、公众的沟通与动员机制、资源的配置与征用机制、奖惩机制和城乡社区管理机制等。构建统一指挥、反应灵敏、协调有序、运转高效的应急管理机制。

民用航空行业同样应明确工作原则、组织体系与职责分工、指挥与运行机制，规定预防与应急准备、应急处置与救援、善后处理等工作环节的操作程序、相关标准和保障措施。

四要建立健全和完善应急法制。主要是加强应急管理的法治化建设，把整个应急管理工作建设纳入法制和制度的轨道，按照有关的法律法规来建立健全预案，依法实施应急处置工作，把法治精神贯穿于应急管理工作的全过程。

以民用航空为例，应急管理法制框架包括法律、法规和规范性文件三个层次（见图10-2），具体形式及内容如下。

图10-2 应急管理法制框架

法律包括：《中华人民共和国突发事件应对法》《中华人民共和国安全生产法》《中华人民共和国民用航空法》《中华人民共和国反恐怖主义法》等。

法规包括：《中华人民共和国搜寻救援民用航空器规定》《中国民用航空应急管理规定》《民用航空安全信息管理规定》《中央企业应急管理暂行办法》《民用航空器飞行事故应急反应和家属援助规定》《突发事件应急预案管

理办法》《生产安全事故应急预案管理办法》等。

规范性文件包括：《国家处置民用航空器飞行事故应急预案》《生产经营单位生产安全事故应急预案编制导则》《航空地面事故等级》《民用航空器飞行事故征候》等。

三、民航应急管理机制

民航应急管理机制运行流程如图 10 - 3 所示。下文介绍了图中较重要的几个机制。

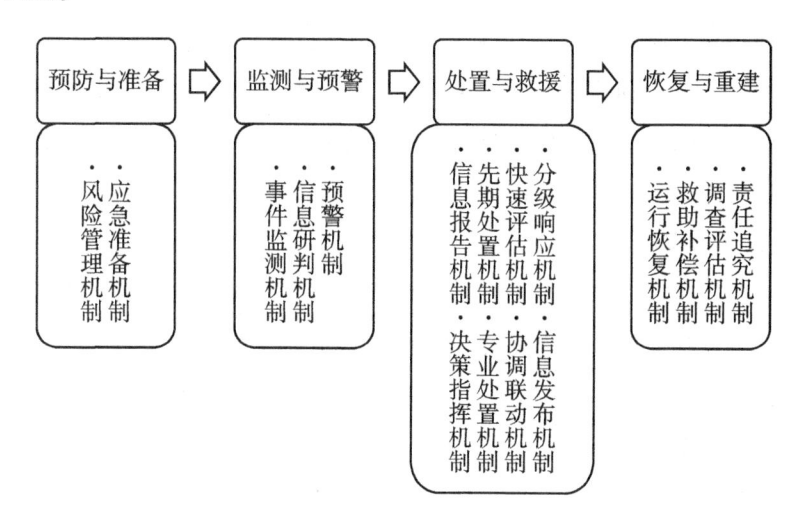

图 10 - 3 民航应急管理机制运行流程

1. 预警机制

预警机制是指在突发事件发生之前，根据数据、情报、资料等，运用科学方法，对未来可能出现的突发事件的性质、程度、发展趋势做出预估并向相关单位和个人发布的相关活动。预警机制建设要点包括：可预警事件，预警分级，预警信息发布、报告、通报与解除，以及预警措施。

2. 信息报告机制

信息报告机制是应急管理的基础性工作，贯穿于应急管理全过程，是及时处置突发事件的前提，直接反映应急管理工作的能力和水平。信息报告机制建设要点包括：明确各类信息报告的责任人/岗位，明确上报、通报、传递的流程、次序和内容，信息报告贯穿始终，要特别注意信息续报、终报机制，重视新技术的应用。

3. 先期处置机制

先期处置机制是指突发事件即将发生或刚刚发生，有关部门只能做出初步判断或还不能做出准确判断的情况下，对事件进行早期的控制与处置。先期处置机制的建设要点包括：边处置、边报告，明确现场人员的职权范围，丰富和完善"小微"预案，加强一线人员的遂行应急能力。

4. 快速评估机制

快速评估机制是指在突发事件即将发生或刚刚发生，不确定性较高、时间非常紧迫、资源和信息有限的情况下，进行的评估活动，是挽回损失、及时响应的重要保障。快速评估机制建设要点包括：明确评估主体和职权，尽可能地提供程序化工具支持评估，一般情况下需要高限评估。

5. 分级响应机制

分级响应机制要求根据突发事件级别，按照分级负责原则，逐级响应突发事件。分级响应机制建设要点包括：核心是突发事件分级制度，明确各级别下的主要响应程序，注意响应升级机制建设，注意响应范围。

6. 决策指挥机制

决策指挥机制是应急管理工作中的重中之重。决策指挥机制建设要点包括：明确决策层与指挥层各自的权限，严守分级负责原则，互不越权；现场指挥专业化，把权力交给听见"第一声枪响"的人。

7. 协调联动机制

协调联动机制是指不同部门、不同单位之间相互配合、共同行动，形成合力处置突发事件。协调联动机制的建设要点包括：内部联动一定要明确牵头单位，各部门预案中必须留有相应接口；外部联动必须明确自身位置，做好预案衔接，根据上级指挥，协同行动；坚守"属地为主"原则，加强与地方政府的联系。

四、民航应急预案

(一) 民航应急预案的分类及体系

应急预案是为有效预防和控制可能发生的事故,最大限度地减少事故及其造成的损害而预先制定的工作方案。

应急预案指面对突发事件如自然灾害、重特大事故、环境公害及人为破坏的应急管理、指挥、救援计划等。它一般应建立在综合防灾规划上。其几大重要子系统为:完善的应急组织管理指挥系统;强有力的应急工程救援保障体系;综合协调、应对自如的相互支持系统;充分备灾的保障供应体系;体现综合救援的应急队伍等。

从文体角度看,应急预案是应用写作学科研究的重要文体之一。应急预案是针对具体设备、设施、场所和环境,在安全评价的基础上,为降低事故造成的人身、财产与环境损失,就事故发生后的应急救援机构和人员,应急救援的设备、设施、条件和环境,行动的步骤和纲领,控制事故发展的方法和程序等,预先做出的科学而有效的计划和安排。

应急预案可以分为企业预案和政府预案。企业预案由企业根据自身情况制定,由企业负责;政府预案由政府组织制定,由相应级别的政府负责。根据事故影响范围的不同可以将预案分为现场预案和场外预案。现场预案又可以分为不同等级,如车间级、工厂级;而场外预案按事故影响范围的不同,又可以分为区县级、地市级、省级、区域级和国家级。

应急预案还可以按照行业来分,比如信息安全应急预案,它是有效应对信息安全突发事件的关键。

应急预案应形成体系,要针对各级、各类事故和所有危险源制订专项应急预案和现场处置方案,并明确事前、事发、事中、事后过程中相关部门和有关人员的职责。生产规模小、危险因素少的生产经营单位,综合应急预案和专项应急预案可以合并编写。应急预案体系如图 10-4 所示。

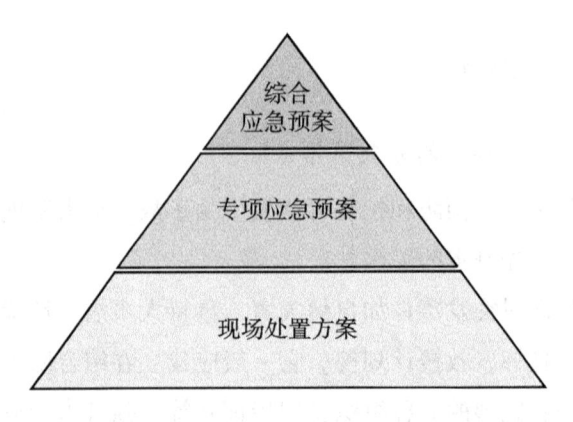

图 10 – 4 "横向到边，纵向到底"应急预案体系

1. 综合应急预案

综合应急预案是从总体上阐述事故的应急方针、政策，应急组织结构及其相应的应急职责，应急行动、措施和保障等基本要求和程序，以应对各类事故的综合性文件。

按照法律法规的要求，民航各单位必须编制综合应急预案。而且，对于规模较大的航空公司、机场和空管单位，不仅单位层面需要编制综合应急预案，具有相对独立性的分公司、二级部门、空管分局（站）等也需要编制综合应急预案。

在传统意义上，综合应急预案仅指生产安全事故综合应急预案。但是，对于民航单位而言，生产安全事故（航空器突发事件）只是应急管理的一部分，还有诸如自然灾害、非法干扰/恐怖袭击、运行事件（大面积航班延误）等突发事件需要应对。因此，民航各单位可以根据自身情况，编制多于一个的综合应急预案。

建议民航各单位至少编制两个综合应急预案，一个用以应对各类安全事件，一个用以统筹应对运行、服务或公共事件。比如空管系统就存在两个综合应急预案，一个是民航空管系统突发公共事件总体应急预案，另一个是民航空管运行突发事件总体应急预案。

综合应急预案作为单位整体应急工作的总纲与指引。需要明确以下基本要素和内容。如果某些民航单位（如大部分机场和航空公司）现在并没有独立成册的综合应急预案，需要在现有基础上立即着手编制。在编制综合应急预案时，并不需要另起炉灶，完全可以以现有手册中的内容为基础，按照预案编制要求，整理、补充、完善。这些内容主要分散在"总则""应急组织结构""信息报告"及部分专项应急预案中。

民航各单位在编制综合应急预案时，需要注意以下要点：①预案格式。建议参照《生产经营单位生产安全事故应急预案编制导则》中的文本格式。②核心内容。综合应急预案最核心的内容是"适用范围""应急预案体系""突发事件分级"和"应急组织机构及职责"。③内容粗细度。由于综合应急预案是总纲性文件，除上述核心内容之外，在编写其他要素内容时，要把重点放在原则、流程和要求的描述上，不要陷入对具体细节的阐述。④适用性和可操作性。综合应急预案编制的重心是预案的"适用性"，是单位的兜底预案，因此，不要苛求综合应急预案具有良好的可操作性。

2. 专项应急预案

专项应急预案是针对具体的事故类别（如煤矿瓦斯爆炸、危险化学品泄漏等事故）、危险源和应急保障而制订的计划或方案，是综合应急预案的组成部分，应按照应急预案的程序和要求组织制订，并作为综合应急预案的附件。专项应急预案应制定明确的救援程序和具体的应急救援措施。

专项应急预案的层级和单位组织架构有直接关系。一般而言，除去基层班组，有多少中间层级，就应该有几个层级的专项应急预案。对于较大规模的航空公司、机场和空管单位而言，推荐设立两级或三级专项应急预案。以机场三级体系为例，一级专项应急预案对应机场层级，二级专项预案对应机场二级单位，如消防队、航站楼等；三级专项预案对应三级单位，如消防中队等。决定各层级专项应急预案数量的关键因素有两个，分别是组织面临的突发事件和需要开展的应急任务。因此，要确定专项应急预案的数量，保证应急预案体系完备性，必须从突发事件和应急任务着手，而突发事件是重中之重。解决此问题的方案，就是要求民航各单位采取基于突发事件的应急预案体系建设方法。二级、三级专项应急预案建设，一方面要对应相应等级的突发事件，另一方面要承接和细化上一级专项应急预案。

内容和格式是预案非常重要的两个方面。内容是预案发挥作用的基础，格式是预案发挥作用的条件。在民航各单位当前预案的水平上，内容和格式的权重起码是同等的，甚至在某种程度上，格式比内容更加需要编制人员的关注。各单位在编制预案时，要根据自身实际情况，争取做到预案内容与格式的均衡。

3. 现场处置方案

现场处置方案是针对具体的装置、场所或设施、岗位所制定的应急处置措施。现场处置方案应具体、简单、针对性强。现场处置方案应根据风险评估及危险性控制措施逐一编制，要求事故相关人员应知应会，熟练掌握，并通过应急演练，做到迅速反应、正确处置。

专项应急预案与现场处置方案都是应急预案体系的重要组成部分，现场处置方案是专项应急预案的细化和深化。它们的区别主要有以下几点。

（1）规范和使用的对象不同。专项应急预案主要用来规范多部门的协同行动，使用对象是各层级主要领导及指挥官；现场处置方案主要用来规范单一班组或岗位的行动，使用对象为一线处置人员及指挥员。

（2）作用不同。专项应急预案侧重于规范事件的综合响应活动，而现场处置方案重点规范一线和基层的现场操作活动，如先期处置、信息报告等。

（3）内容侧重不同。专项应急预案侧重于对"权责"和"流程"的描述，更重视预案的适用性；而现场处置方案侧重于对"具体情景"和"处置方法"的描述，更重视预案的针对性和可操作性。

现场处置方案编制时要坚持三个面向——"面向情景、面向任务、面向方法"。面向情景——现场处置方案必须在深化专项应急预案的基础上，体现"情景"意识，即该方案是在什么情形下使用的，是应对哪些事件或任务的。面向任务——现场处置方案必须在具体"情景"的基础上，明确处置主体所要执行应急任务的名称、流程、时限等内容。面向方法——现场处置方案在明确处置主体所要执行应急任务的同时，要给出完成该项任务所必需的方法或信息指引。

（二）民航应急预案的编制方法及主要内容

应急预案的编制一般可以分为五个步骤，即组建应急预案编制队伍、开展危险与应急能力分析、预案编制、预案的评审与发布和预案的实施[22]。

1. 组建应急预案编制队伍

预案从编制、维护到实施都应该有各级各部门的广泛参与，实际编制工作中，预案往往会由编制组执笔，但是在编制过程中或编制完成之后，要征求各部门的意见，包括高层管理人员，中层管理人员，人力资源部门，工程与维修部门，安全、卫生和环境保护部门，邻近社区，市场销售部门，法律顾问，财务部门等。

2. 开展危险与应急能力分析

（1）法律法规分析。分析国家法律、地方政府法规与规章，如安全生产与职业卫生法律、法规，环境保护法律法规，消防法律法规与规程，应急管理规定等。调研预案内容包括政府与本单位的预案，如疏散预案、消防预案、工厂停产关闭的规定、员工手册、危险品预案、安全评价程序、风险管理预案、资金投入方案、互助协议等。

（2）风险分析。通常应考虑下列因素：①历史情况。本单位、其他兄弟单位、所在社区以往发生过的紧急情况，包括火灾、危险物质泄漏、极端天气、交通事故、地震、飓风、龙卷风等。②地理因素。单位所处地理位置，如邻近洪水区域，地震断裂带和大坝；邻近危险化学品的生产、贮存、使用和运输企业；邻近重大交通干线和机场；邻近核电厂等。③技术问题。某工艺或系统出现故障可能产生的后果，包括火灾、爆炸和危险品事故，安全系统失灵，通信系统失灵，计算机系统失灵，电力故障，加热和冷却系统故障等。④人的因素。人的失误可能是下列原因造成的：培训不足、工作没有连续性、粗心大意、错误操作、疲劳等。⑤物理因素。考虑设施建设的物理条件、危险工艺和副产品、易燃品的贮存、设备的布置、照明、紧急通道与出口、避难场所邻近区域等。⑥管制因素。彻底分析紧急情况，考虑如下情况的后果：出入禁区、电力故障、通信电缆中断、燃气管道破裂、水害、烟害、结构受损、空气或水污染、爆炸、建筑物倒塌、化学品泄漏等。

（3）应急能力分析。对每一紧急情况应考虑如下问题：①所需要的资源与能力是否配备齐全。②外部资源能否在需要时及时到位。③是否还有其他可以优先利用的资源。

3. 预案编制

预案的编制必须基于事故风险的分析结果，应急资源的需求和现状以及有关的法律法规要求。此外，编制预案时应充分收集和参阅已有的应急预案，以最大可能减少工作量和避免应急预案的重复和交叉，并确保与其他相关预案的协调一致。

4. 预案的评审与发布

为保证预案的科学性、合理性以及与实际情况相符合，预案往往需要经过评审，包括组织内部评审和专家评审，必要时请上级应急机构进行评审。预案经评审通过和批准后，按有关程序进行正式发布和备案。

5. 预案的实施

预案经批准发布后，预案的实施便成了应急管理工作的重要环节。预案的实施包括：开展预案的宣传贯彻，进行预案的培训，落实和检查各个有关部门的职责、程序和资源准备，组织预案的演练，并定期评审和更新预案，使预案有机地融入安全保障工作之中，真正将预案所规定的要求落到实处。

(三) 民航应急规划

民航应急规划是为完成分派的使命与任务，起草制定相关政策、预案、互助协议、工作程序、规章制度以及其他文件。

应急规划的重点包括：应急预案，应急管理短期、中期、长期规划，各种应急协议，规章制度（应急手册）。

为完成分派的使命与任务，搭建组织构架，建立所需的符合相关资格或资质证书标准的队伍，配备符合相关标准的主要设备、工具和系统、消耗性材料与用品等。

为完成分派的使命与任务，对人员进行所需的符合相关标准的培训，包括编制培训大纲、培训教员、管理培训与技能培训、专职人员培训与员工培训。

根据分派的使命与任务，依据取得成功必须达到的标准，还可以开展各种类型的演练以及对演练效果的评估和改进活动。重点应进行演练规划、重点机制演练、不同层级人员（一线、中层、高层）演练、演练技术创新。对以上各种应急准备活动的效果应及时检查、评估和改进。

第十一章 风险管理案例分析

民用航空安全，涉及民用航空的各个方面，是个系统的工程。要保证飞行安全，完成生产任务，必须有良好的飞行环境，充分发挥民航运输生产的整体功能，才能达到预期的目的。民用机场的安全是航空安全的重要组成部分，既是保证航空器安全飞行的物质基础，也是航空器安全起降的首要条件。随着科技的进步，航空器的飞行安全性能大幅提高，近年来发生的航空事故更是多发生在机场周边区域。对事故的调查表明，如果做好机场的安全保障工作和应急援救工作，很多事故是可以避免的。落实机场安全管理，有着十分重要的意义。

一、民航安全事故举例

（一）机场机坪安全事故

1. 机坪飞机与飞机相撞

（1）地面标志问题。2005年1月4日，在某机场机坪，某航班从机场停机坪滑出过程中，由于地面滑行路线不清晰，右机翼与地面停场的该公司另一飞机右机翼剐碰。滑行飞机翼尖有凹坑和裂纹，需更换部件，被剐碰飞机需更换翼尖灯罩。

（2）飞机停放不当。2005年10月30日18时54分，某机场5号机坪，某飞机在停放时，未按航空器停放规定停放，机头停止方向发生错误，造成航空器尾部超出红色警戒线约13 m，导致事故发生。

（3）指挥判断不当。某飞机从机位推出过程中，因地面引导人员指挥不当，飞机右大翼翼尖、小翼与停靠在相邻机位的飞机左大翼翼尖发生剐蹭（见图11-1）。

图 11 -1　飞机剐蹭

2. 机坪飞机与车辆设备相撞

机坪主要设备包括旅客服务设备、飞机装卸设备和飞机服务设备。旅客服务设备有廊桥、客梯车和摆渡车等；飞机装卸设备有行李牵引车、行李拖斗、升降平台车、叉车、传送带车、食品车、清扫车等；飞机服务设备有清水车、污水车、油车、管道车、飞机拖车、电源车、维修平台车、可升降飞机除冰车等。

（1）设备设置不当。某飞机在跑道东头左转时，右机翼剐到距跑道约 3 m 的铁丝网水泥柱顶端，局部轻微受损，原因是机场未按规定设置围界，机组观察不周。

（2）车辆停放不当。某飞机落地后跟随引导车按路线滑行，当滑至机位时，左机翼与加油车相撞。检查发现，飞机左机翼 5 号缝翼有 2 处严重损伤，其中距翼尖约 3 m 处有一较大的凹陷，距翼尖约 1 m 处被撞穿，机翼前缘蒙皮也被撞坏，加油车油罐后部凹陷，挂梯脱落。经查，加油车在机位未按规定停放是造成此次事故的主要原因。

（3）地面人员操作不当。在某机场，由于廊桥下塌造成飞机左前 2 号客舱门损坏，廊桥遮挡篷损坏（见图 11 -2）。调查后发现原因是清洁工放置机上垃圾袋时触压了廊桥的舱门保护器。

图 11-2　机坪飞机与廊桥相撞

（4）机组操作不当。某飞机在机场滑进廊桥，机组在没有确认目视停靠引导系统是否工作，也没有得到地面机务引导的情况下，向停机位滑进，导致左发动机撞到廊桥，前整流罩擦伤。

（5）泊位系统错误。某飞机在机场落地后滑向停机位，未到停机线时，左机翼与廊桥相撞。经查，机翼距机身 2 m 处被撞一个洞，面积为 1.5 m × 0.5 m。原因是地面指挥员将错误机型输入显示器，造成直接损失 51.5 万美元，构成重大航空地面事故。

（6）引导飞机不当。某飞机因机场机位不足，降落于备降机场，引导车司机将飞机引导到机坪后，发现机务指挥站在相反位置，飞机就在机坪掉头，结果撞上机坪的灯杆，飞机受损。事故调查部门认为主要原因是机务指挥飞机时站错位置（站反了）；机场引导车未注意观察，引导失误；滑行时机组未仔细观察。

（7）车辆超速行驶。某公司司机驾驶食品车送其他人员回配载室。司机超速行驶，行驶过程中又没有注意瞭望，当食品车行驶到离飞机右机翼 5 m 左右时，司机才发现飞机，急忙向右打轮并踩刹车。但由于车速过快，食品车带着刹车冲向飞机右外大翼后缘，将外机翼后缘蒙皮及机翼后梁、前梁先后切断，撕开 5 号缝翼上表面蒙皮，断掉的外机翼甩入食品车车厢内。撞击使飞机前服务门手柄弹出，右主起落架舱门脱开，飞机前轮向左侧移动约 60 cm，右主轮向前移动约 20 cm，食品车继续向前滑动 32 m 后停住。

(8) 车辆未按规定路线行驶。某货运司机在某机场执行拉货任务后，返回货站途中驾驶拖车行错路线，与停放在机位上的客机相撞，致使该机左侧发动机受损。初步核定损失可能超过 1000 万元。初步调查，此次事件系拖车司机在驾驶拖车离开车位后，随即进入睡眠状态，失去了对车辆的控制，直接导致车辆与发动机碰撞，其应对本次事件负主要责任。

(二) 其他机坪事故类型

1. 机务操作不当造成飞机损伤

机场飞机维护人员在对飞机进行过站检查过程中，发现飞机左起落架倾斜作动筒液压导管漏油。飞机左起落架倾斜作动筒是飞机起飞后保证左起落架收入起落架舱的关键部件，该作动筒漏油会导致液力系统油量损失，造成液力系统失效，影响飞机多个系统正常使用。飞机维护人员立即着手排除该故障，更换了液压导管并对起落架系统进行了两次地面上锁状态的收放测试，排除了该故障。为确保排除故障质量，排除故障工程师对更换的液压导管进行了再次检查和校正，校正之后，再一次进行收放测试时忽视了此时起落架处于没有上锁状态，导致前起落架收起，飞机机头触地（见图 11-3）。

图 11-3 液力系统失效致飞机机头触地

2. 机坪地面杂物损伤飞机

某飞机停向机位，因风大（风速 7 m/s，最大阵风 13 m/s），将相邻机位货运小拖车上的塑料苫布吹向该机位，被滑行中的飞机吸进发动机，导致飞机受损。

3. 恶劣天气对机坪安全的影响

某机场遭受强暴风雨，造成机坪上停放飞机移动并与机场廊桥相撞，飞机雷达罩、机身蒙皮和机身左侧隔框等受损。经现场勘察发现：飞机自原停机位以左主轮为支点逆时针偏转，飞机前轮中心线向左离开停止位置 5 m，地面有连续的两条飞机前轮轮胎与地面的摩擦痕迹，飞机轮挡移位。该事故直接损失 96.28 万元，构成一般航空地面事故。

4. 机坪油料泄漏

某停放在机坪准备出港的航班左大翼加油活门故障，泄漏航空煤油约 800 m^2，消防支队出动 3 部消防车、11 名队员将漏油冲洗干净。航班因此延误 126 分钟（见图 11-4）。

图 11-4 机坪油料泄漏

5. 机坪动物入侵

2004 年 11 月 10 日，新加坡机场机坪。一只小老鼠在飞机停落新加坡机场时钻进客舱，飞机在上海落地后，发现该机出现故障，估计飞机上的一些管线被老鼠咬断。老鼠是啮齿类动物，要天天啃咬硬物，老鼠上了飞机十分危险，完全存在咬破管道、咬断线路可能。而这种可能一旦成为现实又没被及时发现、补救的话，造成机毁人亡的空难就只是时间问题。

（三）机场安全保卫系统事故

机场地面航空安全保卫系统包括地面客货安全检查、飞机监护、机场保卫、证件管理、车辆管理、内部人员管理等。典型事故类型如下。

1. 劫机事件

2001年9月11日，美国"9·11"恐怖劫机事件，死亡2299人，其中机上死亡157人，地面死亡2142人；2002年5月7日，我国某航空公司飞机在大连海域发生歹徒炸机事件，造成112人死亡。

2. 无关人员侵入事件

2004年11月10日11点半，14岁的束某和13岁的梁某两人从某机场候机楼旁的围栏钻入后，进入停机坪北区玩耍，他们从3号桥、4号桥停靠的两架飞机机头下走到5号桥停靠飞机的边缘后，又走到非民航机坪的草坪内休息过夜，11日清晨，两人爬入停靠在4号桥的飞机的起落舱内，被飞机由昆明带往重庆。起飞时14岁的束某摔死，13岁的梁某幸存，两人一死一伤。

3. 飞机跑道侵入

2006年2月17日，美国洛杉矶机场。晚11时半前后，当美国西南航空公司的一架波音737客机接近机场最北面一条跑道准备降落时，一名航空交通管制员却指示飞行员改用旁边另一条跑道。在几秒钟内，该名管制员又指挥在同一条跑道上、正等待起飞的天西航空公司的一架小型喷气飞机滑行到跑道前端，并同时指示刚从多伦多飞抵的一架加拿大航空公司A320空中客车滑行到跑道的另一端。幸好天西航空公司的飞行员察觉到美国西南航空公司航机正在降落，便即时把飞机停下来留在原地，避免酿成撞机惨剧。

4. 车辆跑道侵入

1994年10月28日晚11时，某机场。某航空公司工人徐某、杨某北饮酒后，徐向杨借用其驾驶的电源车学习驾驶，杨即将车交予无照的徐驾驶，并坐在徐旁边。徐两次将车从滑行道驶入跑道，由南向北行驶四五分钟后，从京回蓉的一架航班正好降落，电源车即与客机同向相撞，造成飞机右翼严重损坏，由于应急措施得当，机上 150 余名乘客和 10 余名机组人员未受伤害，飞机直接经济损失 18 万元，该机停飞 13 天，间接经济损失 68 万元。

5. 人员跑道侵入

2005 年 7 月 28 日，某机场。某航班在机场过近台后，机组发现跑道上有人，随即复飞。经查，侵入跑道的女子系一老年拾荒人员，主要原因是机场施工管理人员疏于职责，看管不慎，该人从施工区和飞行区之间搭建的临时围界挡板底部下陷空隙处钻入控制区，并接近跑道。

6. 动物跑道侵入

动物跑道侵入主要有：机场围界内外的野生动物如狗、兔等进入跑道。有的机场围界破损严重，大型动物如牛等也有进入跑道的可能性（20 世纪 80 年代某机场曾有一头牛进入跑道，与着陆的三叉戟相撞，造成飞机前起落折断）；运输的货物中的动物在装卸过程中逸出跑道。

7. 跑道滑行道杂物残留

道面杂物主要有坠落的飞机零部件，道面的砂、石、碎片，维修灯光或跑道遗留的金属零件。近年来，机场跑道上发现过的杂物有起落架舱门、轮胎散热器罩、尼龙带、轮胎碎片、铝片、铝合金夹、整流板、金属圈、消音板、螺钉、铁丝、死亡的鸟类、动物等。

2000 年 7 月 25 日，法航协和飞机在巴黎机场起飞后起火坠毁，机上 113 人全部遇难。协和飞机因此全部停飞，结束了超音速飞机飞行的历史。2004 年 12 月 14 日，法国事故调查部门经过 4 年多的调查，最后确认，事故是因跑道上前一架飞机 DC10 使用了不合格的部件（应为铝合金实际用了钢制材料），该部件脱落后掉在跑道上，导致接着起飞的协和飞机轮胎爆炸，造成下翼面燃油严重泄漏引发大火，有 2 发火警，机组关闭 2 发，随后失去对飞机控制，飞机坠毁（见图 11 - 5）。

图 11-5　跑道滑行道杂物残留导致飞机起火

(四) 机场净空安全事故

机场净空范围包括进近面、过渡面、内水平面、锥形面、内进近面、内过渡面、复飞面、起飞爬升面。影响净空的因素：静态障碍物，如超高建筑；动态障碍物，如鸟、烟尘、礼花、气球、风筝、施工管理不当遗留物、电磁波干扰。

鸟击是威胁航空安全的重要因素之一，因飞鸟撞飞机而引发的事故已被国际航空联合会定为 A 类空难。在中国，"鸟击"造成的飞行事故已占事故总数的 1/3，在美国，鸟击造成的经济损失高达每年 6 亿美元。

1991～2004 年，中国民航共报告鸟击事件 517 起，其中导致中等以上损失的有 151 起，鸟击事件直接经济损失约合 4.11 亿元；2000～2004 年中国民航发生的鸟击事件导致的事故征候占事故征候的 26.2%。当 1.814 kg 的鸟撞击速度为 555.6 km/h 的航空器的风挡玻璃时，产生的撞击力高达 24947.58 kg；当 6.8 kg 的雁撞击速度为 555.6 km/h 的航空器的风挡玻璃时，产生的撞击力高达 37194.57 kg。这一撞击力超过了风挡玻璃审定标准的 200%～300%。机场鸟击航空器的责任范围：机场围界以内，飞机起飞阶段高度 100 m 以内或进近阶段高度 60 m 以内的区域。

2007 年 3 月 21 日，某机场，某飞机在 232 机位，机务检查发现雷达罩有鸟击痕迹（受损程度为：长 20 cm，宽 19 cm，深 2.5 cm，须更换雷达罩）。

该飞机使用 18R 跑道降落，在 670.56 m 高度时被鸟击（见图 11-6）。

图 11-6 鸟击飞机现场

二、民航风险管理案例分析

结合前文所述风险管理的基本思路和方法，本教程收集部分案例进行风险管理应用分析。

（一）Reason 模型在民航事故分析中的应用

2001 年 10 月 8 日，米兰利那特机场发生飞机相撞事故后，机场管理者因为在长达 6 年的时间里未安装已购置的雷达设备等，未尽管理责任而被判刑。

1. 事件描述

3983 航班保持 9000 m 通过黄城导航台，管制员依据管制移交协议在距离交接点 P09 前 77 km 提前脱波，两分钟后，相对飞行的 8056 航班保持 8400 m 高度在通过 P09 后联系该区调，管制员指挥 8056 航班上升高度到 9600 m。在 8056 航班上升以及管制员指令避让的过程中，两航班最小间隔减小到相对 13 km，构成事故征候[23]。

2. 案例分析

我们用组织事故理论——Reason 模型对此事故案例进行分析。

（1）完整事故链。待遇低、环境差、人员配置少、休息不充分，管制员

"碰巧"很迷糊，移交协议的缺陷"碰巧"没有被管理层发现。而 8056 航班和 3983 航班"碰巧"同时飞入该协议的"阴影"中，刚接完班、午饭后有些迷糊的管制员"碰巧"忘记了已经脱波的 3983 航班，也"碰巧"没看雷达而指挥 8056 航班上升高度。巧合的是这两航班相距 46 km，"碰巧"让执行指令的航班可以很接近，而偷懒的机组又"碰巧"没看 TCAS 就执行指令。

曼彻斯特大学教授詹姆斯·里森（James Reason）在其著名的心理学专著《人为差错》（*Human Error*）一书中首次提出 Reason 模型，之后又出版《组织事故的风险管理》一书专门探讨 Reason 模型。该模型建立后迅速被广泛地应用于人机工程学、医学、核工业、航空等领域，并通过国际民航组织的推荐成为航空事故调查与分析的理论模型之一。该理论认为：①人为差错是一种结果，而不是原因。②人为差错体现出了系统的隐性失效。③解决办法：事前进行安全管理。

该模型的核心创新点在于其系统观的视野，在对不安全事件行为人的行为分析之外，更深层次地剖析出影响行为人的潜在组织因素，从一体化相互作用的分系统、组织权力层级的直接作用，到管理者、利益相关者、企业文化的间接影响等角度，全方位地拓展了事故分析的视野，并以一个逻辑统一的事故反应链将所有相关因素进行了理论串联。

组织事故理论——Reason 模型（见图 11-7）的内在逻辑：①事故的发生不仅有一个事件本身的反应链，还同时存在一个被穿透的组织缺陷集。②事故促发因素和组织各层次的缺陷（或安全风险）是长期存在并不断自行演化的。③但这些事故促因和组织缺陷并不一定造成不安全事件，当多个层次的组织缺陷在一个事故促发因子上同时或次第出现缺陷时，不安全事件就失去多层次的阻断屏障而发生。

该模型第一次将组织与管理因素纳入事故起因分析。潜在不安全状况是由决策者、管理者和其他在时间和空间上与事故发生时间和空间上相隔甚远的人员造成的，这形象地描述了各种因素之间的影响。任何要素的缺陷都可以被弥补，但任何要素的缺陷都增大了事故的可能性，这揭示了任何企业都存在大量隐性失效这样一个真实的运行环境。Reason 模型告诉我们，出事故是因为整个系统"生病了"，要解决"为什么生病"的问题。Reason 模型影响到事故刑事责任的认定,其对组织事故逻辑进行了倒序分析:①纠正飞行冲突的行为。②不安全行为本身。③不安全行为的直接前提。④组织的预防与监督。⑤组织因素。

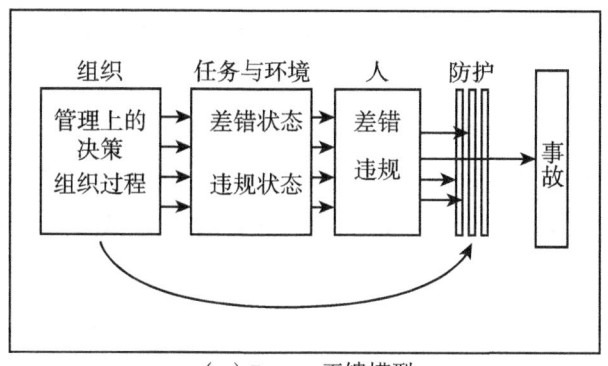

(a) Reason正馈模型

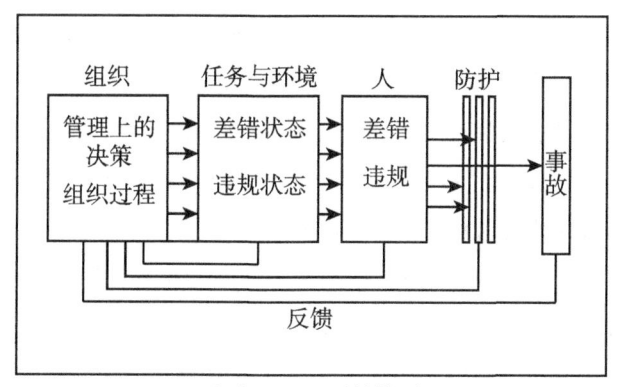

(b) Reason反馈模型

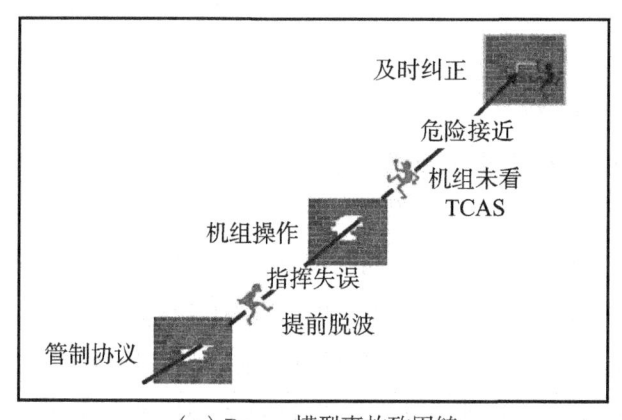

(c) Reason模型事故致因链

图 11-7 Reason 模型

关于纠正飞行冲突的行为：①主班管制员发现指令错误后的纠错行为基本正确。②尽管在这一事故征候中主班本人负有不可推卸的责任，但主班的自我纠错行为避免了最悲惨的后果。③这与 2002 年 7 月 1 日德国博登湖上空"图－154"与"波音－757"相撞事故中瑞士管制员的错误纠正行为形成对比。

在 Reason 模型中的不安全行为分为以下两类：①差错。差错指没有达到预期结果的精神或身体行为，它包括决策差错、技能差错和认知差错三类。②违规。违规指故意无视管制规则和规章的行为，按照违章的频率又可分为习惯违规和偶然违规两类。

本例中的不安全行为：管制员随意下达上升指令，属于注意力集中缺失和记忆错误导致的技能差错，按照航空心理学的定义，是空管操作中比较常见的情形意识丧失，它主要是指运行人员对运行中即时的、环境中相关因素的认知不同程度地丧失，包括对安全状况的认知缺失。

本事件中，管制员完全将提前脱波的 3983 航班遗忘，在主动询问 8056 航班是否需要上升高度的过程中显然没有意识到相对飞行的 3983 航班的存在，否则不会直接指挥 8056 航班上升到 9600 m。

不安全行为的直接前提为如下两个方面：一方面，管制员没有通过雷达显示或进程单检查飞行冲突。另一方面，管制员完全放弃了信息收集（观察雷达和检查进程单）和冲突判断，显然已经从正常工作程序上无意识地偏离，提供给管制员检查冲突的两个有效辅助手段（该区域管制未实行雷达管制）丧失了弥补作用。

3. 风险管理分析

（1）组织预防与监督缺乏。该空管站缺乏风险识别和风险控制的机制，预先发现问题、解决问题的过程管理能力存在明显缺陷，这突出表现在：监督不充分和对长期存在和暴露的问题没有进行纠正。该区域与相邻区域管制移交协议存在明显缺陷，管理层没有进行清理和纠正。

协议要求航班飞越黄城导航台后就提前联系大连区调，管制员往往根据协议通知机组提前联系前方，并在机组通报联系好前方后主动与机组脱波。

这间接导致了 3983 航班和 8056 航班在一个管制区域内相对飞行却分别接受两家管制室管辖，造成管制员在指挥 8056 航班上升高度时遗忘已脱波的 3983 航班，当管制员发现飞行冲突时也难以直接指挥 3983 航班进行同时避让。

对长期存在和暴露的问题没有进行纠正体现在一年内该区调曾发生另一起空管责任事故征候，其中管制员指令正确但机组复诵错误，管制员没有发现和纠正，雷达监控飞行冲突不充分又导致纠正措施过晚。对于事件暴露出来的管制员没有预防差错的纵深防御措施及雷达监控程序存在不足，管制员对可能产生冲突的相对飞行不能更多地分配监控注意力等情况，该空管站的监督管理层没有采取足够的措施改变管制员的操作习惯，没有从以前的事例中吸取教训，使相似的雷达监控缺失状况一再出现。

（2）组织因素。一个独立的不安全事件暴露的是单一组织层次的缺陷，而一系列的不安全事件，尤其是严重层级较高的不安全事件连续出现则标示着安全管理体系的崩溃。它表明组织在决策层面的失败气氛以及监督与执行力度的丧失。

（二）某危险品运输风险管理

本案例通过事故案例的调查和统计数据分析，调查危险品运输事故风险的主要影响因素，确定了危险品道路运输风险评价指标的选取以及相应权重的分析。由于到目前为止国内未建立完整的危险品运输事故的数据库，并且针对事故调查的研究比较少，本书通过安全管理网、道路交通安全网、危险化学品事故信息网等搜集了相关的事故案例以及统计资料。

1. 道路危险品运输事故调查与特征分析

（1）事故特征分析。《中华人民共和国道路交通安全法》第 119 条第 5 项将"交通事故"定义为"车辆在道路上因过错或者意外造成人身伤亡或者财产损失的事件"。由于危险品运输事故的发生原因以及事故机理都有其自身的特殊性，所以总结事故特点发现危险品运输事故有以下特性。

①突发性。由于危险品的特殊性，所以危险品运输事故的突发性特别明显。因为不同种类的危险品都有其独特的物理性质和化学性质，所以都具有

不同的包装、储存、运输的要求，都对温度、压力等有严格的要求。一旦在运输过程中有不合格的项目，则有突发事故的可能性。

②连锁性。危险品的运输是一个一系列的过程，危险品的包装、装卸、运输的每一个环节都是一环套一环，每一步都对工作人员的工作能力和从业素质具有严格的要求，每一环都相互影响、相互作用。每一个步骤中一个零件的失效或者人员操作的失误都增加了发生事故的风险。在发生事故的情况下，对公司的应急救援能力有严格的需求。一旦泄漏散布，不仅会造成对环境的危害，而且会造成人员伤亡和大量财产损失。

③严重性。危险品运输事故的严重性主要表现在影响范围广，危害性较大，人员伤害和二次伤害以及经济损失严重几个方面。例如，2014 年 3 月，某高速岩后隧道内 9 km 加 605 m 处，两辆运输甲醇的半挂货车发生追尾相撞，事故共造成 40 人死亡、12 人受伤和 42 辆车烧毁，直接经济损失 8197 万元。

④复杂性。危险品在运输过程中，由于一直处于一个可变的环境，周围的环境因素在不断变化，所以其安全性受环境因素影响比较大。在运输过程中，无法对周围环境预测和控制，比如雨雪天气、高温天气、暴风天气、交通拥堵等，都会对运输过程中的车辆状态和安全性产生影响。

⑤多样性。根据《危险化学品目录》，危险品分为三类：爆炸物、气体和易燃液体。它们还分为 2544 类和 10086 种，由此可以看到危险品种类的多样性。

（2）事故发生时间调查。由于临近春节，危险品运输量较小，加之冬季气温较低，危险品的性质比较稳定，不易膨胀挥发，发生的事故总量较少，事故概率较低。随着气温的升高，事故概率也随之上升，事故总量加大。7～10 月份的事故总量都处于较高水平，因为随着夏季气温升高，危险品的运输量和需求量也达到顶峰，同时也处于每年的交通拥挤时间，加之夏季温度较高、危险品的性质不稳定、易膨胀挥发以及存储工具的物理属性的不稳定等因素的影响，事故概率也急剧上升。同样该事故统计结论也适应于城市交通。11～12 月由于冬季雾霾天气较多，常常通行状况很差，雾霾导致的能见度降低也是引发事故的主要原因，同时，由于冬季雨雪天气较多，路面状况也很差，加之道路管控变严格，存在不良司机绕走复杂辅路的现象，增加了事故发生的概率。

在一天的不同时刻事故概率也呈现一定的变化趋势，6~9时是运输车驾驶员的出车时间，应当是精神状态最好的时间段，此时间段发生事故的概率最低，主要是非交通类事故；9~12时，路上车辆数量达到顶峰，此时间段运输事故数量逐渐增加；12~16时，交通量依旧基本不变，但是驾驶员身体状态下降，开始出现疲倦、注意力降低等不良驾驶状态，是该时间段发生交通类事故的主要原因；而16时之后，事故发生量有所下降，直至夜晚22时；而22时~次日4时，事故发生概率又呈现上升趋势，因为夜晚灯光较暗加之驾驶员的疲劳，虽说车流量较小，但是不文明驾驶导致的事故量也在上升。

（3）事故发生道路等级调查。不同道路的道路等级和道路固有特征会对危险品运输的事故概率造成一定程度的影响。所以，可以将城市交通的道路等级依据道路交通安全法划分为城市快速路、城市主干路、城市次干路和城市支路。不同道路类型固有特征即路面状况、道路通行率等不同，平均车流量、道路饱和度等因素都会对运输交通事故概率造成不同程度的影响。所以，根据此特性将道路类型依次由城市快速路到城市支路划分为1~4级。

（4）道路危险品运输危险影响因素分析。

①道路危险因素。城市道路主要分为城市快速路、城市主干路、城市次干路和城市支路4类，为了保障道路运输的安全性，降低发生交通事故的概率，降低事故损失，必须配备相应的道路设施。完备的道路设施是保障安全出行的必要条件。道路设施主要包括道路交通标志、路面标线、安全护栏、隔离栏、道路照明、防眩设施等。直接影响交通安全的、不良的道路设施会影响驾驶员的心理状态，会导致人的不安全行为，加大了危化品运输事故的概率。

②人员因素。人员因素往往在系统中占有很重要的位置，因为人的因素往往是保障系统安全的首要因素。由于危险品的运输中涉及的人员种类较多，况且每一项工作都具有严格的标准要求，对于工作人员的岗位工作技能培训和日常管理就显得尤为重要。对司机、维修人员、押运人员、危

险品的管理人员等的培训管理不到位，很容易造成危险品非法操作、不遵循每日的检查工作、疲劳驾驶等不安全条件，增加在途发生事故的可能性。

③环境因素。环境因素主要指除道路交通之外的道路周边环境以及天气、自然地理条件等因素。例如，道路周边的居民区、商业区、环境保护区等一旦发生事故就会造成严重的事故损失。如果道路周边人口密度大，交通流量较大，复杂的道路交通环境必然会导致发生事故的概率增加。如遇上了雨雪、雾霾等天气，这一情况会更加恶化。所以，在选取风险评价指标的时候，环境因素也是必不可少的一点。

④运输车辆因素。由于危险品的独特的性质，如易燃易爆性、有毒性、腐蚀性等，运输车辆必须具有与其运输货物相符合的设施设备，车辆的设计结构和装备等必须符合相应的特殊要求。由于车辆因素引发的事故常常是轮胎故障、刹车故障、罐体破损、车辆起火、安全附件故障等，所以危险品运输车辆必须服从《汽车危险货物运输规则》等相关要求，在运输过程中必须配备泄压阀、排气管火花熄灭器、压力表、遮阳板、液位针、防静电设施、车辆灭火器等相关设施，以保障运输过程的安全。

⑤危险品风险等级及其包装。运输的危险品的数量以及其种类决定运输的危险等级，而风险等级指数取决于该物品的热物理性、反应活性、毒性、环境等特性，主要评价该物品的健康危害性、可燃性、化学活泼性、特殊危险性四类指标，具体评定等级可以由道化学公司的工艺单元危险指数、英国帝化学公司蒙德指数、美国消防协会（National Fire Protection Association, NFPA）菱形数字分级、美国环保局的化学品数字分级来确定。不同的危险品都对其包装等级与质量有不同的要求。

⑥管理因素。道路危险品运输过程中的管理因素也在影响着事故发生的概率，包括人员安全的管理，机械以及危险品的管理。管理的因素贯穿事故发生的所有时期，只有坚持对从业人员定期的培训、定期的检查，才能加强工作人员的专业技能和安全意识，确保对车辆、设备持续维护以及排除潜在危险，及时做出应急救援管理。

（5）危化品风险等级分析。

①美国道化学公司火灾爆炸指数评价法。火灾和爆炸指数评估方法是美

国道化学公司在全球广泛使用的危险材料安全评估方法。通过确定一般过程危险系数和特殊过程危险因子，结合不同物质的物质因子（根据美国消防协会规定的物质的可燃性和化学活性计算单位过程危险系数）来计算单位过程危险系数（见表 11-1、表 11-2）物质处于燃烧或其他化学反应中，火灾爆炸过程中释放的能量的固有内在属性可以根据物质的火灾和爆炸指数及指数确定的危险程度来计算。

表 11-1　一般工艺危险系数

一般工艺危险系数	危险系数范围	采用危险系数
基本系数	1.00	1.00
（1）放热化学反应 F_{11}	0.30~1.25	
（2）吸热反应 F_{12}	0.20~0.40	
（3）物料处理与输送 F_{13}	0.25~1.05	
（4）密闭式或室内工艺单元 F_{14}	0.25~0.90	
（5）通道 F_{15}	0.20~0.35	
（6）排放或泄漏控制 F_{16}	0.25~0.50	
一般工艺危险系数（F_1）：$F_1 = 1.00 + \sum F_{1i}$		

表 11-2　特殊工艺危险系数

特殊工艺危险系数	危险系数范围	采用危险系数
基本系数	1.00	1.00
（1）毒性物质	0.20~0.80	
（2）负压（<66.5 kPA）	0.50	
（3）易燃范围内及接近易燃范围的操作		
过程失常或吹扫故障	0.30	
一直在爆炸范围内	0.80	
罐装易燃液体	0.50	

续表

特殊工艺危险系数	危险系数范围	采用危险系数
(4) 粉尘爆炸	0.25~2.00	
(5) 压力		
操作压力或释放压力		
(6) 低温	0.25~0.30	
(7) 易燃及不稳定物质量（kg） 物质燃烧热（J/kg）		
工艺中的液体及气体	0.15~0.2	
储存中的液体及气体	0.1~0.15	
储存中的可燃固体及工艺中的粉尘	0.1~0.15	
(8) 腐蚀与磨蚀	0.10~0.75	
(9) 泄漏——街头和燃料	0.10~1.50	
(10) 使用明火设备		
(11) 热油热交换系统	0.15~1.15	
(12) 转动设备	0.50	
特殊工艺危险系数（F_2）： $F_2 = 1.00 + \sum F_{2i}$		

工艺单元危险系数（F_3）：$F_3 = F_1 \cdot F_2$。

火灾爆炸指数（F&EI）：$F\&EI = F_3 \cdot MF$。

②NFPA 菱形数字分级。该评价方法是由美国消防协会 NFPA 制定的关于危险化学品风险等级的简单明了的描述手段。本书基于该方法对危险品的风险等级加以评价，如图 11-8 所示。本书关于危险品的风险等级在该方法的基础上，结合了道化学法以及蒙德指数法里面考量的标注，对其具体风险等级做出相应的划分（见表 11-3~表 11-6）。

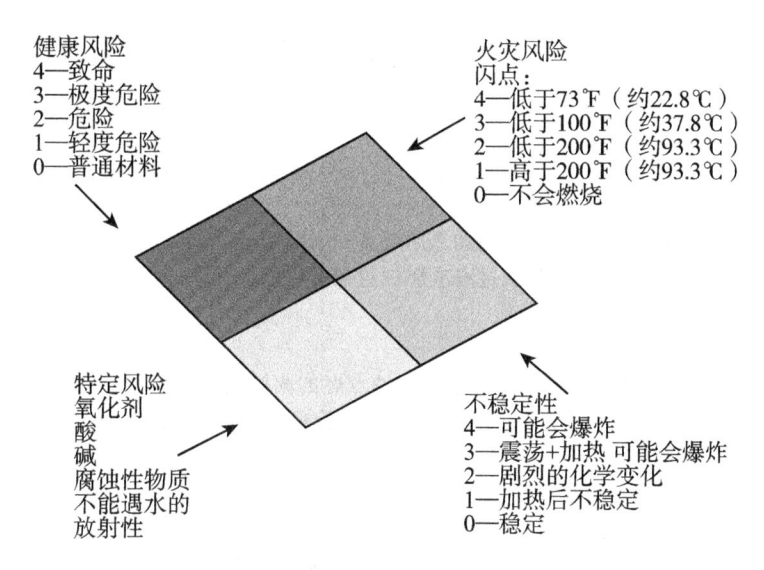

健康风险
4—致命
3—极度危险
2—危险
1—轻度危险
0—普通材料

火灾风险
闪点：
4—低于73℉（约22.8℃）
3—低于100℉（约37.8℃）
2—低于200℉（约93.3℃）
1—高于200℉（约93.3℃）
0—不会燃烧

特定风险
氧化剂
酸
碱
腐蚀性物质
不能遇水的
放射性

不稳定性
4—可能会爆炸
3—震荡+加热 可能会爆炸
2—剧烈的化学变化
1—加热后不稳定
0—稳定

图 11-8　菱形数字等级

表 11-3　健康危害分级

级别	解释说明
0 级	暴露在火灾中时，危害不会超过一般可燃物，人在短时间内接触不会对人体造成危害，如水等
1 级	暴露在火灾中会对人体造成轻微的伤害，如发炎、过敏等症状，具有低毒性或无毒性，仅会使人感到不适，如丙酮
2 级	高浓度暴露或持续性的暴露，若人员不佩戴独立的呼吸器，会造成人员暂时性丧失活动能力或者会造成持续性的伤害，暴露在其中的人员需要及时就医，如氯甲烷、碳酸钠等
3 级	短时间的暴露就会有可能造成严重的伤害，即使及时就医同样有可能会存在暂时性的或持续性的残留伤害，所以人员接触时必须佩戴全套的防护设备，严禁人体直接接触，如氯化氢、氯等
4 级	短时间的暴露或者接触就有可能或导致人员的死亡或者严重的持续性的伤害，严禁人员靠近。甚至有些物质都没有具体的防护装备能使人员与之接触，所以需要严密的储存设施，如氯化氢等

表 11-4　可燃性分级

级别	解释说明
0 级	不会燃烧，如水、二氧化碳等
1 级	在常温环境之下，需要预热才能被点燃，燃烧性不好，如甘油、鱼肝油等
2 级	具有一定的易燃行，适当加热后或者处于温度较高的环境之中时，会比较容易被点燃，并且在加热过程或燃烧过程中可能会释放一定的具有危害的或者毒性的气体，如柴油等
3 级	在大多数的环境温度下都很容易被点燃的固体或者液体，并且会迅速燃烧，具有很好的易燃性，而且大部分燃烧时会释放具有一定危害或者毒性的气体，如汽油等
4 级	在常温和常压之下可以迅速气化、蒸发，甚至完全扩散至空气中，可以迅速被点燃甚至自燃，具有完全的易燃性，所以需要特殊的储存方式，如氢、甲烷、磷等

表 11-5　反应活性分级

级别	解释说明
0 级	通常在常温和常压之下物质情况稳定，并且在燃烧条件之下依然能保持情况稳定，遇水同样也不会发生反应，大部分情况之下可以保持稳定状态，如氮、氦等
1 级	在通常情况之下物质情况是保持稳定的，但是在一定的加热或加压的情况之下物质状态会变得不稳定，或者会有与水发生反应的可能，在接触空气或者受潮的情况下会发生一定的反应，像分解反应等，如氧化钙、丙烯等
2 级	通常情况下状态不稳定，在加热或者加压的环境之下会发生剧烈的化学反应，通长也存在与水发生剧烈化学反应的可能，可能与水发生反应后会发生爆炸等，需要在密封条件下恒温保存，如钙、纳等
3 级	物质会在一定的条件下，如加热加压或者遇水等情况下，发生爆炸反应或者剧烈的分解反应等，如乙炔、硝酸铵等
4 级	在通常的气温与压力下就会发生爆炸反应或剧烈分解反应的物质，对于一定的热冲击或者机械冲击特别敏感，一定的冲击就会引发其剧烈的反应，如硝酸甘油等

表 11-6 特殊危险性分级

符号	解释说明
W	会与水发生剧烈反应，如钙
OX/OXY	强氧化剂，如高锰酸钾
SA	简单的保护气，如氮气、稀有气体等
COR	腐蚀性，如浓硫酸
ACID	强酸，如盐酸
ALK	强碱，如氢氧化钙、氢氧化钠
BIO	生物危害性，如溴化乙啶
RAD	放射性，如铀
CRY/CRYO	低温，如液氮

注：特殊危险性分级是根据 NFPA 704 中规定的三个标准以及一些常用的化学品厂商所用的标识。当无特殊危险性时取值为 0，SA 和 CRY 两个特殊危险性时取值为 1，W 和 OX 两个特殊危险性时取值为 2，COR 特殊危险性取值为 3，BIO 和 RAD 两个特殊危险性取值为 4。

2. 确定各基本原因事件的危险等级

本研究采用模糊综合评价法进行事件危险等级的划分。

（1）建立因素集。因素集是指以所决策（评价）系统中影响评判的各种因素为元素所组成的集合，通常用 U 表示，即 $U = \{U_1, U_2, U_3, \cdots, U_n\}$，各元素 $U_i(i=1, 2, \cdots, m)$ 代表各影响因素。这些因素通常都具有不同程度的模糊性。在本次危险品道路运输安全评价当中，U_1 为道路交通水平；U_2 为驾驶员因素；U_3 为道路特征；U_4 为时间因素；U_5 为人口密度；U_6 为环境因素；U_7 为危险品种类；U_8 为应急响应能力，上述因素 $U_1 \sim U_8$ 都是模糊的，由它们组成的集合便是评判危险品道路运输安全的因素集。

（2）建立评判集。评判集是评判者可以作出的总判断结果的集合。通常用 V 表示，即 $V = (V_1, V_2, V_3, \cdots, V_n)$，并且每个元素 V_i 表示各种可能的总体评估结果。模糊综合评价的目的是在综合考虑所有影响因素的基础上，从评价集中获得最优评价结果。

本书结合事故案例的统计研究分析，研究危险品运输事故发生的相关规律，分析了引发事故发生的主要原因为驾驶员因素、道路特征因素、时间因素、交通状况因素（见图11-9），并且对危险品的风险等级做出了分析，对后面运输过程的风险评价提供了风险理论依据。总结了事故发生规律与影响因素之间的联系，并根据其做出了相应的风险等级（见表11-7），也是运输过程中的风险评价的重要依据。定量性的分析可以针对性地为降低危险品运输事故发生概率提供相应的对策，为降低运输过程中的风险提供了依据。

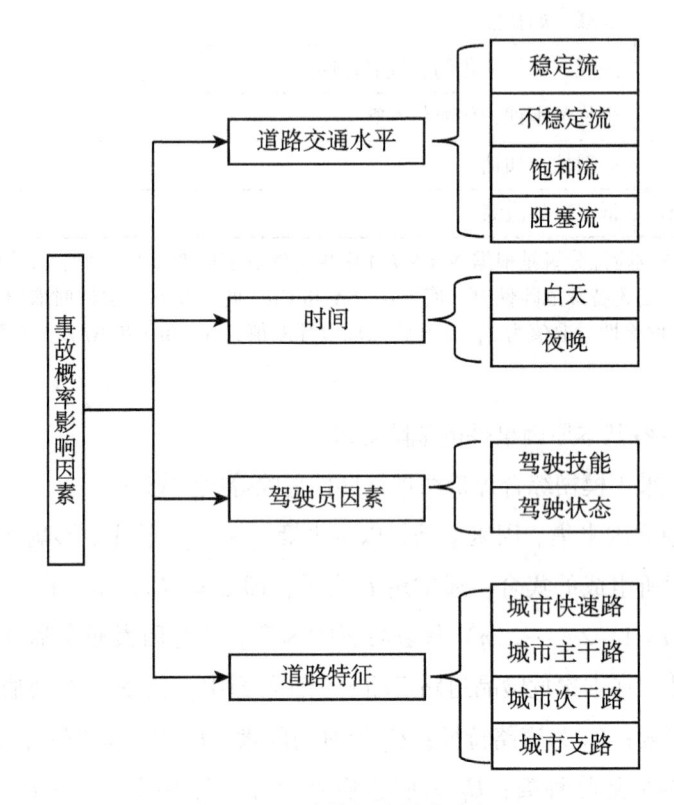

图 11-9　事故概率影响因素

表 11-7　事故概率因素评分等级

影响方面	影响因素	影响因素子集	因素说明
事故概率影响因素	道路交通水平	稳定流 不稳定流 饱和流 阻塞流	当饱和度<0.4时，属于稳定流；当饱和度处于0.4~0.5时，属于不稳定流；当饱和度处于0.5~0.6时，属于饱和流；当饱和度处于0.6~1.0时，属于阻塞流

续表

影响方面	影响因素	影响因素子集	因素说明
事故概率影响因素	时间	白天 晚上	根据前面的分析引证，在一天中不同时间发生事故的概率都不相同，呈现一定的变化趋势，发生事故概率主要有两个高峰，在正午和深夜，所以根据引发事故概率因素不同划分为早晨、傍晚、深夜、正午四个等级，分别为 1~4
	道路特征	城市快速路 城市主干路 城市次干路 城市支路	不同等级的道路，路面设施以及相应的道路通过率都不相同，其周边环境、周边人员密度等都各有差异，所以将不同的道路划分为四个等级，以便后面根据不同因子对其进行修正
	驾驶员因素	驾驶技能 驾驶状态	据统计可知由于驾驶员因素引发的事故大约占四成，其中应急技能不足和驾驶过程中的超速更是引发事故的主要原因，所以将驾驶员因素由安全到不安全划分为 1~4 四个等级

根据风险的定义可知：风险（risk）= 危险度（hazard）× 结果（consequence），所以在衡量风险时不单单要考虑事故发生的概率，还要考虑事故发生后的严重程度，也就是说，破坏事故造成伤亡和财产损失的能力。因此，有必要考虑事故发生时的人口密度、危险货物的危险程度、对环境的影响程度，以及应急救援的能力。所以本章旨在确定危险度后，建立数学模型对其风险值进行计算，然后确定该路线的风险等级。

（3）确定事故后果类型危险性等级。事故后果影响因素如图 11 – 10 所示。

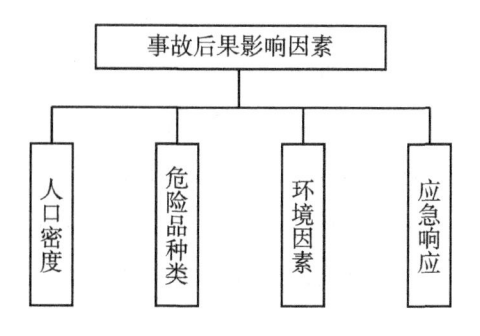

图 11 – 10 事故后果影响因素

①人口密度。危险品运输事故造成的人员伤亡主要来源于事故参与人员和事故周边受影响的人员，而由于不同情况下人员分布以及数量都不尽相同，所以选用人口密度来确定事故周边受影响的人员数量等级，见表11-8。

表11-8 人员密度影响因素 FH 等级

级别	人员密度/（万人/km^2）
1	0.4~0.8
2	0.8~1.2
3	1.2~1.6
4	>1.6

②危险品种类。运输危险品不同种类的等级由菱形数字指标法可得该危险品相应的健康危害分级 N_h、可燃性分级 N_f、反应活性分级 N_r、特殊危险性分级 N_s，可以通过公式：

$$N = (N_h^2 + N_f^2 + N_r^2 + N_s^2)/(N_h + N_f + N_r + N_s) \quad (11-1)$$

计算出该危险品的加权平均风险等级（表11-9）。

表11-9 危险品风险等级

危险等级	危险品风险等级
1级	0~64
2级	65~128
3级	129~192
4级	193~256

③环境因素。危险品运输事故对于环境的影响主要表现在对于土壤、水源等有可能造成不可逆的破坏，且环境修复的时间和成本都是巨大的。所以，事故发生路段的道路两侧的部分都是环境敏感区域，一旦发生危险品的运输事故，极容易造成路边环境敏感区域的污染，会对周边人员的正常生产生活造成严重的影响。所以，通过路段经过的环境保护区域的数量来评价事故可能造成的影响，见表11-10。

表 11-10　环境 Fe 等级

级别	环境因素
1 级	经过 0~2 个环境保护区
2 级	经过 3~4 个环境保护区
3 级	经过 4~5 个环境保护区
4 级	经过 5 个以上环境保护区

④应急响应因素。因危险品的独特性质，其一旦发生事故会造成严重的后果，并且不及时救援处理，极容易造成二次伤害。应急救援能力主要是指事故发生后能够快速有序地到达现场实施救援保护的能力，包括在一定时间内能够到达现场的救援的设备、救援人员的数量。所以分析该路段的应急救援能力就主要分析该路段内存在几个消防站，救援人员在多长时间内能赶到，笔者经过调查分析确定了如表 11-11 所示的应急救援能力的等级。

表 11-11　应急救援能力 Fa 等级表

级别	应急救援能力
1 级	在两个消防站的救援范围内并且消防人员能在三分钟内赶至事故现场
2 级	在两个消防站的救援范围内并且消防人员能在五分钟内赶至事故现场
3 级	在一个消防站的救援范围内并且消防人员能在五分钟内赶至事故现场
4 级	最近的消防站消防人员只能在十分钟范围内赶至事故现场

（4）建立基于事故概率与事故后果的评价模型。本指标体系建立的原则如下：①目标性原则。风险评价指标以实现危险品运输过程的安全为目标，由各个能够全面反应引发事故发生的重要影响因素的等级指标构成，是全方面、多角度地反应该系统的安全水平的评价体系，并且服从系统安全评价的目标设计。②系统性原则。危险货物道路运输风险评价指标体系的选择是一个系统而复杂的过程。它必须考虑到各子系统之间的互动和交流。在确定指标时必须考虑到各个指标之间的相关性、整体性、层次性，只有整体系统、层析分明的风险指标评价体系才能反映出整个运输过程的安全水平，才能找

出安全问题。③针对性原则。由于评价的目的的不同,针对性主要是指所选择的风险评价指标体系应该能够提供所需的结果,所以指标的选取不应太过烦琐,应区分的主次,有相应的显著性,以使风险评估有相应的重点,使风险水平的相关研究有针对性。④可操作性原则。利用现有的设备和条件,在有利于风险识别的情况下,收集相关的数据以及权威的研究,建立相应的风险评价指标。指标的确定不应太过于复杂、难以实施。应该结合实际情况,在风险评价的目标下,尽量做得简单明了,有利于实际的操作。⑤定性和定量相结合的原则。在确定指标体系时必须结合定性和定量有关的方法,在对影响因素定性分析的基础上再结合定量的方法确定其风险等级,并且有些缺乏统计数据的影响因素还要通过定性的评分法、矩阵法、专家评价法等确定其风险等级,然后再进行定量分析,通过相应的数据计算来反应风险水平情况。

本书危险品道路运输风险评价指标体系的建立是为了对整个道路运输过程中的风险等级做出一个切合实际情况的合理的评价,是为了更好地对危险品的运输进行风险管理,从而提高危险品道路运输过程的安全水平。本书从危险品道路运输过程中的事故概率因素和事故后果因素两个方面选取指标,综合参考了国内外的权威的风险评价指标,在遵循指标选取体系的原则下,将事故概率影响因素主要分为道路交通水平、时间、道路特征、驾驶员因素四类,将事故后果影响因素分为人口密度、危险品种类、环境、应急响应四类。

(5) 危险货物运输路线的风险值计算。本书采用层次分析法对危险货物运输路线的风险值进行计算。

①建立层次分析模型。层次分析法是美国学者萨蒂 (T. L. Saaty) 在20世纪70年代末提出的一种实用的多标准决策方法。它的本质是使人们的思维等级化和层次化,使复杂的系统决策过程简单易懂。它充分利用人的经验和判断对决策方案的优缺点进行排序。它具有实用性、系统性和简单性的优点。将层次分析法应用于系统评价的基本思想是,评价者首先将复杂问题分解为若干个组成部分,并根据优势关系形成有序的层次结构。然后通过两者的比较,确定层次中元素的相对重要性,最后综合各层次要素的重要性,得到要

素的综合评价值。

层次分析法的基本要求是：首先根据问题的性质和要求将总目标提出；然后将问题进行分层分解，并且在相同水平因素之间相互比较其重要程度，以便于计算相对于上目标各自的权重系数。最后将整个系统一层接一层地分析，一直持续到最后一层，给出最底层的每一个影响因素对于顶层目标层的相关的权重系数，就可以得出每一个影响因素的重要程度。具体步骤如下：

第一步，明确问题，提出总目标。

第二步，构建层次结构并将问题分解为几个级别。第一层是总体目标；根据问题的性质，中间层可以分为目标层（标准层）、部门层（子标准层）等；底层通常是溶液层或测量层。层次结构的正确划分和各种因素之间关系的正确描述是分析层次结构过程的关键，需要谨慎对待。经过深入的讨论和分析，最后绘制出相应的层次结构图，如图 11-11 所示。

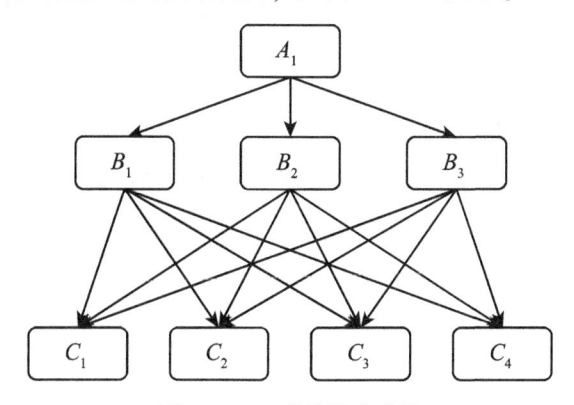

图 11-11　递接层次模型

第三步，确定相同的水平（从高至低）的权重系数。假设在当前级别的因素是 $A_1, A_2, \cdots$，其相关的上层的因素是 C（可能多于一个），称为因子 C，对所有因素 $A_1, A_2, \cdots$，对应前一个层因子构建判断矩阵 C，A 的最大特征值是 $\lambda_{\max}$，其归一化特征向量为 $W_1, W_2, \cdots$，任何一个相对于所述因子 C，根据重要性的程度（见表 11-12）进行打分，把控制系统输出量的一部分或全部，通过一定方法和装置反送回系统的输入端，然后将反馈信息与原输入信息进行比较，再将比较的结果施加于系统进行控制，避免系统偏离预定目标。

表 11-12 要素 B_i 对 B_j 重要程度参考数值

相对重要程度 a_{ij}	定义	解释
1	同等重要	目标 i 和目标 j 同样重要
3	略微重要	目标 i 比目标 j 略微重要
5	相当重要	目标 i 比目标 j 重要
7	明显重要	目标 i 比目标 j 明显重要
9	绝对重要	目标 i 比目标 j 绝对重要
2，4，6，8	介于两相邻重要程度间	

第四步，求在同一水平的组合权重系数。在目前水平的因素是 A_1 的相关上层因素 C_1 和 C_m，对于每个权重，可根据第三步获得的加权矢量，如果前一层因素的权重被称为 A_1，分别对应当前层的各因素的组合权重系数是：$\sum_{i=1}^{m} a_i w_1^i, \sum_{i=1}^{m} a_i w_2^i, \cdots, \sum_{i=1}^{m} a_i w_n^i$。依此从上而下寻求直至获得最下层的所有因素的权重系数（权重组合的系数）。根据最低权重系数的分布，可以给出关于每个方案的优先级排序。

第五步，一致性检验。当获得判断矩阵 A，有时判断可能会不一致，并且有必要使用一致性指标来执行测试。作为度量矩阵的偏差的指标，可以使用

$$CI = \frac{\lambda_{\max} - n}{n - 1} \tag{11-2}$$

来检查决策者判断思维的一致性。为了度量不同判断矩阵是否具有满意的一致性，还需要利用判断矩阵的平均随机一致性指标 RI。对于 1 阶到 9 阶的判断矩阵，RI 的值见表 11-13。

表 11-13 平均随机一致性指标值

1	2	3	4	5	6	7	8	9
0.00	0.00	0.58	0.90	1.12	1.24	1.32	1.41	1.45

判断矩阵的一致性指标 CI 与同阶平均随机一致性指标 RI 之比，称为随机一致性比率，记为

$$CR = \frac{CI}{RI} \qquad (11-3)$$

通常要求 $CR \leq 0.1$，此时可以认为判断矩阵具有满意的一致性，否则需要对判断矩阵进行调整。

②计算权重值。对于判断矩阵和相应的特征向量的最大特征值，可以使用线性代数计算。然而，实际中，通常使用近似方法进行计算，主要有平方根法和求和法。

第一种方法，平方根法。

a. 计算 $\overline{w_i}$，其中 $\overline{\omega}_i = \sqrt[n]{\prod_{j=1}^{n} a_{ij}}$ $(i=1,\cdots,n)$。

b. 将 $\overline{w_i}$ 规范化，得到 w_i，其中 $w_i = \overline{\omega}_i \Big/ \sum_{i=1}^{n} \overline{\omega}_i$，$(i=1,\cdots,n)$。$w_i$ 即特征向量 w 的第 i 个分量。

c. 求 λ_{max}，其中 $\lambda_{max} = \sum_{i=1}^{n} \frac{\sum_{j=1}^{n} a_{ij}w_i}{nw_i}$。

第二种方法，求和法。

a. 按列将 A 规范化，有 $\overline{b}_{ij} = a_{ij} \Big/ \sum_{k=1}^{n} a_{ij}$。

b. 计算 $\overline{\omega}_i$，$\overline{\omega}_i = \sum_{j=1}^{n} \overline{b}_{ij}$，$(i=1,\cdots,n)$。

c. 将 $\overline{\omega}_i$ 规范化，得到 w_i，$w_i = \overline{\omega}_i \Big/ \sum_{i=1}^{n} \overline{\omega}_i$，$(i=1,\cdots,n)$。$w_i$ 即特征向量 w 的第 i 个分量。

d. 计算 λ_{max}，其中 $\lambda_{max} = \sum_{i=1}^{n} \frac{\sum_{j=1}^{n} a_{ij}w_i}{nw_i}$。

目标层：决策目标同样用 A 表示；主准则层：用 B 表示，则 B_1 和 B_2 分别表示该层相应的评价指标；子准则层：根据不同的因素用 C_1、C_2、C_3、C_4、C_5、C_6、C_7、C_8 分别表示相应的评价因素。

准则层 B 不同因素相对于目标层 A 决策目标的权重见表 11-14。

表 11-14　准则层 B 不同因素相对于目标层 A 决策目标的权重

A	B_1	B_2	W
B_1	1	1/3	0.25
B_2	3	1	0.75

方案层 C 不同因素相对于准则层 B 决策目标的权重见表 11-15。

表 11-15　方案层 C 不同因素相对于准则层 B 决策目标的权重

B_1	C_1	C_2	C_3	C_4	W	CR
C_1	1	1/3	2	4	0.026521	0.030798 通过一致性检验
C_2	3	1	3	5	0.053753	
C_3	1/2	1/3	1	3	0.017452	
C_4	1/4	1/5	1/3	1	0.007457	
B_2	C_5	C_6	C_7	C_8	W	CR
C_5	1	3	1/2	3	0.281285	0.0654 通过一致性检验
C_6	1/3	1	1/7	1/5	0.060332	
C_7	2	7	1	3	0.491649	
C_8	1/3	5	1/3	1	0.166734	

方案层 C 不同因素相对于目标层 A 决策目标的权重。

最底层方案层 C 对于目标层 A 的权重 = 方案层 C 对子准则层 B 的权重 × 子准则层 B 对目标层 A 的权重。例如，C_6 对于目标 A 的权重 = 0.060332 × 0.75 = 0.045249。当方案层对于目标层的指标权重确定之后，就可以确定影响危险品道路运输安全的不同因素的重要程度，以及不同影响因素对于目标层的百分制的权重指标（见表 11-16、表 11-17）。

表 11-16　事故概率因素对目标权重值

C_1	C_2	C_3	C_4
0.0630	0.1278	0.0415	0.0177

表 11-17　事故后果因素指标对目标权重值

C_5	C_6	C_7	C_8
0.2110	0.0452	0.3687	0.1251

由层次分析模型所得的权重值可知：在评价影响危险品道路运输安全的风险因素时，由数据可知在事故概率风险因素中，驾驶员因素权重最大，时间因素权重最小。在事故后果风险因素中，危险品种类因素权重最大，人口密度因素次之，应急救援能力因素权重与驾驶员因素相当，环境因素权重最小。

运用层次分析法，建立关于危险品道路运输风险评级的三级层析分析模型，通过模型计算得出不同因素对于总目标风险控制的权重，并且通过专家的建议和参考相关文献资料建立关于事故后果的模糊评价的评价因素集，对一些运输过程中难以定量分析的重要的影响因素通过不同的标准合理地将其定量化，可以用不同的数据量化标注的方式来量化该路段的环境影响因素和应急响应能力，将这些因素数据化、定量化，以便用于对路段风险的安全评价当中。

3. 实例分析

天津市危险品较为集中。2008 年 11 月 1 日，天津市政府施行了《天津市危险化学品安全管理办法》，规定天津市危险化学品业务应集中、专业、统一，现有危险品经营单位应逐步进入集中交易市场。天津市危险化学品市场建设在管理和专业化方面走在全国前列。

天津市危险化学品交易市场总面积为 78 万 m^2。交易面积 10400m^2，仓储面积 76.5 万 m^2，周边有 5 条铁路线及配套物流设施，周围交通便利，距离天津港港口区较近，主要是面向外贸出口方面业务的危险品的储存、运输的物流中心，实现了危险品运输的港口物流的一体化，是危险品向外运输的一个重要的出口。

（1）路线分析。运输路线，均要经过河北区、河东区、东丽区和滨海新区，在细致分析了运输过程中所要经过的地形和公路网之后，结合其实际运输情况选定了如下两条运输路线。

路线一：跃进路（1.5 km）—新港八号路（1.5 km）—东海路（2.3 km）—京津高速（24.4 km）—津汉公路（15 km）—卫国道（6.4 km）—顺驰桥（0.8 km）—王串场一号路（2.1 km）—万柳村大街（0.3 km）。

路线二：吉运五道（0.9 km）—跃进路（1.3 km）—新港七号路（0.6 km）—第九大街（9.2 km）—北大街（0.7 km）—西中环快速（2.1 km）—京津塘高速（30.7 km）—金钟路高架桥（5.8 km）—金钟河大街（3.6 km）—万柳村大街（0.4 km）。[①]

（2）事故概率因素分析。通过第二章对于事故概率的影响因素的分析可知，每一个因素都会有明确的风险等级表，所以路线中每一路段的事故概率方面影响因素的值都可用表格的形式表现出来（表11-18、表11-19）。

表11-18　路线一事故概率因素评价

路线一	跃进路	新港八号路	东海路	京津高速	津汉公路
距离/km	1.5	1.5	2.3	24.4	15
道路特征	3	2	1	1	1
道路交通	2	2	1	2	3
驾驶员	2				
时间	1				

路线一	卫国道	顺驰桥	王串场一号路	万柳村大街
距离/km	6.4	0.8	2.1	0.3
道路特征	2	2	3	4
道路交通	3	3	3	4
驾驶员	2			
时间	1			

注：由于走该运输路段，如果在早上出发在正午前就能到达，所以将时间因素和驾驶员因素统一评判。

---

① 以上数据经百度地图查询而得。

表 11-19 路线二事故概率因素评价

路径二	吉运五道	跃进路	新港七号路	第九大街	北大街
距离/km	0.9	1.3	0.6	9.2	0.7
道路特征	3	2	2	2	2
道路交通	3	3	2	3	3
驾驶员	2				
时间	1				
路径二	西中环快速	京津塘高速	金钟路高架桥	金钟河大街	万柳村大街
距离/km	2.1	30.7	5.8	3.6	0.4
道路特征	1	1	2	2	4
道路交通	2	2	3	3	4
驾驶员	2				
时间	1				

注：由于走该运输路段，如果早上出发在正午前就能到达，所以将时间因素和驾驶员因素统一评判。

（3）事故后果因素分析。①人口密度。根据天津市的有关统计数据可得天津市各区人口密度①（见表11-20），进而算出每个区的平均人口密度：根据每段路径通过的行政区域，来估算每条路径通过区域的人口密度（若通过两个区就求两个区的平均人口密度来近似计算）。

表 11-20 天津市各区人口密度

| 行政区 | 滨海新区 ||| 和平区 | 西青区 | 南开区 | 河北区 | 东丽区 | 河东区 | 津南区 | 红桥区 | 河西区 |
	汉沽	大港	塘沽									
人口密度/（万人/平方公里）	0.0624			4.505	0.084	2.173	2.166	0.092	1.853	0.14	2.145	1.888

---

① 数据来源：中商产业研究院数据库。

②环境因素。天津市的城市旅游景点众多，几乎每个区都有著名的公园和受保护的古建筑。整理两条路线经过的行政区的著名景区和保护景点，结果见表 11 – 21。

表 11 – 21　路线经过的各区的景点

行政区	景点
滨海新区	海河外滩公园、世纪广场、临潮湖公园、官港森林公园、郑家大院
河北区	大悲禅院、北宁公园、名人故居、天津之眼
东丽区	天津东丽湖、东丽湖温泉度假旅游区、老姆庙
河东区	河东公园、天妃宫遗址、桥园公园

③危险品种类。由于该运输路径运输的危险品种类较多，不易将每一种都拿来分析，所以仅对该路段中运输量较大的汽油进行危险品等级的数值计算（见表 11 – 22）。

表 11 – 22　汽油菱形数字等级

汽油	等级
健康危害分级	1
可燃性分级	3
反应活性分级	1
特殊危险性分级	0

带入公式的 $N = 2.2$，所以汽油的危险等级为 1 级。

④应急响应能力。笔者根据天津市消防局公布的数据进行了统计，天津市有 96 个消防站，具有 3 个消防大队、18 个消防支队。两条路径的各路段如果发生事故，能够在第一时间赶到的消防站有：天津市保税区消防支队、天津市和平区消防支队、滨海消防支队、天津港消防支队第一大队、东丽区消防支队、消防总队河东支队特勤队、消防局开发支队、河东支队大王庄中队、河北区支队、河东区消防支队、新村消防支队、万新中队、幸福道支队、开发区支队中南中队、开发区支队八大街中队、开发支队三大街中队、保税区中队东七道支队、环渤海义务消防队。但是表 11 – 23、表 11 – 24

只统计了前文评价过的消防站,即满足评价要求有几个消防站能在几分钟内到达事故现场,但是表格采取的标准是前文用于等级评价的标准,达不到该标准则用下一级标准表示,这有利于对于不同路段的应急响应能力的评价,较容易实施。

表 11–23　路线一应急响应能力等级

路线一	消防站	路线一	消防站
跃进路	一个消防站 十分钟	卫国道	两个消防站 五分钟
新港八号路	一个消防站 五分钟	顺驰桥	两个消防站 五分钟
东海路	两个消防站 五分钟	王串场一号路	两个消防站 三分钟
京津高速	一个消防站 五分钟	万柳村大街	两个消防站 五分钟
津汉公路	一个消防站 五分钟		

表 11–24　路线二应急响应能力等级

路线二	消防站	路线二	消防站
吉运五道	一个消防站 十分钟	西中环快速	一个消防站 五分钟
跃进路	一个消防站 十分钟	京津塘高速	一个消防站 五分钟
新港七号路	一个消防站 五分钟	金钟路高架桥	两个消防站 五分钟
第九大街	两个消防站 三分钟	金钟河大街	两个消防站 三分钟
北大街	两个消防站 五分钟	万柳村大街	两个消防站 五分钟

(4) 路径风险评价。路线一风险等级见表 11-25。

表 11-25 路线一风险等级

	跃进路	新港八号路	东海路	京津高速	津汉公路
道路交通	2	2	1	2	3
驾驶员	2				
道路特征	3	2	1	1	1
时间	1				
人口密度	1	1	1	1	1
环境	1	1	1	2	2
危险品种类	1	1	1	1	1
应急响应能力	4	3	2	3	3

	卫国道	顺驰桥	王串场一号路	万柳村大街
道路交通	3	3	3	4
驾驶员	2			
道路特征	2	2	3	4
时间	1			
人口密度	4	4	4	4
环境	1	1	1	1
危险品种类	1	1	1	1
应急响应能力	2	2	1	2

路段风险值的计算（以跃进路为例）：

$R = (2,2,3,1,1,1,1,4) \times$
$(0.0630,0.1278,0.0415,0.0177,0.2110,0.0452,0.3687,0.1251)^\mathrm{T}$
$= 1.6491$

然后再将每一路段的风险值通过距离加权计算出整个路段的风险值：

$$R = \frac{R_\mathrm{r} \times L_\mathrm{r}}{\sum_{i=1}^{n} L_\mathrm{r}} \qquad (11-4)$$

式中：R_r 为路段的风险值；L_r 为该路段的长度；n 为路段的数量。

路线一风险值见表 11-26。

表 11-26 路线一风险值

路线一	跃进路	新港八号路	东海路	京津高速	津汉公路	卫国道	顺驰桥	王串场一号路	万柳村大街
风险值	1.6491	1.4825	1.2529	1.4862	1.5492	2.0534	2.0534	1.9698	2.1994
距离/km	1.5	1.5	2.3	24.4	15	6.4	0.8	2.1	0.3
R	\multicolumn{9}{c	}{1.60}

结论：整个路线风险等级良好，属于可接受水平，但是由于驾驶员因素的评价可变性较强，所以求出的风险值只是代表了平均水平。由于危险品权重较大，对于不同种类的危险品，路线风险值可能会出现较大的变化，所以要根据不同的危险品重新计算。路段的风险评价当中，跃进路的应急响应能力和道路特征评分较差，其余六个方面评分较优，所以该路段的风险值较为良好；而卫国道、顺驰桥和万柳村大街的风险评价中道路交通特征、道路特征、人口密度和应急响应能力均评分较差，但是由于这些因素所占的权重较平均，所以这三个路段的风险值均处于良好以下的水平，在计算总的风险值时，因为这三个路段都不长，所以对总路线的风险值水平的影响较小，整个路线的风险值受路段较长的路段影响较大，风险值处于良好水平。但是若在卫国道、顺驰桥、王串场一号路和万柳村大街发生事故，则事故的风险值较大，事故后果影响因素的评分均较差，事故后果较为严重，所以在路径选择中，对出危险品交易市场进高速的路段可以和高速路段分开评价，这样可以较全面地反映该路线中各个路段的风险值，并且能够完整地体现各个路段对于整个路线风险值的影响，不会因为距离的因素而将影响淡化。

路线二。路线二风险等级见表 11-27。路线二风险值见表 11-28。

表 11-27　路线二风险等级

路线二	吉运五道	跃进路	新港七号路	第九大街	北大街
道路交通	3	3	2	3	3
驾驶员	colspan 2				
道路特征	3	2	2	2	2
时间	1	1	1	1	1
人口密度	1	1	1	1	1
环境	1	1	1	1	1
危险品种类	1	1	1	1	1
应急响应能力	4	4	3	1	2
路线二	西中环快速	京津塘高速	金钟路高架桥	金钟河大街	万柳村大街
道路交通	2	2	3	3	4
驾驶员	colspan 2				
道路特征	1	1	2	2	4
时间	1	1	1	1	1
人口密度	1	3	4	4	4
环境	1	3	1	1	1
危险品种类	1	1	1	1	1
应急响应能力	3	3	2	1	2

（驾驶员一栏数值为 2）

表 11-28　路线二风险值

路线二	吉运五道	跃进路	新港七号路	第九大街	北大街	西中环快速	京津塘高速	金钟路高架桥	金钟河大街	万柳村大街
风险值	1.7121	1.6706	1.4825	1.2953	1.4204	1.441	1.9534	2.0534	1.9283	2.1994
距离	0.9	1.3	0.6	9.2	0.7	2.1	30.7	5.8	3.6	0.4
R	1.81									

结论：该路线当中的吉运五道和跃进路在风险评价中应急响应能力差，道路交通状况与道路状况评价较差，所以两路段风险值相近。两路段距离较短，所以对整个路线的风险值影响较小。该路线主要经过的京津塘高速路段，人口密度较大，环境和应急响应能力较差。根据这三个因素的权重，该路段的风险值较高，况且该路段的长度超过该路线的一半，所以对整个路线风险值的影响较大。同时在该路线中出现了金钟路高架桥和万柳村大街两处风险值较高的路段，这两处路段的人口密度较大、道路交通状况较差，人口密度

因素所占的权重是造成风险值增加的主要原因。该路线的风险值虽然也处于良好的水平，但是较路线一风险有所增加，主要是因为该路线的部分地区如京津塘高速路段等应急响应能力较差，所以在运输危险性更大的危险品时，该路段的风险值可能会出现剧烈上升，不推荐该路线的运输。

（三）某机场不停航施工安全管理

1. 不停航施工的安全特点分析

不停航施工是在机场正常运营的情况下，在航站区和飞行区进行的施工。一般是在每日夜航结束后至次日首航前 1 小时进行。施工需要保证航班正常运行，确保跑道安全和施工安全。和普通施工相比，不停航施工的安全管理更具有特殊性。不停航施工的安全特点如下。

（1）夜间施工难度大。首先，不停航施工多为夜间施工，对于航班量大的机场，夜间的航行情况复杂，给施工带来了难度。其次，夜间作业也容易使施工人员产生疲劳。施工人员会出现工作能力下降、疲倦等，导致注意力不集中、工作效率低下。施工时间短，加大了施工人员的工作强度，也考验了人员的耐力。在这种情况下工作，不仅施工难度大，而且容易导致安全风险。

（2）施工过程复杂。不停航施工工程包括跑道的改建、扩建，灯光设施的修缮、更新等。在施工中，由于地下管线纷杂交错并且归属不同部门，管线信息不全可能会导致设施的破坏。在施工中要确保不破坏目视助航设施、通信、灯光等设备，注意对地下线缆管线的保护，并且要做好开航前的适航恢复工作，确保标志、标线的完整。

（3）施工环境差。施工过程中的灰尘、噪声、漂浮的异物和其他有害因素，都可能对施工人员的生理、心理造成伤害，也可能对施工设备造成损害。在夜间作业时，灯光光线不强也会影响施工。在日间作业时，往往是进行跑道或设备的抢修，对施工速度和时间的要求也更高。在施工场所，任何飞行事故、安全事故和设备故障都会影响施工进程。这对施工的准备和预防工作提出了更高的要求。

（4）组织管理交错。不停航施工管理涉及的部门纷杂交错。不仅包括施工单位、监管单位，而且包括飞行部门、管制部门、安全管理部门等机场各个部门。多部门的参与很可能会导致多重领导和管理混乱。不停航施工从施工到离场，所需人员、设备和物资以及突发事件的出现，都需要各方面进行信息沟通和协调。这也对在短时间内进行高效的管理和协调提出了挑战。

2. 不停航施工安全风险因素识别

（1）风险因素识别方法的选择。风险因素识别是安全评价的基础，通过识别分析不停航施工的安全风险因素，找出风险源，并以此构建安全评价指标体系。目前，风险识别的方法可以分为三大类：定性法、定量法、定性定量结合法。具体比较如下。

定性法包括专家评价法、安全检查表法、头脑风暴法、工作危害分析法、鱼骨图法等，主要是根据经验和直观判断能力进行分析，比较全面完整，但主观性强。

定量法包括事故树法、决策树法、因果分析法、概率分析法等，主要是依据概率和数理统计对大量数据进行分析，具有客观性，但计算分析复杂。

定性定量结合法包括系统动力学、事故分析法、SWOT（优势、劣势、机会、威胁）分析法等，将定性和定量结合起来，综合两者的优点，更加科学。

本书将采用系统分析理论，将系统安全从人员、设备、环境、管理四个方面分类，并借助鱼骨图法对不停航施工的安全风险进行识别。

（2）安全风险因素分析。安全风险因素分析结合不停航施工的安全特点，将系统按照人员因素、设备因素、环境因素和管理因素进行划分。

①人员因素。机场的从业人员是保证机场正常运行的主体。人员的行为是安全中最难控制的因素。人员的生活背景、教育经历、性格和能力的不同，也导致在实际过程中，人们对安全认识的偏差。人的过失、遗漏、错误等也可能导致事故和损失。不停航施工情景下，人员因素包括人员的安全意识和素养、人员的资质和技术水平、人员的生理心理素质、人员的管理和配备、人员的应急能力等方面。

②设备因素。设备是保障机场正常运行的硬件设施。设备的维修、保养、更新情况，机场的跑道标志、标线的清晰度情况，设备的停放情况，都可能

对机场的运行产生影响。设备的不安全状况可能会导致人员伤害和财产损失。在不停航施工的情景下，设备因素包括标志、标线的清晰度，机场设施的完好性，设备的养护和更新，应急设备的配置等方面。

③环境因素。机场的安全环境包括两个方面，一个是机场内部的环境，包括跑道、停机坪、滑行道等环境的保障。另外一个是外部环境，包括天气、温度、光线等不可控的环境。恶劣的环境可能会影响飞行安全和施工安全等，容易产生事故。在不停航施工情景下，环境因素包括施工现场的清洁、夜间施工环境、天气条件等方面。

④管理因素。管理是在特定的环境下，对组织所拥有的资源进行有效的计划、组织、领导和控制，以便达成既定的组织目标的过程。管理能力会影响人员的配备和资源的完备性。管理水平低，会造成组织的潜在状况，导致一线操作人员的失误进而影响机场安全。管理水平与机场安全成正相关。在不停航施工情景下，管理因素包括安全管理能力、安全管理制度、安全监管力度、安全教育与培训、应急预案与演练等方面。

采用鱼骨图法，对不停航施工安全风险识别，如图 11-12 所示。

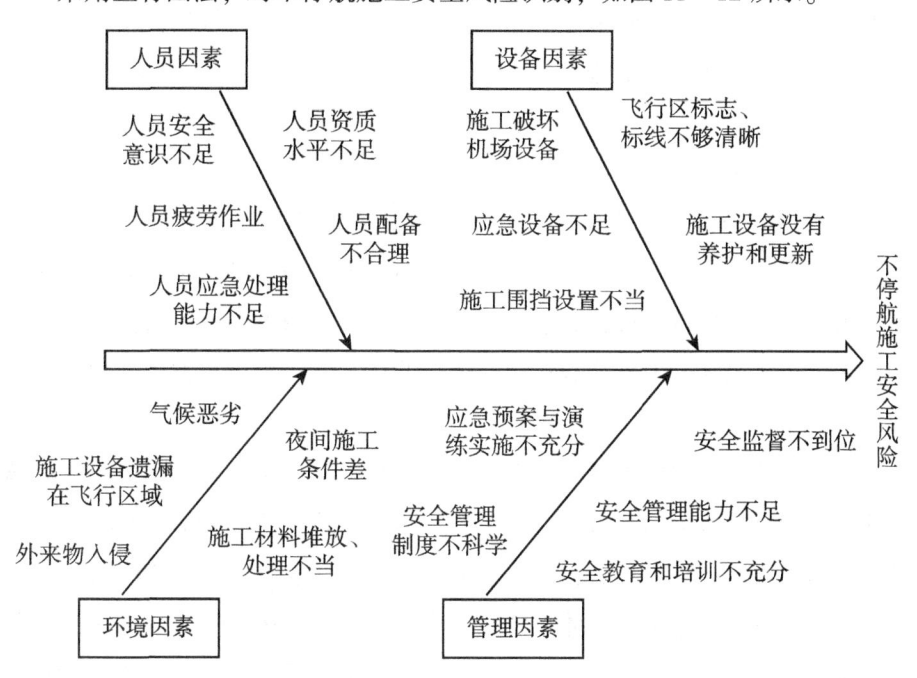

图 11-12　不停航施工安全风险识别"鱼骨"

3. 不停航施工安全评价指标体系的建立

（1）不停航施工安全评价指标体系建立的原则。在不停航施工情景下，影响机场安全管理的因素有很多，各种因素之间可能存在交叉的关系。安全评价指标体系的构建是安全评价的基础，也是评价是否科学的重要保证。不停航施工情景作为一个复杂的系统，无法用少数几个指标来衡量系统的安全。在构建安全评价指标体系时，考虑不停航施工的特点，应遵循以下原则：①系统性原则。不停航施工安全评价是综合因素的评价，需要选取具有代表性的指标。要确保指标能全面反应不停航施工的安全状况。本书采用系统理论，从人员、设备、环境、管理四个方面进行分析确保指标的全面性和系统性。②层次性原则。评价指标要有层次，从人员、设备、环境、管理四个方面出发，依次分析每个子系统下的安全管理因素。这样既可以避免指标之间的重复交叉，也能更深入地分析不停航施工的安全影响因素。层次性也可以突出指标之间的重点，为指标权重的确立提供便利性。③可行性原则。由于机场的工作人员的工作经验和职能不尽相同，指标体系是否易于操作，决定了评价工作是否易于进行以及评价程序和方案能否被安全管理部门接受，评价方法和模型是否能够应用在实际中。④科学性原则。评价指标要建立在科学的基础上，遵守不停航施工的相关标准和安全管理制度。指标要能量化，能够进行定量分析。计算方法要规范，保证指标选取的客观性，才能保证评价的科学和真实。

（2）不停航施工安全评价指标体系的筛选和建立。在具体的评价工作中，每个评价指标在评价工作中的作用不同。为了避免各指标之间的交叉重复，需要对指标进行筛选，分清主次，选出主要的影响指标。目前，指标筛选的方法主要包括：主成分分析法、德尔菲法、极小极大离差法、层次分析法、相关系数法等。

主成分分析法需要大量的数据。德尔菲法适用于定性分析。极小极大离差法适用于有区分度的分析，一般用于问卷的分析。层次分析法是定量方法，基于两两因素的计算比较。相关系数法是基于回归方程来进行相关性的分析。

由于在不停航施工指标体系的建立中，存在主观因素，需要采用定量分析对指标进行筛选。目前不停航施工的研究相对较少，数据收集难度大，因此本书采用层次分析法和德尔菲法,德尔菲法的数据来源也与层次分析法的数据来源比较吻合。

基于层次分析法的不停航施工安全评价指标体系的筛选过程如下:

①初步建立不停航施工安全评价指标体系。依据不停航施工安全评价指标体系建立的原则,以及前面对不停航施工安全风险识别的结果以及不停航施工安全现状的分析,初步建立不停航施工安全评价指标体系,如表 11 – 29 所示。

表 11 – 29　初步不停航施工安全评价指标体系

一级指标	二级指标
人员因素	人员安全意识 A_1、人员资质水平 A_2、人员疲劳作业问题 A_3、人员配备情况 A_4、人员应急处理能力 A_5、人员违规操作问题 A_6
设备因素	施工破坏机场设备问题 A_7,飞行区标志、标线清晰度 A_8、应急设备 A_9,施工设备没有养护和更新 A_{10},施工围挡设置问题 A_{11},施工设施进出场路线问题 A_{12}
环境因素	气候问题 A_{13}、施工设备遗漏在飞行区域问题 A_{14}、夜间施工条件 A_{15}、外来物入侵问题 A_{16}、施工材料堆放处理 A_{17}、施工交叉和时间 A_{18}
管理因素	应急预案与演练情况 A_{19}、安全监督 A_{20}、安全管理能力 A_{21}、安全教育和培训 A_{22}、安全管理制度 A_{23}、部门之间沟通协调能力 A_{24}

②基于层次分析法的指标筛选。

a. 建立两两指标的比较矩阵:

$$A = (a_{ij})_{n \times n} \quad (i = 1, 2, \cdots, n; j = 1, 2, \cdots, n) \tag{11-5}$$

其中

$$a_{ij} = 1, \ a_{ij} = \frac{1}{a_{ji}} \tag{11-6}$$

b. 将矩阵 A 进行归一化处理:

$$\overline{a}_{ij} = a_{ij} \Big/ \sum_{k=1}^{n} a_{kj} \quad (i = 1,2,\cdots,n; j = 1,2,\cdots,n) \tag{11-7}$$

c. 将矩阵 A 各行元素求和:

$$\overline{W}_i = \sum_{j=1}^{n} a_{ij} \quad (i = 1,2,\cdots,n) \tag{11-8}$$

d. 求出特征值：

$$Aw = \lambda_{max}w \qquad (11-9)$$

e. 将比较矩阵的特征值进行一致性检验，通过查概率表可得出 RI 的值。依式（11-2）和式（11-3）计算。当一致性指标 $CR<0.1$，则接受一致性检验。

f. 挑选指标取舍的权数（η），对指标因素进行筛选。

③指标筛选。对于人员因素的6个二级指标，即人员安全意识 A_1、人员资质水平 A_2、人员疲劳作业问题 A_3、人员配备情况 A_4、人员应急处理能力 A_5、人员违规操作问题 A_6，将两两因素进行对比，按照1~9分建立专家打分表，见表11-30。

表 11-30　人员因素打分

	A_1	A_2	A_3	A_4	A_5	A_6
A_1	1	2	4	6	2	2
A_2	1/2	1	2	2	1/4	1/2
A_3	1/4	1/2	1	2	2	1/2
A_4	1/6	1/2	1/2	1	1/4	1/6
A_5	1/2	4	1/2	4	1	1/2
A_6	1/2	2	2	6	2	1

通过 Matlab 计算，求出矩阵的特征值 $\lambda_{max}=6.6106$，$CI=0.12212$，$RI=1.24$。$CR=0.0984<0.1$，矩阵一致性检验可接受。归一化见表11-31。

表 11-31　人员因素归一化

	A_1	A_2	A_3	A_4	A_5	A_6	$\overline{W_i}$	W_i
A_1	0.34	0.20	0.40	0.29	0.27	0.43	1.92	0.32
A_2	0.17	0.10	0.20	0.10	0.03	0.11	0.71	0.12
A_3	0.09	0.05	0.10	0.10	0.27	0.11	0.70	0.12
A_4	0.06	0.05	0.05	0.05	0.03	0.04	0.27	0.05
A_5	0.17	0.40	0.05	0.19	0.13	0.11	1.05	0.18
A_6	0.17	0.20	0.20	0.29	0.27	0.21	1.34	0.22

取 $\eta=0.1$，$\eta(A_4)=0.05<0.1$，所以 A_4 指标被淘汰。

对于设备因素的 6 个二级指标，即施工破坏机场设备问题 A_7，飞行区标志、标线清晰度 A_8，应急设备 A_9，施工设备没有养护和更新 A_{10}，施工围挡设置问题 A_{11}，施工设施进出场路线问题 A_{12}，将两两因素进行对比，按照 1~9 分建立专家打分表，见表 11-32。

表 11-32　设备因素打分

	A_7	A_8	A_9	A_{10}	A_{11}	A_{12}
A_7	1	2	4	6	4	6
A_8	1/2	1	2	4	2	4
A_9	1/4	1/2	1	2	1/2	2
A_{10}	1/6	1/4	1/2	1	1/4	1/2
A_{11}	1/4	1/2	2	4	1	2
A_{12}	1/6	1/4	1/2	2	1/2	1

通过 Matlab 计算，求出矩阵的特征值 $\lambda_{max}=6.133$，$CI=0.0266$，$RI=1.24$。$CR=0.0215<0.1$，矩阵一致性检验可接受。归一化见表 11-33。

表 11-33　设备因素指标归一化

	A_7	A_8	A_9	A_{10}	A_{11}	A_{12}	$\overline{W}_i$	W_i
A_7	0.43	0.44	0.40	0.32	0.48	0.39	2.46	0.41
A_8	0.21	0.22	0.20	0.21	0.24	0.26	1.35	0.22
A_9	0.11	0.11	0.10	0.11	0.06	0.13	0.61	0.10
A_{10}	0.07	0.06	0.05	0.05	0.03	0.03	0.29	0.05
A_{11}	0.11	0.11	0.20	0.21	0.12	0.13	0.88	0.15
A_{12}	0.07	0.06	0.05	0.11	0.06	0.06	0.41	0.07

取 $\eta=0.1$，$\eta(A_{10})=0.05<0.1$，$\eta(A_{12})=0.07<0.1$。所以指标 A_{10} 和指标 A_{12} 被淘汰。

对于环境因素的 6 个二级指标，即气候问题 A_{13}、施工设备遗漏在飞行区

域问题 A_{14}、夜间施工条件 A_{15}、外来物入侵问题 A_{16}、施工材料堆放处理 A_{17}、施工交叉和时间 A_{18}，将两两因素进行对比，按照 1~9 分建立专家打分表，见表 11-34。

表 11-34 环境因素打分

	A_{13}	A_{14}	A_{15}	A_{16}	A_{17}	A_{18}
A_{13}	1	1/2	1/4	2	4	2
A_{14}	2	1	1/2	2	6	1/2
A_{15}	4	2	1	2	4	2
A_{16}	1/2	1/2	1/2	1	2	1/2
A_{17}	1/4	1/6	1/4	1/2	1	1/2
A_{18}	1/2	2	1/2	2	2	1

通过 Matlab 计算，求出矩阵的特征值 $\lambda_{max} = 6.5285$，$CI = 0.1057$，$RI = 1.24$。$CR = 0.0852 < 0.1$，矩阵一致性检验可接受。归一化见表 11-35。

表 11-35 环境因素指标归一化

	A_{13}	A_{14}	A_{15}	A_{16}	A_{17}	A_{18}	$\overline{W}_i$	W_i
A_{13}	0.12	0.08	0.08	0.21	0.21	0.31	1.01	0.17
A_{14}	0.24	0.16	0.17	0.21	0.32	0.08	1.17	0.20
A_{15}	0.48	0.32	0.33	0.21	0.21	0.31	1.87	0.31
A_{16}	0.06	0.08	0.17	0.11	0.11	0.08	0.60	0.10
A_{17}	0.03	0.03	0.08	0.05	0.05	0.08	0.32	0.05
A_{18}	0.06	0.32	0.17	0.21	0.11	0.15	1.02	0.17

取 $\eta = 0.1$，$\eta(A_{17}) = 0.05 < 0.1$。所以指标 A_{17} 被淘汰。

对于管理因素的 6 个二级指标，即应急预案与演练情况 A_{19}、安全监督 A_{20}、安全管理能力 A_{21}、安全教育和培训 A_{22}、安全管理制度 A_{23}、部门之间沟通协调能力 A_{24}，将两两因素进行对比，按照 1~9 分建立专家打分表，见表 11-36。

表 11-36　管理因素打分

	A_{19}	A_{20}	A_{21}	A_{22}	A_{23}	A_{24}
A_{19}	1	1/2	1/4	2	1/2	1/6
A_{20}	2	1	1/2	2	2	2
A_{21}	4	2	1	4	2	2
A_{22}	1/2	1/2	1/4	1	1/2	1/4
A_{23}	2	1/2	1/2	2	1	2
A_{24}	6	1/2	1/2	4	1/2	1

通过 Matlab 计算，求出矩阵的特征值 $\lambda_{max}=6.5184$，$CI=0.1036$，$RI=1.24$。$CR=0.0836<0.1$，矩阵一致性检验可接受。归一化见表 11-37。

表 11-37　管理因素归一化

	A_{19}	A_{20}	A_{21}	A_{22}	A_{23}	A_{24}	$\overline{W}_i$	W_i
A_{19}	0.06	0.10	0.08	0.13	0.07	0.02	0.48	0.08
A_{20}	0.13	0.20	0.17	0.13	0.31	0.27	1.21	0.20
A_{21}	0.26	0.40	0.33	0.27	0.31	0.27	1.84	0.31
A_{22}	0.03	0.10	0.08	0.07	0.08	0.03	0.39	0.07
A_{23}	0.13	0.10	0.17	0.13	0.15	0.27	0.95	0.16
A_{24}	0.39	0.10	0.17	0.27	0.08	0.13	1.13	0.19

取 $\eta=0.1$，$\eta(A_{19})=0.08<0.1$，$\eta(A_{22})=0.07<0.1$。所以指标 A_{19} 和指标 A_{22} 被淘汰。

④安全评价指标体系的筛选结果。根据上述计算，最终得到不停航施工安全评价指标体系，如表 11-38 所示。

表 11-38　不停航施工安全评价指标体系

一级指标	二级指标
人员因素 U_1	人员安全意识 V_1
	人员资质水平 V_2
	人员疲劳作业问题 V_3
	人员应急处理能力 V_4
	人员违规操作问题 V_5

续表

一级指标	二级指标
设备因素 U_2	施工破坏机场设备问题 V_6
	飞行区标志、标线清晰度 V_7
	应急设备 V_8
	施工围挡设置问题 V_9
环境因素 U_3	气候问题 V_{10}
	施工设备遗漏在飞行区域问题 V_{11}
	施工条件 V_{12}
	外来物入侵问题 V_{13}
	施工交叉和时间 V_{14}
管理因素 U_4	安全监督 V_{15}
	安全管理能力 V_{16}
	安全管理制度 V_{17}
	部门之间沟通协调能力 V_{18}

4. 民用机场不停航施工安全评价模型的选择与建立

安全评价，是指应用系统工程的原理和方法，对被评价单元中存在的可能引发事故或职业危害的因素进行预先识别与分析，判断事故发生的可能性及严重程度，提出危险防范措施来缓解风险，针对不同的风险，采取合理可行的整改措施，以达到改善安全管理状况的目的，从而实现被评价单元的整体安全。安全评价也称为安全性评价、危险评价或风险评价。不停航施工的安全评价，作为机场安全管理的重要组成部分，对机场的运行安全有不可或缺的作用。

安全评价需要建立一套安全评价指标体系，将不停航施工作为一个整体，分成各个系统来进行评价，以实现全面的安全评价和制定有针对性的安全管理措施。根据安全评价对象和目的的不同，应该选用科学、适用的评价方法，进行安全评价，客观真实地评定其安全状况，为事故预防和控制措施提供可靠的依据。安全评价的方法可以分为定性方法、定量方法和综合评价方法。

定性安全评价方法。定性安全评价方法主要是依据对事物的经验和对事物发展规律的认识了解，通过直接分析判断，对系统的人员、设备、环境和管理等方面进行科学分析的方法。评价的结果往往也是定性的指标，如事故发生的可能性、严重性以及危险程度的等级划分等。定性评价可以按照大致的重要程度对危险进行分类，也能够对其按照轻重缓急采取措施进行控制。定性安全评价方法有：安全检查表法、故障类型和影响研究、预先危险性分析、危险与可操作性研究、蝶形图分析等。

定量安全评价方法。定量安全评价方法主要是依据大量的实验结果和统计资料获得的指标或规律，对系统的人员、设备、环境和管理等方面的状况，应用科学的方法构造数学模型，进行定量的评价。评价的结果往往是定量的指标，如事故率、风险率、事故破坏范围、事故致因因素的关联度等。定量安全评价方法有：事件树分析、事故树分析、火灾爆炸指数评价法、道化学法、因果分析、作业条件危险性分析、风险矩阵法、模糊综合评价法等。

综合评价方法。综合评价方法是根据评价对象和评价深度的要求，将两种或几种安全评价方法结合应用，即把定性方法和定量方法综合起来进行评价，建立评价模型，使评价工作更完善，提高评价结果的精确度。

（1）不停航施工安全评价方法的选择依据。机场安全管理涉及机场各个部门的管理工作，涉及的评价因素众多，包括人员的因素、设备的因素、环境的因素和管理的因素。其中有许多因素相互交叉影响。在选择评价方法时，需要考虑到各个因素的关系，进行系统全面的评价，避免单一因素评价的片面性。因此，需要选择综合评价方法。

机场安全管理评价中，往往采用专家评价法，依靠经验进行评价，这些经验常具有模糊性。在评价体系中，既存在可以用数据进行精确测量的指标，也存在概念模糊难以进行界定分析的指标，需要依靠人员的主观的评判。在选择评价方法时，为了保证评价的科学性和可靠性，需要选择能够将模糊性定量化的方法。

不停航施工属于机场安全管理的一部分，其安全评价方法的选择可以参考上述分析。综上，在不停航施工安全评价方法的选择上，应尽量选择具有可以消除模糊性的综合评价方法。

(2) 不停航施工安全评价模型的建立。目前使用的安全评价模型和评价方法多为：贝叶斯网络模型、DHGF 四元集成模型、多层次灰色评价模型、德尔菲法、层次分析法、灰色关联度法、模糊综合评价法和灰色类聚分析法等。通过对比分析目前机场安全常用的安全评价方法，分析各个方法的优缺点，来从中选取适合不停航施工的安全评价模型。

贝叶斯网络模型是在概率论的基础上发展起来的，由一个有向无环图和条件概率组成，是一种以图像化网络表示因果关系和处理不确定性的模型。可以将不确定性、有限的问题结合概率推理转化成完整的问题，使得不完备数据集易于处理。但是模型的预测效果不是很好。

DHGF 四元集成模型结合了德尔菲法、灰色关联度法、层次分析法、模糊综合评价法四种方法，有效地将四种算法的优点结合在一起，消除模糊性，做到定性和定量相结合。但是模型要求的数据量大，且计算困难。

层次分析法是指将与决策总是有关的元素分解成目标、准则、方案等层次，在此基础之上进行定性和定量分析的决策方法；是系统性的分析方法，所需的定量数据较少，适用于分层交错的系统。但是当指标过多的时候，数据统计量大且难以确定，不能用于解决精确度高的问题。

灰色关联度法是灰色系统分析方法的一种，是根据因素之间发展趋势的相似或相异程度，衡量因素间关联程度的一种方法。该方法没有样本量的要求，且计算量小，结果与定性分析比较吻合。但部分指标的最优值难以确定，指标的选取对评价结果影响较大。

模糊综合评价法是一种基于模糊数学的综合评价方法。根据模糊数学的隶属度理论可以把定性评价转化为定量评价，即用模糊数学对受到多种因素制约的事物做出一个总体的评价。它具有结果简明、系统性强的特点，适于解决模糊的、难以量化的问题，适合一些具有非确定性的问题的解决。但是其存在主观性强、评价过程复杂的问题。

(3) 不停航施工安全评价模型。通过将目前常用于机场安全评价的模型和方法做简要的对比分析，结合不停航施工安全的特点，建立不停航施工安全评价模型。由于关于不停航施工的研究尚少、大量的数据难以获取，本书将采用层次分析法和模糊综合评价法来建立 AHP – 模糊综合评价模型作为不停航施工的安全评价模型。其要点在于通过层次分析法来确定各级指标的权重，定性和定量结合可减少主观性带来的弊端。再通过多层次模糊综合评价法，对不停航施工进行安全评价。AHP－模糊综合评价模型可以综合两种方法的优点，既可以体现评价过程中一些问题的模糊性，又可以定量化，消除主观性，方法的可操作性比较强。不停航施工安全评价指标体系有两个层次，每个层次有多个指标，指标之间可能具有交叉和模糊性。而运用 AHP－模糊综合评价模型可以很好地对不停航施工的安全评价指标进行处理，通过模糊数学计算出不停航施工的安全风险水平。

①层次分析法的步骤。层次分析法是将决策问题按总目标、各层子目标、评价准则分解为不同的层次结构，然后用求解判断矩阵特征向量的办法，求得每一层次的各元素对上一层次某元素的优先权重，最后再用加权和法递求出总目标的最终权重，此最终权重最大者即为最优方案。

a. 建立两两指标的比较矩阵：

$$A = (a_{ij})_{n \times n} \quad (i = 1,2,\cdots,n; j = 1,2,\cdots,n) \quad (11-5)$$

其中
$$a_{ij} = 1, \quad a_{ij} = \frac{1}{a_{ji}} \quad (11-6)$$

b. 将矩阵 A 进行归一化处理：

$$\bar{a}_{ij} = a_{ij} \bigg/ \sum_{k=1}^{n} a_{kj} \quad (i = 1,2,\cdots,n; j = 1,2,\cdots,n) \quad (11-7)$$

c. 将矩阵 A 各行元素求和：

$$\overline{W}_i = \sum_{j=1}^{n} a_{ij} \quad (i = 1,2,\cdots,n) \quad (11-8)$$

d. 求出特征值：

$$Vw = \lambda_{\max} w \quad (11-10)$$

e. 将比较矩阵的特征值进行一致性检验，通过查表可得出 RI 的值。依式（11-2）和式（11-3）计算。当一致性指标 $CR < 0.1$，则接受一致性检验。

由层次分析法，确定安全评价指标权重。由前文的计算可得，各安全指标的权重如表 11-39～表 11-44 所示。

表 11-39　人员因素指标权重

	V_1	V_2	V_3	V_4	V_5	$\overline{W}_i$	W_i
V_1	0.36	0.21	0.42	0.28	0.44	1.71	0.34
V_2	0.18	0.11	0.21	0.03	0.11	0.64	0.13
V_3	0.10	0.05	0.11	0.28	0.11	0.65	0.13
V_4	0.18	0.42	0.05	0.13	0.11	0.90	0.18
V_5	0.18	0.21	0.21	0.28	0.22	1.10	0.22

表 11-40　设备因素指标权重

	V_6	V_7	V_8	V_9	$\overline{W}_i$	W_i
V_6	0.50	0.50	0.44	0.53	1.98	0.49
V_7	0.24	0.25	0.22	0.27	0.98	0.25
V_8	0.13	0.13	0.11	0.07	0.43	0.11
V_9	0.13	0.13	0.22	0.13	0.61	0.15

表 11-41　环境因素指标权重

	V_{10}	V_{11}	V_{12}	V_{13}	V_{14}	$\overline{W}_i$	W_i
V_{10}	0.13	0.08	0.09	0.22	0.33	0.85	0.17
V_{11}	0.25	0.17	0.18	0.22	0.09	0.91	0.18
V_{12}	0.50	0.33	0.36	0.22	0.33	1.75	0.35
V_{13}	0.06	0.08	0.18	0.12	0.09	0.53	0.11
V_{14}	0.06	0.33	0.18	0.22	0.16	0.96	0.19

表 11-42　管理因素指标权重

	V_{15}	V_{16}	V_{17}	V_{18}	$\overline{W}_i$	W_i
V_{15}	0.25	0.20	0.36	0.29	1.10	0.27
V_{16}	0.50	0.40	0.36	0.29	1.55	0.39
V_{17}	0.13	0.20	0.18	0.29	0.79	0.20
V_{18}	0.13	0.20	0.09	0.14	0.56	0.14

表 11-43　一级指标权重

	U_1	U_2	U_3	U_4	$\overline{W}_i$	W_i
U_1	0.21	0.24	0.33	0.18	0.95	0.24
U_2	0.10	0.12	0.22	0.11	0.55	0.14
U_3	0.07	0.06	0.11	0.18	0.42	0.10
U_4	0.62	0.59	0.33	0.54	2.08	0.52

表 11-44　指标权重汇总

指标	V_1	V_2	V_3	V_4	V_5
权重	0.34	0.13	0.13	0.18	0.22
指标	V_6	V_7	V_8	V_9	V_{10}
权重	0.49	0.25	0.11	0.15	0.17
指标	V_{11}	V_{12}	V_{13}	V_{14}	V_{15}
权重	0.18	0.35	0.11	0.19	0.27
指标	V_{16}	V_{17}	V_{18}	U_1	U_2
权重	0.39	0.20	0.14	0.24	0.14
指标	U_3	U_4			
权重	0.10	0.52			

②多层次模糊综合评价步骤。

a. 建立因素集和模糊评价集。因素集是指评价系统中的各个影响因素的集合体，本书的影响因素即前文所建立的安全评价指标体系中的各个指标，用 V 表示，$V=(V_1,V_2,\cdots,V_m)$。评价集是各个评价人员根据评价对象进行的各种评价结果的集合，用 U 表示。评价等级越多，评价更加准确，但计算过程相对复杂，所以需要对评价等级进行适当的选择。本书分为五个等级，即 $U=(U_1,U_2,U_3,U_4,U_5)$，对应的评价结果为"很好""好""一般""差""很差"五个等级。

b. 建立综合评价矩阵。根据不停航施工的安全指标的特点，其多为定性指标，本书将采用专家评价法来建立综合评价矩阵。由专家来综合评价每个指标的安全等级，根据评价结果计算出各个指标的比重，得到指标对于评价

集的隶属度为

$$R_i = \begin{pmatrix} r_{11} & r_{12} & \cdots & r_{1n} \\ r_{21} & r_{22} & \cdots & r_{2n} \\ \vdots & \vdots & & \vdots \\ r_{m1} & r_{m2} & \cdots & r_{mn} \end{pmatrix} \quad (11-11)$$

式中：r_{ij} 为第 i 项指标对于 U_j 的隶属度。

c. 模糊综合评价。确定了基本因素对评价集 U 的隶属度之后，通过模糊矩阵的乘积对上一层次的指标进行单因素模糊评价。评价对象按照因素集中的第 i 个因素 R_i 进行评价，对评价集中第 j 个因素 U_j 的隶属程度为 r_{ij}，对第 i 个因素 R_i 的评价结果为

$$R_i = (r_{i1}, r_{i2}, \cdots, r_{ij}) \quad (i = 1, 2, \cdots, n; j = 1, 2, \cdots, n) \quad (11-12)$$

根据单因素评价集可以得出多因素综合评价，即

$$R = \begin{pmatrix} r_{11} & r_{12} & \cdots & r_{1n} \\ r_{21} & r_{22} & \cdots & r_{2n} \\ \vdots & \vdots & & \vdots \\ r_{m1} & r_{m2} & \cdots & r_{mn} \end{pmatrix} \quad (11-13)$$

式中：r_{ij} 为因素集中第 i 个因素对评价集 U_j 的隶属度。

根据层次分析法确立的指标权重，$W = (w_1, w_2, \cdots, w_i)$ 和模糊评价矩阵 R 进行运算

$$B = W \cdot R = (w_1, w_2, \cdots, w_i) \cdot \begin{pmatrix} r_{11} & r_{12} & \cdots & r_{1n} \\ r_{21} & r_{22} & \cdots & r_{2n} \\ \vdots & \vdots & & \vdots \\ r_{m1} & r_{m2} & \cdots & r_{mn} \end{pmatrix} = [r_1, r_2, \cdots, r_i]$$

$$(11-14)$$

式中：r_i 为模糊综合评价指标。

算法选用加权平均模糊算子。

d. 反模糊化。模糊综合评价得到的是模糊向量，在评价对象的等级时，需要进行反模糊化，即清晰化的处理。最大隶属度法是常用的反模糊化方法。

在实际应用中,对于最终的评判向量 B,运用最大隶属度法。但是效果不够准确,而且当最大隶属度不唯一时难以做出判断。本书将采用加权平均法进行处理,能有效地考虑所有指标对评价结果的影响。

在前面,我们将不停航施工的安全水平分为了五个等级:"很好""好""一般""差""很差"。最终评价将采用百分制进行打分,对评价集中的结果进行赋值。其中五个等级的赋值分别为:100 分,80 分,60 分,40 分,20 分。最终的评价结果为

$$M = 100b_1 + 80b_2 + 60b_3 + 40b_4 + 20b_5 \qquad (11-15)$$

通过对评价结果的处理,可以得到不停航施工的安全状况等级,对不停航施工的安全状况有一个整体的认识。不停航施工的相关管理部门应该根据等级采取相应的管理措施,消除运行的安全风险和隐患,提高安全水平。

根据最终的分值可以将不停航施工从整体安全状况上分为"很好""好""一般""差""很差"这五个等级。即 [100, 80) 表示"很好",[80, 60) 表示"好",[60, 40) 表示"一般",[40, 20) 表示"差",[20, 0] 表示"很差"。安全评价等级如下:①安全评价等级为"很好"的不停航施工状况。总的来说,具有很高的安全水平,各个安全指标高于所要求的标准。不停航施工的运行活动及其安全管理活动具有很高的合理性。②安全评价等级为"好"的不停航施工状况。总的来说,具有较高的安全水平,不停航施工的运行活动及其安全管理活动比较合理。不停航施工的管理部门应该按照局部指标的得分,改进整体的安全水平。③安全评价等级为"一般"的不停航施工状况。总的来说,安全水平一般。不停航施工的运行活动及其安全管理活动基本合理。不停航施工的管理部门应该按照局部指标的得分,有针对性地采取措施来提高安全,从而提高总体安全水平。④安全评价等级为"差"的不停航施工状况。总的来说,安全水平很低。不停航施工的运行活动及其安全管理活动缺乏合理性。若不立即整改,不安全事件可能随时出现。⑤安全评价等级为"很差"的不停航施工状况。总的来说,安全水平极低。不停航施工的运行活动及其安全管理活动很不合理。若不立即整改,事故将会随时出现。

5. 某民用机场不停航施工安全评价

以某机场不停航施工安全评价为例,应用不停航施工安全评价模型进行安全评价。

本书通过"鱼骨"图法分析了不停航施工的风险因素,根据系统性、层次性等原则,在风险管理理论的基础上,结合不停航施工的安全特点,分别从人员、设备、环境、管理四个方面,初步建立不停航施工的安全评价指标体系。通过层次分析法进行指标筛选,得出了不停航施工安全评价指标体系。通过专家评价,对该机场不停航施工的安全指标等进行等级评价,得到每个评价指标对于评判集的隶属度。

(1) 人员因素系统评价。以一级指标的人员因素为例。在人员因素子系统中,调查该系统各影响因素可能导致事故或者不安全事件的可能性,可以划分为五个等级,即"绝不可能的""不可能的""很少""偶然的""经常的"。将调研的可能性结果和评价模型中的安全状况评价集 $U = (U_1, U_2, U_3, U_4, U_5) = \{$"很好""好""一般""差""很差"$\}$ 进行对应,关系见表 11-45。

表 11-45 可能性与安全评价集的对应关系

可能性	安全状况等级	说明
绝不可能的	U_1 "很好"	安全水平高,事故发生可能性极低
不可能的	U_2 "好"	安全水平较高,事故发生可能性很小
很少的	U_3 "一般"	安全水平一般,事故存在发生的可能性
偶然的	U_4 "差"	安全水平低,可能会发生几次事故
经常的	U_5 "很差"	安全水平很低,事故经常发生

由评价人员对人员因素子系统的每项指标进行评价(见表 11-46),确定每个指标的安全等级,计算出指标对于评判集的隶属程度,建立综合评价矩阵。

表11-46　人员因素评价值

一级指标	权重	二级指标	权重	评定级 1（很好）	2（好）	3（一般）	4（差）	5（很差）
人员因素 U_1	0.24	V_1	0.34	0.18	0.36	0.33	0.13	0
		V_2	0.13	0.09	0.38	0.41	0.12	0
		V_3	0.13	0.02	0.22	0.28	0.31	0.17
		V_4	0.18	0.07	0.29	0.35	0.26	0.03
		V_5	0.22	0.17	0.26	0.39	0.17	0.01

由表11-46可以得出人员因素子系统的评价矩阵为

$$R_1 = \begin{pmatrix} 0.18 & 0.36 & 0.33 & 0.13 & 0 \\ 0.09 & 0.38 & 0.41 & 0.12 & 0 \\ 0.02 & 0.22 & 0.28 & 0.31 & 0.17 \\ 0.07 & 0.29 & 0.35 & 0.26 & 0.03 \\ 0.17 & 0.26 & 0.39 & 0.17 & 0.01 \end{pmatrix}$$

$$W_1 = (0.34 \quad 0.13 \quad 0.13 \quad 0.18 \quad 0.22)$$

$$B_1 = W_1 \cdot R_1$$

$$= (0.34 \quad 0.13 \quad 0.13 \quad 0.18 \quad 0.22) \times$$

$$\begin{pmatrix} 0.18 & 0.36 & 0.33 & 0.13 & 0 \\ 0.09 & 0.38 & 0.41 & 0.12 & 0 \\ 0.02 & 0.22 & 0.28 & 0.31 & 0.17 \\ 0.07 & 0.29 & 0.35 & 0.26 & 0.03 \\ 0.17 & 0.26 & 0.39 & 0.17 & 0.01 \end{pmatrix}$$

$$= (0.13 \quad 0.31 \quad 0.35 \quad 0.18 \quad 0.03)$$

（2）设备、环境、管理因素子系统的综合评价。以人员因素系统的评价标准为例，得到设备、环境、管理三个子系统的每个指标的安全等级以及各个评价指标的隶属度，建立综合评价矩阵（见表11-47）。

表 11-47　设备环境管理因素评价值

一级指标	权重	二级指标	权重	1（很好）	2（好）	3（一般）	4（差）	5（很差）
设备因素 U_2	0.14	V_6	0.49	0.03	0.27	0.38	0.20	0.12
		V_7	0.25	0.12	0.26	0.42	0.10	0.10
		V_8	0.11	0.14	0.33	0.38	0.12	0.03
		V_9	0.15	0.02	0.37	0.36	0.14	0.11
环境因素 U_3	0.10	V_{10}	0.17	0.01	0.12	0.34	0.39	0.14
		V_{11}	0.18	0.04	0.25	0.33	0.28	0.10
		V_{12}	0.35	0.01	0.14	0.29	0.41	0.15
		V_{13}	0.11	0.08	0.28	0.37	0.19	0.08
		V_{14}	0.19	0	0.02	0.39	0.43	0.16
管理因素 U_4	0.52	V_{15}	0.27	0.16	0.35	0.41	0.08	0
		V_{16}	0.39	0.13	0.32	0.38	0.16	0.01
		V_{17}	0.20	0.18	0.39	0.37	0.06	0
		V_{18}	0.14	0.02	0.29	0.31	0.27	0.11

a. 由表 11-47 可以得出设备因素子系统的评价矩阵为

$$R_2 = \begin{pmatrix} 0.03 & 0.27 & 0.38 & 0.20 & 0.12 \\ 0.12 & 0.26 & 0.42 & 0.10 & 0.10 \\ 0.14 & 0.33 & 0.38 & 0.12 & 0.03 \\ 0.02 & 0.37 & 0.36 & 0.14 & 0.11 \end{pmatrix}$$

二级指标的权重的模糊向量为

$$W_2 = (0.49 \quad 0.25 \quad 0.11 \quad 0.15)$$

因此计算得出二级指标的安全评价结果为

$$B_2 = W_2 \cdot R_2$$
$$= (0.49 \quad 0.25 \quad 0.11 \quad 0.15) \times$$
$$\begin{pmatrix} 0.03 & 0.27 & 0.38 & 0.20 & 0.12 \\ 0.12 & 0.26 & 0.42 & 0.10 & 0.10 \\ 0.14 & 0.33 & 0.38 & 0.12 & 0.03 \\ 0.02 & 0.37 & 0.36 & 0.14 & 0.11 \end{pmatrix}$$
$$= (0.06 \quad 0.29 \quad 0.39 \quad 0.16 \quad 0.10)$$

b. 由表 11-48 可以得出环境因素子系统的评价矩阵。

表 11-48　安全性指标参数

D 值	安全等级	说明
8~9	1	安全
7~7.99	2	较安全
5~6.99	3	一般
3~4.99	4	较不安全
<3	5	极不安全

$$R_3 = \begin{pmatrix} 0.01 & 0.12 & 0.34 & 0.39 & 0.14 \\ 0.04 & 0.25 & 0.33 & 0.28 & 0.10 \\ 0.01 & 0.14 & 0.29 & 0.41 & 0.15 \\ 0.08 & 0.28 & 0.37 & 0.19 & 0.08 \\ 0 & 0.02 & 0.39 & 0.43 & 0.16 \end{pmatrix}$$

二级指标的权重的模糊向量为

$$W_3 = (0.17 \quad 0.18 \quad 0.35 \quad 0.11 \quad 0.19)$$

因此计算得出二级指标的安全评价结果为

$$\begin{aligned} B_3 &= W_3 \cdot R_3 \\ &= (0.17 \quad 0.18 \quad 0.35 \quad 0.11 \quad 0.19) \times \\ & \begin{pmatrix} 0.01 & 0.12 & 0.34 & 0.39 & 0.14 \\ 0.04 & 0.25 & 0.33 & 0.28 & 0.10 \\ 0.01 & 0.14 & 0.29 & 0.41 & 0.15 \\ 0.08 & 0.28 & 0.37 & 0.19 & 0.08 \\ 0 & 0.02 & 0.39 & 0.43 & 0.16 \end{pmatrix} \\ &= (0.02 \quad 0.15 \quad 0.33 \quad 0.36 \quad 0.14) \end{aligned}$$

c. 由表 11-48 可以得出管理因素子系统的评价矩阵为

$$R_4 = \begin{pmatrix} 0.16 & 0.35 & 0.41 & 0.08 & 0 \\ 0.13 & 0.32 & 0.38 & 0.16 & 0.01 \\ 0.18 & 0.39 & 0.37 & 0.06 & 0 \\ 0.02 & 0.29 & 0.31 & 0.27 & 0.11 \end{pmatrix}$$

二级指标的权重的模糊向量为

$$W_4 = (0.27 \quad 0.39 \quad 0.20 \quad 0.14)$$

因此，计算得出二级指标的安全评价结果为

$$B_4 = W_4 \cdot R_4$$
$$= (0.27 \quad 0.39 \quad 0.20 \quad 0.14) \times$$
$$\begin{pmatrix} 0.16 & 0.35 & 0.41 & 0.08 & 0 \\ 0.13 & 0.32 & 0.38 & 0.16 & 0.01 \\ 0.18 & 0.39 & 0.37 & 0.06 & 0 \\ 0.02 & 0.29 & 0.31 & 0.27 & 0.11 \end{pmatrix}$$
$$= (0.13 \quad 0.34 \quad 0.38 \quad 0.13 \quad 0.02)$$

（3）多因素评价和反模糊化。

a. 单因素评判应为相应的多因素综合评判为

$$R = \begin{pmatrix} B_1 \\ B_2 \\ B_3 \\ B_4 \end{pmatrix} = \begin{pmatrix} 0.13 & 0.31 & 0.35 & 0.18 & 0.03 \\ 0.06 & 0.29 & 0.39 & 0.16 & 0.10 \\ 0.02 & 0.15 & 0.33 & 0.36 & 0.14 \\ 0.13 & 0.34 & 0.38 & 0.13 & 0.02 \end{pmatrix}$$

一级指标的权重模糊向量为

$$W = (0.24 \quad 0.14 \quad 0.10 \quad 0.52)$$

则综合评判集为

$$B = W \cdot R$$
$$= (0.24 \quad 0.14 \quad 0.10 \quad 0.52) \times$$
$$\begin{pmatrix} 0.13 & 0.31 & 0.35 & 0.18 & 0.03 \\ 0.06 & 0.29 & 0.39 & 0.16 & 0.10 \\ 0.02 & 0.15 & 0.33 & 0.36 & 0.14 \\ 0.13 & 0.34 & 0.38 & 0.13 & 0.02 \end{pmatrix}$$
$$= (0.11 \quad 0.31 \quad 0.36 \quad 0.17 \quad 0.05)$$

b. 反模糊化得出综合评价分数和等级。该机场不停航施工安全评价的综合模糊向量 $B = (0.11 \quad 0.31 \quad 0.36 \quad 0.17 \quad 0.05)$，将模糊向量带入 $M =$

$100b_1 + 80b_2 + 60b_3 + 40b_4 + 20b_5$，所以总分 $= 100 \times 0.11 + 80 \times 0.31 + 60 \times 0.36 + 40 \times 0.17 + 20 \times 0.05 = 65.2$。

通过计算得到该机场不停航施工安全综合评价分数为 65.2，属于"好"这个等级。为了帮助该机场不停航施工找出薄弱环节，分别对人员、设备、环境管理进行安全等级计算。

人员因素子系统的模糊向量 $B_1 = (0.13 \quad 0.31 \quad 0.35 \quad 0.18 \quad 0.03)$，将其带入公式，$M = 100b_1 + 80b_2 + 60b_3 + 40b_4 + 20b_5$，总分 $= 100 \times 0.13 + 80 \times 0.31 + 60 \times 0.35 + 40 \times 0.18 + 20 \times 0.03 = 66.6$，计算得出分数为 66.6 分，属于"好"这个等级。

设备因素子系统的模糊向量 $B_2 = (0.06 \quad 0.29 \quad 0.39 \quad 0.16 \quad 0.10)$，将其带入公式，$M = 100b_1 + 80b_2 + 60b_3 + 40b_4 + 20b_5$，总分 $= 100 \times 0.06 + 80 \times 0.29 + 60 \times 0.39 + 40 \times 0.16 + 20 \times 0.10 = 61$，计算得出分数为 61 分，属于"好"这个等级。

环境因素子系统的模糊向量 $B_3 = (0.02 \quad 0.15 \quad 0.33 \quad 0.36 \quad 0.14)$，将其带入公式，$M = 100b_1 + 80b_2 + 60b_3 + 40b_4 + 20b_5$，总分 $= 100 \times 0.02 + 80 \times 0.15 + 60 \times 0.33 + 40 \times 0.36 + 20 \times 0.14 = 51$，计算得出分数为 51 分，属于"一般"这个等级。

管理因素子系统的模糊向量 $B_4 = (0.13 \quad 0.34 \quad 0.38 \quad 0.13 \quad 0.02)$，将其带入公式，$M = 100b_1 + 80b_2 + 60b_3 + 40b_4 + 20b_5$，总分 $= 100 \times 0.13 + 80 \times 0.34 + 60 \times 0.38 + 40 \times 0.13 + 20 \times 0.02 = 68.6$，计算得出分数为 68.6 分，属于"好"这个等级。

(4) 评价结果分析。计算结果表明不停航施工的安全评价分数为 65.2，属于"好"这一等级，总的来说，不停航施工具有较高的安全水平，不停航施工的运行活动及其安全管理活动比较合理，但仍有需要提高改进的方面。虽然评价的结果为"好"，但不停航施工作为机场的特殊运行活动，其安全工作环境复杂并且对安全的要求也比较高，仍需要提高不停航施工的安全水平。管理部门应该按照局部指标的得分情况，改进整体安全水平。所以，不停航施工的管理部门应该关注人员、设备、环境和管理四个方面，重视每个方面的安全状况，并且协调好各个系统之间的关系，实现整体安全。

在人员、设备、环境和管理的安全等级的计算中得出人员、设备和管理三个方面的安全等级均为"好",但是环境因素子系统的等级为"一般"。在安全等级的计算中,得到四个子系统的安全等级顺序为:管理因素、人员因素、设备因素和环境因素。由于不停航施工多为夜间施工,施工自然环境较差,受到环境的影响也较多,实际情况与此次评价结果相符。在安全工作中,需要重视环境对不停航施工的影响,采取对应的管理措施来减少或消除环境带来的不良影响。

(5) 指标重要度分析。不停航施工在各个方面存在的问题可以根据指标客观地反映出来,指标权重的高低也可以反映其对不停航施工整体评价结果的影响度。通过每个系统的单个指标的权重,我们可以得到安全管理的工作重点,从权重占比较高的指标入手进行管理。从表 11 – 42 中,可以得出对各个系统影响较大的方面如下:①人员因素子系统。人员的安全意识 (0.34)、人员违规操作问题 (0.22) 和人员应急处理能力 (0.18)。②设备因素子系统。施工破坏机场设备问题 (0.49),飞行区标志、标线清晰度 (0.25) 和施工围挡设置问题 (0.15)。③环境因素子系统。施工条件 (0.35)、施工设备遗漏在飞行区域问题 (0.18) 和夜间气候问题 (0.17)。④管理因素子系统。安全管理能力 (0.39) 和安全监督 (0.27)。以上指标因素的权重比较高,对评价结果的影响也较大,这些指标所对应的内容也必须在不停航施工的安全管理工作中,重点控制和管理。但同时也不能忽略其他指标对安全的影响。

(6) 建议与改进措施。根据对评价结果和各系统指标权重重要度进行的分析,本书将从人员、设备、环境和管理四个方面,分别提出有针对性的建议和改进措施,从各个子系统入手,以提高不停航施工的整体安全水平。

①人员因素的安全管控措施。一是提高人员的安全意识,可以通过安全培训等方式,从思想上提高不停航施工相关工作人员的安全意识。二是减少人员的违规操作,可以通过工作技能培训来提高人员的专业操作能力,通过奖惩措施对违规人员进行相应的处罚。三是提高人员的应急处理能力,可以通过招聘具有特情处理能力的人员,或者通过应急预案的培训和演练来提高人员的应急处理能力。四是采取轮班或者定时休息的模式,来缓解人员夜间

作业时的疲劳，避免因注意力下降而导致的不安全事件。

②设备因素的安全管控措施。一是在施工中对机场设备进行保护，尤其是地下管线和目视助航设施，保证设备的正常运行。二是定时检查飞行区标志、标线清晰度，可以通过在施工各个时段对标志、标线进行检查以及规定施工的合理进场路线，减少对飞行区标志、标线的损害。三是设置好施工围挡，确保围挡有足够的承受力来抵挡大风等，避免施工过程中产生的异物或是施工的设备进入飞行运行区域，影响飞行安全。

③环境因素的安全管控措施。一是提高施工作业条件，可以通过改善施工的设备和技术，采取防护措施来提高夜间作业的条件。二是定时进行检查，确保施工过程不会对飞行区域造成影响，防止外来物入侵。规定施工设备的存放区域，减少对飞行运行的影响。三是提高天气的监测和预测技术，能够更准确地提供气象数据，尽早进行不良气候的防护措施，以减少气候对不停航施工活动的影响。

④管理因素的安全管控措施。一是提升安全管理能力，提高管理队伍的资质水平或者招聘具有较高安全管理能力的人员。二是加强安全监督力度，保证对全过程的监督，不仅需要对不停航施工安全的监督，而且还要保证对施工单位、消防安全的监督等。三是加强部门之间的沟通协调能力，分清楚各个部门的职责，建立有效的部门沟通渠道，加强跨部门的协作，减少各部门之间信息的不对称性，确保在管理的过程中不出现多头领导和管理交叉的现象。

在对不停航施工各个子系统进行安全等级的计算中，可以得到四个子系统的安全等级顺序为：管理＞人员＞设备＞环境。在采取改进措施时，可以参考四个系统的安全等级，根据轻重缓急逐步进行改善。在管理过程中也要重视环境因素和设备因素对不停航施工造成的影响。通过实施以上管控措施，能够改善不停航施工的安全状况。

根据上述管控措施，通过对安全现状的调查，确定主要风险，选取并确立合适的安全管理方案。方案的实施过程中，需重视对员工的培训并与员工进行沟通，减少信息的不对称性，确保方案的实施；要进行日常的监管，实施方案的反馈机制，并在实施一段时间之后进行评估。要评价实施的效果和前后的安全状况，若效果不理想，应重新制订安全管理方案或是对方案进行优化。再次实施方案，需重复以上步骤，直至安全状况得到改善。实现 PDCA 管理体系，即计划、实施、检查和改进的闭环管理，持续改进不停航施工的安全状况。在不停航施工管理过程中，使用 PDCA 管理体系，有助于提高安全管理的效率，总结经验和吸取教训，也可以使管理更加具有条理性和科学性。

(四) 某通用机场安全管理分析

1. 某通用机场安全管理现状分析

(1) 通用机场施工在技术层面的特点。①基础施工方面。在进行基础施工的过程中，有以下几个问题需要注意：其一，在进行建筑材料的筛选时，应该根据基层所属的类别进行筛选，可以达到有效控制所用建筑材料的准确性的效果。其二，按照通用机场道面的基层施工应遵循的法律规章的要求，将实际的发展情况考虑进去，高效地对室内外进行设计，注意要结合搅拌材料的特性。其三，应将搅拌站安排在施工现场，对施工所使用的材料进行充分的机械搅拌，在搅拌均匀之后，应在规定的时间内运送到施工地点。②面层施工方面。在进行面层施工的过程中，有以下几个问题需要注意：第一，开始施工以前，应该保证它的基层和面层均已通过检测，在前期准备时要满足所需要符合的规范要求，按照对应的测试结果、验收资料有效地进行施工建设。第二，按照相关的法律规章执行等级交底制度，即第一层技术操作人员对施工现场的人员交底，第二层施工现场的人员对所属的各班、组长交底，第三层的各班长、组长对真正施工的人员交底，而且每一层交底时要签字并且要备案储存。第三，开始施工以前，应该核对所用器具的厚度、宽度，在灌筑之前应该按照相应的法律规章的要求实施，按照周围环境适应性、基础材料的实用性和温度适宜性等方面实施，从而保证基层和面层的施工能够良好地结合。

(2) 通用机场施工在安全管理方面的特点。由于某些方面的工作不到位，通用机场建设的安全管理存在着一些问题。这些问题会影响通用机场的正常施工，所以必须认真探究，从而保证施工安全有效地进行。其问题主要有如下三点：①相关的法律制度不完善，相关的安全管理体系不健全。通用机场建设中使用的大多数安全管理系统都是相同的安全管理系统，遵循相同的法律法规，然而，不同的通用机场建设中的问题是不完全相同的，它们对安全管理也有不同的要求。如果在通用机场建设期间制定的相关管理制度不能满足施工各个方面的不同需要，就不可能为不同通用机场发生的不同情况提供强有力的基础，那么通用机场建设的安全管理方面就缺少高效严谨的制度做保障。因此，安全问题的防治缺乏科学合理的依据，需要相关部门的重点关注。②整体参与人员的专业水平素质较低，安全意识不强烈。场地的选择、土壤的性质以及地势的起伏都是通用机场建设中需要注意的因素，这与飞机的安全起飞和着陆密切相关，因此，通用机场的建设需要更高的技术要求，需要专业的技术人员参与建设与指导。但是，一些通用机场在施工间时虽然已经注意到这些问题，一些技术人员已经参与指导，但参与人员数量和水平不能满足工程建设的需要。如果施工人员的整体专业水平较低，自然也没有很高的安全意识，就不可能完全及时地发现安全隐患，也就不可能拥有高水平的安全技术，这不利于通用机场建设的安全管理。③对于参与人员的安全教育培训不足。通用机场建设有一些不同的技术要求以及不同的安全要求，这就要求相关部门提供相应的安全培训，然而很多的施工团队都没有受到这样的培训。

(3) 通用机场施工安全管理现状。第一，受政府的管理控制。一般来说，由当地政府决定当地通用机场的数量，因此当地政府的也会管理和控制所有的通用机场工程项目的安全管理，管理上有长远计划性。随着生活质量的逐渐提高，总体需求也越来越高，所以通用机场建设工程也成为政府重点关注的对象。为了使通用机场建设施工的安全管理得到更大的提升，在政策标准与资金投入方面，相关政府部门会给予很大的帮助，确保能够迅速完成通用机场建设工程。

第二，对于建设工程有特定的管理方法。对于普通的建设项目来说，安全管理即某个对此建设项目进行安全管理的单位，经项目业主委托，对整个项目过程或分阶段建设项目的专门管理和服务活动。但通用机场项目的建设和管理组织，它全权负责通用机场项目，相关的安全管理人员从相关职能部门或者通用机场集团派遣转移，这些机构在通用机场建设项目完成后被取消。

第三，施工技术较为简单。通用机场工程的建设一般在地面上进行，拥有较好的建筑环境，建筑工序较少。尤其是很多建筑新技术可以迅速运用于建设通用机场项目。这样，通用机场建设项目的开发速度将得到提高。

2. 安全管理绩效考评方法和程序

（1）安全管理绩效考评的原则。安全管理绩效评估的基本原则包括：独立性、科学性、反馈性和系统性。①独立性原则。独立性是安全管理绩效考核的最基本原则，标志着项目安全管理绩效考评工作是否具有合法性。该原则应适用于整个项目安全管理绩效测试过程，确保绩效考评工作不受外界的干扰，避免考评者在发现问题、分析原因和做出结论时受到利益的束缚和局限，从而无法做出客观公正的评价。②科学性原则。安全管理绩效考评的科学性体现在评估方法是否合理和适用，所收集到的安全资料是否可靠。除此之外，项目安全管理绩效考评的最终结果还应当反映项目安全管理的成功经验和失败教训两方面内容。③反馈性原则。项目安全管理绩效考评的作用体现在将安全管理绩效考评结果反馈到项目管理部门和被考评的项目单位，作为项目管理部门改进和完善安全管理的主要依据，也为后续工程项目的安全管理工作提供有力的参考。④系统性原则。任何工程项目本身都是一个非常复杂的系统，安全管理绩效考评必须具有系统的概念，系统地收集资料，系统地确定评价指标体系，全面系统地评价与项目安全管理相关的各个方面，最后，全面评估项目的安全管理状况。

（2）安全管理绩效考评的主要内容。对人员、设备、环境和管理等方面进行深入探讨，可以得到安全管理绩效考评大致包含下列内容。①人员。适用于此工程的健全的安全管理组织是否成立，是否认真履行了安全管理组织的责任，是否建立了符合项目特点的安全管理体系，是否配备足够数量的安全管理人员和专职保安人员，参与项目员工是否进行了安全教育活动，是否进行了培训并通过评估，人员是否具有从业资格等。②设备安全。所设立的设备安全系统是否满足规定，是否按要求使用设备，定期进行安全检查保养，设备管理档案是否设置等。③施工环境。施工环境包括施工现场是否使用符合要求的标志和警示，劳动防护用品的佩戴情况，施工的规范性，器材的摆放与生产垃圾是否有效进行回收,防火、用电布置是否按照规范进行等。④风险的预防管理。风险的预防管理包括能否正确地推断出可能导致事故的不安全因素,能否正确推断出发生事故的可能性和后果的严重性,建设工程风险管理政策是否完整,项目风险控制措施的充分性是否具备。⑤事故处理与应急响应。事故处理与应急响应包括是否按照安全生产法的规定执行,安全生产事故上报制度是否建立,是否拥有高效的安全生产事故上报流程及处理过程,安全事故档案是否建立以及应急方案是否高效等。

(3) 常见考评方法。目前,国内外已经有多种针对安全管理绩效考评的方法,然而,其中适用于通用机场安全管理绩效考评的方法却很少,最常见的有等级系数法、平衡计分卡法、灰色关联度分析法和层次分析法等。

①等级系数法。该方法主要从工业事故和安全工作条件两个方面进行安全管理评估。安全工作条件取决于企业或项目工程负责人对安全的重视程度、负责安全工作的职能部门的能力以及人员、机器和环境条件。

企业安全等级的计算公式如下:

$$D = \lambda_1 \lambda_2 \sqrt[3]{K_L K_A \left(\frac{K_R + K_S + K_G}{3} \right)} + (1 - \lambda_1 \lambda_2) K_P \quad (11-16)$$

式中:K_L 为领导层面的安全思想级别;K_A 为各职能部门的安全工作效能级别;K_R 为员工安全素质级别;K_S 为物质条件即物质设备安全级别;K_G 为周围环境条件即环境安全级别;K_P 为年度安全生产事故级别;λ_1 为整个企业的安全管理系数;λ_2 为相对安全管理系数。

根据上述公式计算安全等级 D 值,参考安全性指标参数表(见表 11-48),确定某企业的安全情况。

②平衡记分卡法。平衡记分卡法是现代科学管理中最有效而且最常用的方法之一,它将资产绩效、业务流程、增长和创新以及顾客满意度整合到绩效考评的安全管理系统中。具有循环效应,其循环生长和循环发展,形成良好的 PDCA 循环。平衡记分卡的考评原理是:首先,确定安全管理绩效的评估指标,分配每个评估指标的权重,确保指标能全面、准确地反应安全绩效;其次,统计计算绩效指标的综合评价得出安全绩效的得分结果;最后,分析评估结果,以了解安全生产的现状和未来的发展方向。平衡记分卡因其最全

面、最方便和其他数学方法组合而广泛应用于企业绩效管理评估。

③灰色关联度分析法。灰色关联度分析法是灰色系统分析方法之一，也称为"灰色关联"，作为各种因素之间关联程度的度量。

灰色系统关联分析的具体计算步骤如下：

确定反映系统行为特征的和影响参考序列系统行为的比较系列。

参考序列和比较序列的无量纲处理。

测量的相关程度可以通过曲线之间的差异来测量，如下公式：

$$\zeta_i(k) = \frac{\min|x_0(k) - x_i(k)| + \rho \cdot \max|x_0(k) - x_i(k)|}{|x_0(k) - x_i(x)| + \rho \cdot \max|x_0(k) - x_i(k)|} \quad (11-17)$$

式中：ζ 为分辨系数，$0 < \zeta < 1$。

求关联度 r_i。

相关系数是每个时刻的比较序列和参考序列之间的相关度。

排关联序。

因子之间的关联程度主要通过相关程度的顺序来描述。

④层次分析法。层次分析法根据所要解决问题的特点和最终结果的实现程度将需要解决的问题分解为不同级别的影响因子。分解的原理基于因素与隶属关系的相互作用和联系，形成多层次的分析结构模型。因此，问题最终归结为确定最低层相对于最高层的相对重量或相对优越性顺序的排列。

其计算过程如下：

a. 建立层次结构模型。根据它们之间的相互关系将总体目标、考虑因素和相关对象分为最高层、中间层和最低层，绘制层次结构图。

b. 构造判断矩阵。当确定每个级别的各种因素之间的权重时，将两者相互比较并使用相对比例，来提升精确度。为了比较元素 i 和元素 j 的重要性，由成对比较结果形成的矩阵称为判断矩阵。判断矩阵具有如下性质：

$$a_{ij} = \frac{1}{a_{ji}} \quad (11-18)$$

c. 对级别及其一致性测试进行排序。

d. 对判断矩阵的最大特征值 $\lambda_{\max}$ 的特征向量进行归一化（使得向量中的元素之和等于1）并将其视为 W。W 的元素是该级别因子的排名权重，用于前一级别因子的相对重要性。此时，需要进行一致性检查以确定是否可以确认分层次序。

e. 在进行完上一步之后，一致性指数由 CI 计算，当 CI 越小，说明一致性越大。然而，对应于最大特征值的特征向量被用作比较因子对上层的特定因子的影响程度的权重向量。一致性指标可用下列等式计算：

$$CI = \frac{\lambda - n}{n - 1} \qquad (11-19)$$

f. 若 CI = 0，则有完全一致；若 CI 接近于 0，则一致性的程度认为满意；CI 越大，则不一致性越严重。

g. 测量一致性指标 CI 的大小，然后引入随机一致性指标 RI：

$$RI = \frac{CI_1 + CI_2 + \cdots + CI_n}{n} \qquad (11-20)$$

h. 考虑到一致性的偏差可能是由不可避免的原因引起的，如随机性，当检查判断矩阵是否具有令人满意的一致性时，还需要将一致性指数 CI 与随机一致性指标 RI 进行比较以获得测试系数 CR，依式（11-3）计算。

如果计算出 CR < 0.1，则认为判断矩阵通过一致性测试，否则没有令人满意的一致性。

（4）考评方法的选择。本书根据各种常见的考核方法的优缺点和评价对象的特点，选择层次分析法作为绩效考核模型。层次分析法的优点在于以下三点。

第一，分析方法具有系统性。分析层次结构过程将所研究的对象视为一个系统，使用系统的连接思维来查看问题。如果不能忽略每个因素的影响以及对结果的影响，每层的权重设置会对最终结果产生直接或间接的影响。此外，各个级别中各个因素对最终结果的影响程度都是量化的并且非常清楚。

第二，决策方法简明实用。分析层次过程中涉及的数学计算并不复杂，它们不是单方面关注逻辑推理，而是有机地结合定量和定性方法，对一个复杂系统进行分解工作，将其分为个体因子，从而让人们更容易接受。此外，它可以将不易数量化的复杂决策难题和多目标转化为直观的多层次单一问题。两两相互比较以确定相同级别元素相对于前一级元素的相互数量关系，最后，再运用简便的运算即可。整体计算简便，并且所得结果很明确，为决策者提供了很好的参考依据。

第三，需较少的定量数据信息。层次分析过程基于问题的本质和对每个元素的理解，并且与一般定量方法不同。层次分析法是一种模拟人们在决策过程中思考方式的方法，将一个个难题分解为直观的权重数量进行比较。这一想法可以达到许多传统的优化方法难以达到的高度。

(5) 安全管理绩效考评程序。安全管理绩效考评程序大致可以分为如下六个阶段：①前期准备工作。明确安全管理绩效考评的对象和评价的范围，建立绩效考评小组，收集绩效考评所需要的法律法规、技术标准以及工程项目的相关文献资料和数据。应注意数据的客观性和准确性。②设计调查方案。调查方案是实施项目安全管理绩效考评工作的行动纲领和指南，应由评价小组负责编制。调查方案的主要内容包括：调查目的、调查对象、调查方法、调查内容、调查时间表和调查资金等。③现场调查。考评小组根据调查计划对项目的安全管理状况进行实际研究和调查。现场调查的目的是进一步收集绩效考评的信息，了解工程项目安全管理的真实情况，使绩效考评工作更加充分真实地反映出工程项目安全管理的实施效果。④分析评价。在完成收集相关资料和现场调查的基础上，根据工程项目的实际情况选择最优的评价方法，对所得到的信息进行定性、定量的分析和评价。首先，应检查调查数据的完整性和真实性，其次，对已验证的数据进行研究和分析，以构建评估指标体系。通用机场建设项目在施工技术和建设环境等方面都比较新，有些情况下，直接的历史数据资料并不够充分，需要专家通过经验和专业进行评估。最后，对项目的整体安全管理水平做出一个准确的评价结论。⑤撰写评价报告。在分析研究的基础上，认真总结工程项目安全管理方面中存在的问题，撰写通用机场建设安全管理绩效考评报告。项目安全管理绩效考评报告的内容和格式虽不一定完全一致，但都应当做到观点明确、文字简练、层次清楚、文本规范。⑥反馈评价结果。工程项目管理绩效考评报告是评价结果的汇总，是反馈经验教训的重要文件，应及时反馈到相应的项目管理部门。项目管理部门应认真分析研究报告的内容，为后续的工程项目提出改进意见，以发挥其提高项目安全管理水平的功效。

具体的工作程序如下图 11-13 所示。

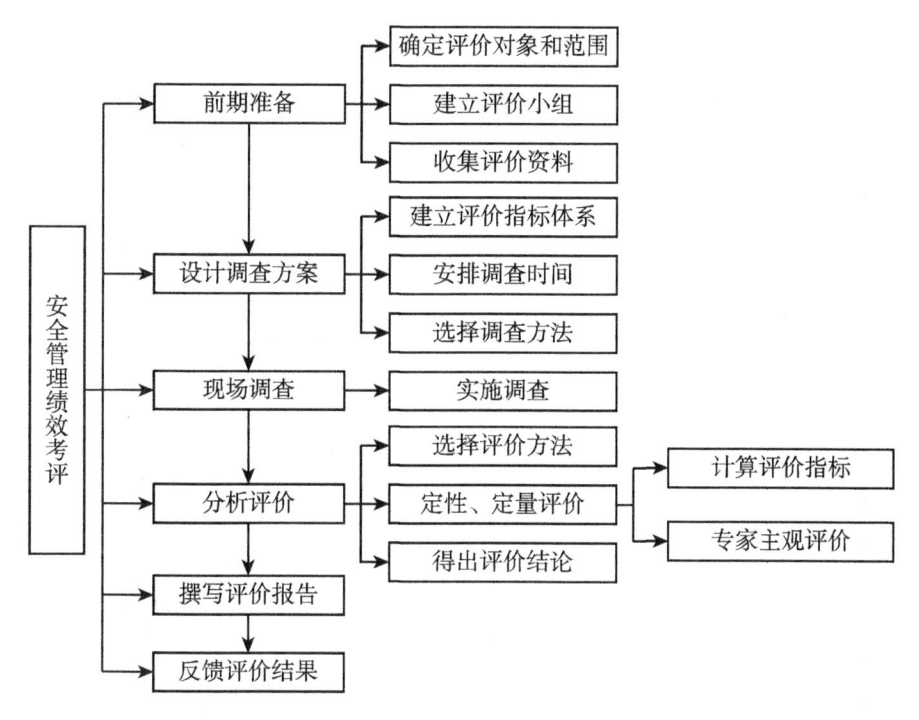

图 11-13 安全管理绩效考评工作程序

3. 建立通用机场施工安全管理绩效考评指标体系

在建立项目安全管理绩效考评三级指标体系时应该按照下列原则来进行：①相关性原则。安全管理绩效考评指标体系是一个有机整体，指标之间应该有一定的联系。工程项目安全管理涉及的各项要素（如人员、设备、环境、管理等）之间原本就存在着既相互依靠又相互制约的关系，良好的安全管理依赖这些要素的协调。②全面性原则。用于通用机场施工安全管理绩效考评的指标体系必须具有广泛的覆盖性，能够全面评价工程项目安全管理状况，它涵盖了通用机场工程项目安全管理绩效考评所涉及的人员、设备、环境、管理等各个方面。③可比性原则。在建立安全管理绩效考评指标体系时，每个指标的含义和范围应在一段时间内保持相对稳定，并应尽可能与国内同类项目的安全管理绩效考评指标相一致。若指标体系的可比较性较差，就会降低后评价的说服力。④代表性原则。用于通用机场工程项目安全管理绩效考评的指标体系同时要具有代表性，也就是说在选择考评指标、构建指标体系时，应当简单明了，便于理解和应用，以提高考评结果的可靠性、减小绩效考核的工作量。

（1）建立绩效考核指标体系。依照上述原则，结合通用机场建设工程项目的特点，构建通用机场建设工程项目安全管理绩效考评三级指标体系，如图 11-14 所示。

通用机场施工安全管理绩效考评：

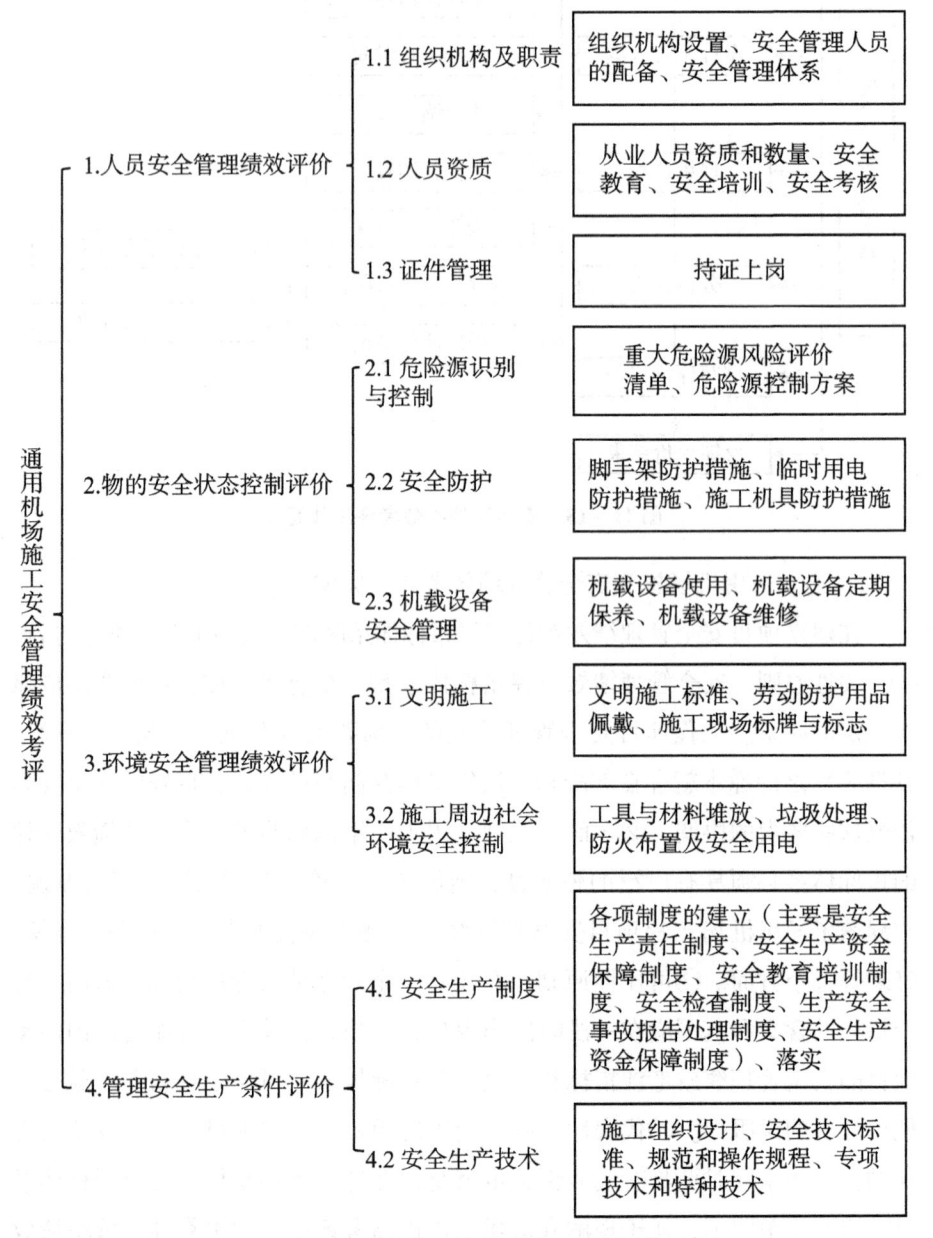

1. 人员安全管理绩效评价
   - 1.1 组织机构及职责：组织机构设置、安全管理人员的配备、安全管理体系
   - 1.2 人员资质：从业人员资质和数量、安全教育、安全培训、安全考核
   - 1.3 证件管理：持证上岗

2. 物的安全状态控制评价
   - 2.1 危险源识别与控制：重大危险源风险评价清单、危险源控制方案
   - 2.2 安全防护：脚手架防护措施、临时用电防护措施、施工机具防护措施
   - 2.3 机载设备安全管理：机载设备使用、机载设备定期保养、机载设备维修

3. 环境安全管理绩效评价
   - 3.1 文明施工：文明施工标准、劳动防护用品佩戴、施工现场标牌与标志
   - 3.2 施工周边社会环境安全控制：工具与材料堆放、垃圾处理、防火布置及安全用电

4. 管理安全生产条件评价
   - 4.1 安全生产制度：各项制度的建立（主要是安全生产责任制度、安全生产资金保障制度、安全教育培训制度、安全检查制度、生产安全事故报告处理制度、安全生产资金保障制度）、落实
   - 4.2 安全生产技术：施工组织设计、安全技术标准、规范和操作规程、专项技术和特种技术

图 11-14　安全管理绩效考评三级指标体系

(2）考评指标权重计算方法。①构造比较矩阵。为了量化比较矩阵的判断，我们首先需要确定因子与因子之间的相对重要性水平，本书选择采用萨蒂的 1~9 标度方法 $[v_i]$，标度分别为 1、2、3、4、5、6、7、8、9，其中数字越大，则说明一个因素对另一个因素的重要程度越高。在此基础上，构造比较矩阵，并要求专家判断每一层各指标的相对重要性。对相关指标进行成对比较，以确定哪个指标更重要。对于索引的重要性，1~9 比例方法的索引的值被赋予一定值。②计算相对权重。依式（11-2）计算一致性指标 CI，式中，λ_{max} 为判断矩阵的最大特征值。当 $CI=0$ 时，表示有完全的一致性；当 CI 值接近于 0 时，表示有满意的一致性；CI 的值越大，不一致性越严重。

依式（11-3）计算一致性比率 CR，其中，RI 为随机一致性指标。RI 可以通过查表的方式获得，RI 值见表 11-49。

表 11-49　RI 取值

n	1	2	3	4	5	6	7	8	9
RI 值	0	0	0.58	0.90	1.12	1.24	1.32	1.41	1.45

通常，当一致性比率 $CR<0.1$ 时，判断矩阵的不一致程度可以被认为是在允许范围内，有令人满意的一致性，通过一致性测试，此时归一化后的特征向量是该层指标的权重向量。如果一致性检验没有通过，则专家需要重新评估比较矩阵。

（3）考评指标体系评分方法。按照提供的相关信息与现场调查的情况综合来看，根据指标体系的评分标准对所有的三级指标的得分进行十分制评分，评分标准见表 11-50，仅供专家参考。

表 11-50　通用机场施工安全管理绩效考评三级指标打分标准

评价情况	优	良	中等	较差	极差
打分取值	10.0~8.0	8.0~6.0	6.0~4.0	4.0~2.0	2.0~0

按照以下公式得出每个二级指标得分：

$$二级指标分数 = \sum_{i=1}^{n} \mu_i \cdot P_i \qquad (11-21)$$

式中：μ_i 为第 i 个三级指标的权重值；P_i 为第 i 个三级指标的分数。

然后运用同样的方法，按照以下公式得出每个一级指标的得分：

$$一级指标分数 = \sum_{i=1}^{n} \tau_i \cdot C_i \qquad (11-22)$$

式中：τ_i 为第 i 个二级指标的权重值；C_i 为第 i 个二级指标的分数。

最后，按照各项一级指标的权重值，即可计算得到此工程项目建设安全管理绩效考评的结果。

4. 组织实施通用机场工程项目安全管理绩效考评

（1）确定考评任务以及考评项目。通用机场建设项目属于从国家层面进行投资从而建设起来的公共基础设施项目，拥有复杂的施工条件、巨大的投资金额、很大的社会影响、较长的工作周期，每个通用机场建设项目都应该实施安全管理绩效考评这一过程。

通用机场建设安全管理绩效考评的任务应包含：①在准备阶段，制订出项目安全管理计划以及安全管理目标；②在考评整个项目的安全管理的过程中，重点考评相关安全管理制度的文文符合性，安全管理具体实施的文实符合性；③总结以前发生的施工安全事故教训和施工过程中的经验，对项目安全管理提出改进建议。

实行项目安全管理绩效考评的组织在选择所评估的项目时，应当具备以下条件：①该项目是已经竣工的，并且已经完成了竣工报告、反馈报告以及自我评价报告；②该项目可在人员是否具备资格、经费是否充足以及时间是否安排恰当等方面均保证顺利进行，可以按照计划开展安全管理绩效考评；③该项目采用了较新的工艺、技术；④该项目施工周围环境较好；⑤该项目能够获得社会公众的普遍关注。

（2）确定考评组织以及发布考评通知。相对独立的组织应该牵头组织实施通用机场建设项目安全管理绩效考评工作。对于通用机场建设项目来说，可以由提出绩效考评任务的组织进行委托，任命拥有相关通用机场建设项目安全管理知识和考评资质的第三方评估机构来完成。在第三方评估机构明确考评任务，签定考评合同后，应立即选定通用机场建设绩效考评项目的总负责人并取得委托组织相关负责人、负责绩效考评小组人员的名单以及联系方式。第三方评估机构应以书面形式通知项目负责单位考评目标、具体任务范围以及其他具体要求，要求项目负责单位做好考评准备，并提供相关的数据信息资料。项目负责单位接收到通知后，应该积极响应行动，调取技术质量部、安监部、物资管理部、建设部、财务部等职能部门的专业人员，与第三方评估机构相互配合完成绩效考评。

（3）启动安全管理绩效考评。在工程项目安全管理绩效考评启动阶段，由第三方评价机构牵头组织，召开项目安全管理绩效考评启动会议，项目经理、项目相关职能部门的专业人员、第三方评价机构以及相关专家参与启动会。会上成立项目安全管理绩效考评小组，任命项目安全管理绩效考评负责人，公布绩效考评的实施进度计划和调研沟通计划，评估部门的职责、评价对象、评价方法、评价时间表，参与部门和单位的项目安全管理绩效评估都应有明确规定。项目安全管理绩效考评参与部门及单位的职责见表 11-51。

表 11-51　项目安全管理绩效考评参与部门及单位的职责

部门及单位	职责
安全管理部门	主要配合评估小组开展项目安全管理绩效考评；针对项目建设过程中采取的安全管理措施和制定的安全制度，接受评价组的调研访谈；按要求提交项目安全管理类资料
建设部门	积极配合评价组开展项目安全管理绩效考评；针对项目建设施工的具体情况，接受评估组的调研访谈；按要求提交相关资料
技术质量部门	积极配合评价组开展项目安全管理绩效考评工作；针对工程质量控制措施及制度，接受评价组的调研访谈；按要求提交相关文档资料
物资管理部	积极配合评估小组开展项目绩效考评；针对设备采购环节的合规性、设备质量和设备管理情况，接受评价组的调研访谈；提交相关文档资料；协助评估小组完成项目设备安全管理部分的评估
财务部	积极配合评估小组进行项目绩效考评；调查并采访项目安全投资评估小组；协助评估团队完成项目安全投入的评估
第三方评价机构	组建评价小组；结合被评价项目的特点，制订具体的绩效考评方案，包括工作步骤、方法、时间进度安排、指标体系的构建、现场调研的方式和方法；在规定时间内按要求撰写《项目安全管理绩效考评报告》，并提交委托方

（4）安全管理绩效考评的基础资料。项目负责组织在绩效考评首次启动会后的三个工作日之内，提供给评估小组绩效考评相关的基础资料，包括"通用机场建设项目安全管理自我评价报告"（简称"安全自评报告"）。内容应该至少含有：项目概况、项目进度、项目安全管理实施情况的总结、项目安全管理中存在的主要问题及原因分析，并针对此提出整改措施以及总结的经验教训和建议等。

通用机场建设项目安全管理绩效考评过程中用到的资料包括前期准备资料、工程相关技术资料以及安全管理资料三类。

前期准备资料包括项目立项及设计批复文件，政府行政主管部门及行业主管部门对项目的评审意见及其批复文件，项目初步设计说明书、施工许可证，项目建设开工报告、招标投标文件、主要合同、竣工验收报告及其相关的批复文件与资料，工程位置图、工程平面布置图、交通组织流程图等。

工程相关技术资料包括国内相关法律、法规、规章、标准和规范，国外类似工程相关的技术资料，施工单位开工报告、施工组织及实施方案，施工日志、质检报告、监理日志、监理月报等，设备安装专项验收意见、特种设备质量监督检验证书、强制检验设备设施的检验报告等。

安全管理资料包括项目部安全管理组织结构图，项目安全生产责任制及考核记录，项目安全预评价报告，安全技术措施方案，安全教育培训计划，安全教育培训记录，班前安全活动记录，项目主要负责人、管理和操作人员安全培训合格证书及特种作业人员培训证书，特种作业人员登记表，重大危害因素及其控制计划，安全会议记录，安全检查记录，安全检查处罚通知单，安全员工作日志，文明施工计划，施工现场安全标志牌登记表，施工现场消防器材和设施分布记录，工伤事故月报表，事故应急预案，应急情况（事件）处理记录，安全防护用品采购验收资料，安全防护、文明施工费用统计表等。

（5）实施通用机场建设项目安全管理绩效考评。首先，确定考评的过程思路。评估小组应先和项目负责单位的相关职能部门负责人沟通交流，从而确定整个评估过程思路，初步确定评估内容、评估指标以及评估方法。其次，实施调研。按照确定的评估内容、评估指标和评估方法，评估小组制订出具体的现场调研计划、访谈大纲，项目负责单位的相关职能部门应积极配合考评工作。

现场调研计划安排如下：①请项目负责单位介绍通用机场建设项目的情况；②参观项目现场；③组织专家与项目单位进行访谈、查阅项目相关资料；④外部调查，调查项目对周边居民、环境的影响情况；⑤专家组内部讨论打分；⑥与项目单位交换初步意见；⑦补充项目绩效考评资料。

评估小组按照访谈大纲，与项目负责管理人员及其他相关人员进行交流，了解通用机场在建设过程中存在的安全管理问题，进一步获取绩效考评资料；根据安全管理绩效考评内容和项目本身特点确定项目安全管理绩效考评指标体系和各项指标的权重，并与负责项目单位讨论指标体系和权重设定的科学性、合理性。

最后，整理和分析资料。评估小组将访谈记录反馈给项目负责单位，并对访谈资料进行再确认，保证记录内容的正确性与完整性；将访谈记录以及各职能部门、单位提供的文档资料进行归纳整理。评估小组应对收集到的资料和调研结果进行全面分析，采用定性和定量相结合的评价方法进行分析、计算，以得出客观、科学的评价结论。

（6）完成通用机场建设项目安全管理绩效考评报告。"通用机场建设项目安全管理绩效考评报告"是考评结果的汇总，是反馈经验教训的重要文件。由项目负责人和项目安全管理绩效考评负责人共同确定评价报告的框架思路，评估小组负责撰写评价报告，并对报告进行统稿、校对，最终由项目经理和第三方评价机构项目组负责人对报告进行审核。项目经理有权对报告内容和进度进行确认并提出修改意见。

安全管理绩效考评报告必须反映真实情况，编写过程中要广泛征求专家意见；报告的文字应尽可能达到精准，不使用生僻的词语；报告结论、建议和评价对象的实际情况要相对应。通用机场建设安全管理绩效考评报告的主要内容包括：评价目的和意义、评价依据、项目概况、项目安全管理状况的总结与评价、项目安全管理绩效考评结论、主要问题和原因分析、经验教训、对策和建议等。

评估小组将"通用机场建设项目安全管理绩效考评报告"初稿提交给项目相关部门的接口人员,各部门接口人员将修改意见反馈给评价组,由评价组负责修改、定稿,并将评价结果、经验教训和对策建议反馈到项目上级主管部门。

5. 通用机场施工安全管理绩效考核结果的应用

(1) 工程项目基础资料。某通用机场工程项目安全管理绩效考评所需的基础资料见表 11-52。

表 11-52　安全管理绩效考评的基础资料一览

资料类别		资料内容
前期准备资料		项目安全管理自我评价报告,项目立项及设计批复文件,政府行政主管部门及行业主管部门对项目及其批复文件的评审意见,项目初步设计规范和施工许可证,项目建设启动报告、招标投标文件、主合同、竣工验收报告及其相关批准文件与资料,项目位置图、工程平面布置图、交通组织流程图
安全管理类资料	人员安全管理	项目部安全管理组织结构图,管理人员上岗登记表,特种作业人员登记表,安全管理体系,安全教育培训制度,安全教育培训计划,安全教育培训记录,班前安全活动记录,安全考核记录,项目主要负责人、管理和操作人员安全培训合格证书,特种作业人员培训证书
	设备安全管理	设备管理制度,设备交接班制度,设备生产许可证和产品合格证,施工现场机械设备登记表清单,特种设备注册登记表,设备安装专项验收意见,特种设备质量监督检验证书,强制检验设备设施的检验报告,设备使用规定,大型机械设备月检表,设备维修计划,设备维修记录、保养记录
	施工环境控制	施工现场平面布置图,文明施工计划,施工现场安全标志牌登记表,施工现场分配消防设备和设施
	风险管理	重大危害因素及其控制计划,危害辨识与风险评价表,重大环境因素清单

续表

资料类别		资料内容
安全管理类资料	事故处理与应急响应	安全生产事故报告制度,工伤事故月报表,事故档案,事故应急预案,应急预案演练登记表,应急情况(事件)处理记录
	安全监督与检查	安全检查计划,安全会议记录,安全检查记录,安全检查单,安全检查整改通知单
	其他安全生产管理	项目安全生产责任制及考核记录,安全生产奖惩考核制度,安全投入保障制度,安全防护用品采购验收资料,安全保护、文明施工成本统计
其他相关技术资料		相关的国内法律、法规、规则、标准和规范,项目安全预评价报告,安全技术措施方案,安全技术措施交底记录,国外类似工程相关的技术资料

(2) 工程项目安全管理绩效考评。应用层次分析法确定各项指标权重。在确定某通用机场工程安全管理绩效评价指标权重的过程中,由于需要真实正确地得到各项指标的权重结果,因此笔者制定了专家意见调查表,邀请了5名专家,比较每个指标相对的重要性,然后根据前述计算权重的方法,计算每个指标的相对权重。又因为本书篇幅有限,这里仅给出第一级、第二级和第三级指标的权重计算方法的一个事例,其余指标权重都是可以运用同样的方法计算得到的。

①一级指标权重计算举例。对某通用机场工程项目安全管理绩效考评一级指标进行权重计算,专家A对一级指标的权重判断结果见表11-53。

表11-53 一级指标权重判断表(专家A)

工程安全管理绩效考评	人员安全管理绩效评价	物的安全状态控制评价	环境安全管理绩效评价	管理安全生产条件评价
人员安全管理绩效评价	1	2	2	4
物的安全状态控制评价	1/2	1	1/2	1/2

续表

工程安全管理绩效考评	人员安全管理绩效评价	物的安全状态控制评价	环境安全管理绩效评价	管理安全生产条件评价
环境安全管理绩效评价	1/2	2	1	2
管理安全生产条件评价	1/4	2	1/2	1

a. 根据一级指标权重判断结果，建立判断矩阵：

$$A = \begin{bmatrix} 1 & 2 & 2 & 4 \\ 1/2 & 1 & 1/2 & 1/2 \\ 1/2 & 2 & 1 & 2 \\ 1/4 & 2 & 1/2 & 1 \end{bmatrix}$$

b. 计算判断矩阵 A 的每一行乘积 M_i：

$M_1 = 1 \times 2 \times 2 \times 4 = 16$，同理 $M_2 = 1/8$，$M_3 = 2$，$M_4 = 1/4$。

c. 计算 M_i 的 n 次方根 $\overline{W_i}$：

$\overline{W_1} = \sqrt[4]{16} = 2$，同理 $\overline{W_2} = 0.595$，$\overline{W_3} = 1.189$，$\overline{W_4} = 0.707$。

d. 将 $\overline{W_i}$ 标准化为 W_i，则 W_i 为所求特征向量：

$$W_i = \begin{bmatrix} 0.445 \\ 0.132 \\ 0.265 \\ 0.157 \end{bmatrix}$$

e. 计算最大特征值 λ_{max}：

$$AW = \begin{bmatrix} 1 & 2 & 2 & 4 \\ 1/2 & 1 & 1/2 & 1/2 \\ 1/2 & 2 & 1 & 2 \\ 1/4 & 2 & 1/2 & 1 \end{bmatrix} \begin{bmatrix} 0.445 \\ 0.132 \\ 0.265 \\ 0.157 \end{bmatrix} = \begin{bmatrix} 1.867 \\ 0.567 \\ 1.066 \\ 0.665 \end{bmatrix}$$

$$\lambda_{max} = \sum_{i=1}^{n} \frac{(AW)_i}{nW_i} = \frac{1.867}{4 \times 0.445} + \frac{0.567}{4 \times 0.132} + \frac{1.066}{4 \times 0.265} + \frac{0.665}{4 \times 0.157} = 4.182$$

f. 一致性检验:

计算一致性指标:

$$CI = \frac{\lambda_{\max} - n}{n - 1} = \frac{4.182 - 4}{4 - 1} = 0.061$$

计算一致性比率:

$$CR = \frac{CI}{RI} = \frac{0.061}{0.9} = 0.068 < 0.1$$

通过一致性检验。

g. 求特征向量平均值:

特征向量 $W = [0.445 \quad 0.132 \quad 0.265 \quad 0.157]^T$,4 个维度分别代表专家 A 对人员安全管理绩效评价、物的安全状态控制评价、环境安全管理绩效评价和安全生产条件评价 4 个一级指标判断的权值结果。同样,可以运用这种方法计算出专家 B、C、D 和 E 对一级指标判断的权重结果,分别为

$$[0.288 \quad 0.573 \quad 0.145]^T$$
$$[0.285 \quad 0.570 \quad 0.142]^T$$
$$[0.284 \quad 0.569 \quad 0.141]^T$$
$$[0.287 \quad 0.572 \quad 0.144]^T$$

通过平均五位专家的权重,此项一级指标的组合权重为

$$[0.445 \quad 0.132 \quad 0.265 \quad 0.157]^T$$

②二级指标权重计算举例。对工程项目的一级指标"人员安全管理绩效评价"下的 3 个二级指标进行权重计算。表 11 - 54 显示了专家 A 对该二级指标的判断结果。

表 11 - 54 人员安全管理绩效评价的子因素权重判断表 (专家 A)

人员安全管理 绩效评价	组织机构及职责	人员资质	证件管理
组织机构及职责	1	1/2	2
人员资质	2	1	4
证件管理	1/2	1/4	1

a. 根据一级指标权重判断结果,建立判断矩阵:

$$A = \begin{bmatrix} 1 & 1/2 & 2 \\ 2 & 1 & 4 \\ 1/2 & 1/4 & 1 \end{bmatrix}$$

b. 计算判断矩阵 A 的每一行乘积 M_i:

$M_1 = 1 \times 1/2 \times 2 = 1$,同理 $M_2 = 8$,$M_3 = 1/8$。

c. 计算 M_i 的 n 次方根 $\overline{W_i}$:

$\overline{W_i} = \sqrt[3]{1} = 1$,同理 $\overline{W_2} = 2$,$\overline{W_3} = 1/2$。

d. 将 $\overline{W_i}$ 标准化为 W_i,则 W_i 为所求特征向量:

$$W_i = \begin{bmatrix} 0.286 \\ 0.571 \\ 0.143 \end{bmatrix}$$

e. 计算最大特征值 λ_{max}:

$$\lambda_{max} = \sum_{i=1}^{n} \frac{(AW)_i}{nW_i} = \frac{0.858}{3 \times 0.286} + \frac{1.715}{3 \times 0.571} + \frac{0.429}{3 \times 0.143} = 3.001$$

$$AW = \begin{bmatrix} 1 & 1/2 & 2 \\ 2 & 1 & 4 \\ 1/2 & 1/4 & 1 \end{bmatrix} \begin{bmatrix} 0.286 \\ 0.571 \\ 0.143 \end{bmatrix} = \begin{bmatrix} 0.858 \\ 1.715 \\ 0.429 \end{bmatrix}$$

f. 一致性检验,计算一致性指标:

$$CI = \frac{\lambda_{max} - n}{n - 1} = \frac{3.001 - 3}{3 - 1} = 0.0005$$

计算一致性比率:

$$CR = \frac{CI}{RI} = \frac{0.0005}{0.58} = 0.00068 < 0.1$$

通过一致性检验。

g. 求特征向量平均值:

特征向量 $W_i = [0.286 \quad 0.571 \quad 0.143]^T$ 分别代表专家 A 对组织机构及职责、人员资质、证件管理判断的权值结果。同样,运用这种方法可以计算出专家 B、C、D、E 对此项二级指标的权值,分别为

$$[0.288 \quad 0.573 \quad 0.145]^T$$

$$[0.285 \quad 0.570 \quad 0.142]^T$$

$$[0.284 \quad 0.569 \quad 0.141]^T$$

$$[0.287 \quad 0.572 \quad 0.144]^T$$

通过平均五位专家的权重，此项二级指标的组合权重为

$$[0.286 \quad 0.571 \quad 0.143]^T$$

③三级指标权重计算举例。对通用机场建设工程的二级指标下属的三级指标进行权重计算。表 11-55 显示了专家 A 对该三级指标的判断结果。

表 11-55 组织机构及职责的子因素权重判断表（专家 A）

组织机构及职责	组织机构设置	安全管理人员的配备	安全管理体系
组织机构设置	1	2	2
安全管理人员的配备	1/2	1	2
安全管理体系	1/2	1/2	1

a. 根据一级指标权重判断结果，建立判断矩阵：

$$A = \begin{bmatrix} 1 & 2 & 2 \\ 1/2 & 1 & 2 \\ 1/2 & 1/2 & 1 \end{bmatrix}$$

b. 计算判断矩阵 A 的每一行乘积 M_i：

$M_1 = 1 \times 2 \times 2 = 4$，同理 $M_2 = 1$，$M_3 = 1/4$。

c. 计算 M_i 的 n 次方根 $\overline{W_i}$：

$\overline{W_i} = \sqrt[3]{4} = 1.587$，同理 $\overline{W_2} = 1$，$\overline{W_3} = 0.630$。

d. 将 $\overline{W_i}$ 标准化为 W_i，则 W_i 为所求特征向量：

$$W_i = \begin{bmatrix} 0.493 \\ 0.311 \\ 0.196 \end{bmatrix}$$

e. 计算最大特征值 λ_{max}：

$$AW = \begin{bmatrix} 1 & 2 & 2 \\ 1/2 & 1 & 2 \\ 1/2 & 1/2 & 1 \end{bmatrix} \begin{bmatrix} 0.493 \\ 0.311 \\ 0.196 \end{bmatrix} = \begin{bmatrix} 1.507 \\ 0.950 \\ 0.599 \end{bmatrix}$$

$$\lambda_{\max} = \sum_{i=1}^{n} \frac{(AW)_i}{nW_i} = \frac{1.507}{3 \times 0.493} + \frac{0.950}{3 \times 0.311} + \frac{0.599}{3 \times 0.196} = 3.056$$

f. 一致性检验。

计算一致性指标：

$$CI = \frac{\lambda_{\max} - n}{n - 1} = \frac{3.056 - 3}{3 - 1} = 0.028$$

计算一致性比率：

$$CR = \frac{CI}{RI} = \frac{0.056}{0.58} = 0.097 < 0.1$$

通过一致性检验。

g. 求特征向量平均值。

特征向量 $W_i = [0.493 \quad 0.311 \quad 0.196]^T$ 的 3 个维度分别代表专家 A 对组织机构设置、安全管理人员的配备和安全管理体系判断的权重结果。同样，运用这种方法可以分别计算出专家 B、C、D、E 对此项三级指标的权值，分别为

$$[0.495 \quad 0.313 \quad 0.198]^T$$
$$[0.491 \quad 0.309 \quad 0.194]^T$$
$$[0.494 \quad 0.312 \quad 0.197]^T$$
$$[0.492 \quad 0.310 \quad 0.195]^T$$

通过平均五位专家的权重，此项三级指标的组合权重为

$$[0.493 \quad 0.311 \quad 0.196]^T$$

④模拟打分。在确定完各项权重后，再针对各项指标，由第三方评价单位进行评价打分。作者在查找有关工程施工安全管理绩效考评信息文献和其他资深专家对此类问题深入的研究的基础上，对某通用机场项目安全管理绩效考评指标体系进行模拟打分，评分结果见表 11-56。

表 11-56　某通用机场工程项目安全管理绩效考核评分表

一级指标	一级指标分值 权重	一级指标分值 分值	二级指标	二级指标分值 权重	二级指标分值 分值	三级指标	三级指标分值 权重	三级指标分值 分值
1. 人员安全管理绩效评价	0.445	9.75	1.1 组织机构及职责	0.286	10	组织机构设置	0.493	10
						安全管理人员的配备	0.311	10
						安全管理体系	0.196	10
			1.2 人员资质	0.571	9.25	从业人员资质和数量	0.192	10
						安全教育	0.315	8
						安全培训	0.335	9
						安全考核	0.157	10
			1.3 证件管理	0.143	9.7	持证上岗	1.000	9.7
2. 物的安全状态控制评价	0.132	9.97	2.1 危险源识别与控制	0.532	10	重大危险源风险评价清单	0.372	10
						危险源控制方案	0.628	10
			2.2 安全防护	0.264	10	脚手架防护措施	0.312	10
						临时用电防护措施	0.356	10
						施工机具防护措施	0.332	10

续表

一级指标	一级指标分值 权重	一级指标分值 分值	二级指标	二级指标分值 权重	二级指标分值 分值	三级指标	三级指标分值 权重	三级指标分值 分值
2. 物的安全状态控制评价	0.132	9.97	2.3 机载设备安全管理	0.204	9.95	机载设备使用	0.212	9.8
						机载设备定期保养	0.485	10
						机载设备维修	0.303	10
3. 环境安全管理绩效评价	0.265	10	3.1 文明施工	0.495	10	文明施工标准	0.365	10
						劳动防护用品佩戴	0.312	10
						施工现场标牌与标志	0.323	10
			3.2 施工周边社会环境安全控制	0.505	10	工具与材料堆放	0.228	10
						垃圾处理	0.213	10
						防火布置及安全用电	0.236	10
						环境保护	0.323	10
4. 管理安全生产条件评价	0.157	10	4.1 安全生产制度	0.582	10	各项制度建立	0.506	10
						各项制度落实	0.494	10
			4.2 安全生产技术	0.418	10	施工组织设计	0.314	10
						安全技术标准、规范和操作规程	0.361	10
						专项和特种技术	0.325	10

⑤结果分析。对工程项目安全管理绩效考核评分表进行统计,该项目各项一级指标得分情况见表11-57。

表11-57 工程项目安全管理绩效考评一级指标得分汇总表

一级指标	1. 人员安全管理绩效评价	2. 物的安全状态控制评价	3. 环境安全管理绩效评价	4. 安全生产条件评价
得分(分)	9.75	9.97	10	10

用每一项一级指标的分值分别乘以其所对应的权重值,可以计算出该工程三期扩建施工安全管理绩效考评综合得分为9.87分。然后访问专家人士并查找相关文献信息,将该工程三期扩建施工安全管理绩效考评的结果分为较好、中等、较差以及极差四个等级,见表11-58。

表11-58 通用机场工程项目安全管理绩效考核评价标准

安全管理绩效考评情况	较好	中等	较差	极差
评分取值标准	10.0~9.0	9.0~8.0	7.0~6.0	6.0~0

因此,该机场工程项目安全管理整体情况较好。

附录　某航空公司安全管理手册——风险管理

一、概述

风险管理是将风险控制在可接受的水平下，是公司安全管理体系的核心内容。通过政策、风险管理、安全保证、安全促进将风险管理工作系统化，为公司提供一个提高安全运行水平的系统化管理方法。

风险管理作为安全管理体系的一个正式过程，由系统和工作分析、危险源识别、风险分析、风险评价和风险控制组成。它是通过全面的系统和工作分析，识别出系统或流程各环节的危险源，建立危险源信息库并进行分析和评价，为所识别出的危险源制定风险控制措施的管理过程。风险管理过程不是一个独立的或特殊的过程，它融入公司整个运行过程，包括：飞行运行、运行控制、机务维修、客舱安全、地面保障、货物运输及相关的培训等运行安全相关的工作领域。

二、风险管理的功能

风险管理流程图（见图1）给出了风险管理各个环节之间的关系及风险管理与政策、资源管理、安全保证和运行文件等安全管理体系各组成部分之间的关系。

风险管理作为安全管理体系的核心功能之一，其目标是将公司运行中的风险控制在可接受的水平或以下。风险管理的每个环节都是实现风险管理目标的必要环节，必须严格按照各个环节的方法和标准实施操作才能实现风险管理的功能，达到预期的目标。风险管理是一个系统性的管理，强调系统中各组成部分的内在关系，它是一个协调一致、综合治理的过程。风险管理始于系统和工作分析，其结果是制定有效的风险控制措施。它通过全面的系统和工作分析，识别出系统或流程各环节的危险源，建立危险源信息库，采用公司所确定的方法和标准对其风险进行分析和评价，并制定风险控制措施，在措施实施过程中，通过安全保证的功能判断其有效性，实现对风险的闭环管理。

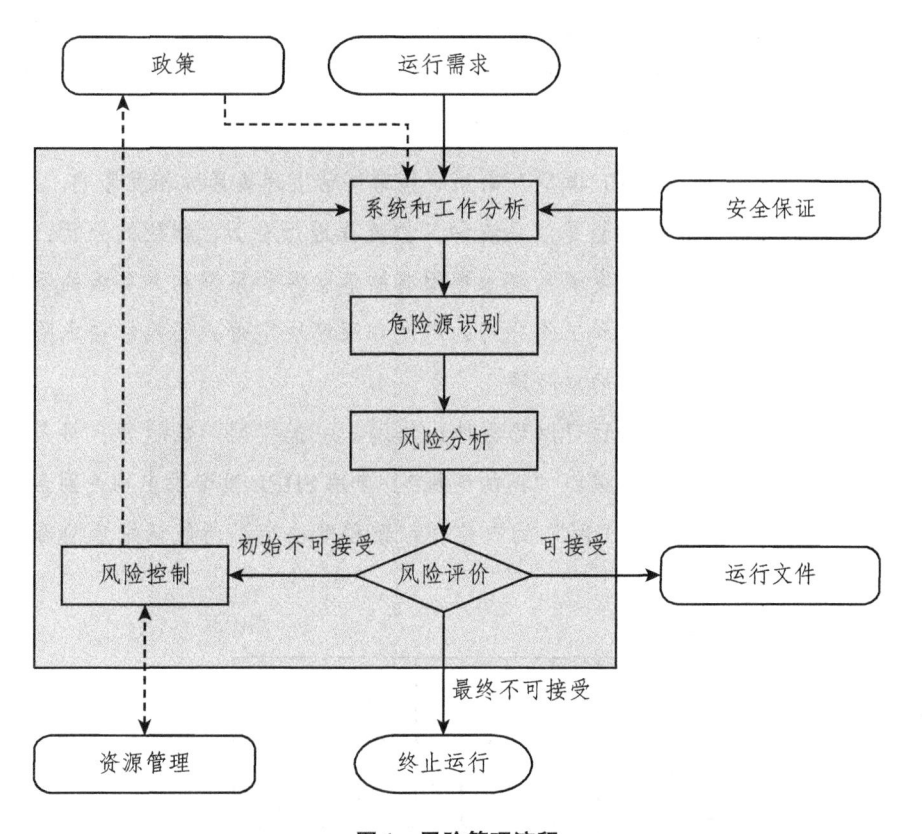

图1　风险管理流程

注：①灰色区域表示潜在的新风险或无效的控制。

②图中虚线表示弱相关，实线代表强相关。

1. 系统和工作分析

（1）功能。"系统"是以完成特定职能为目标的各项相关要素的组合，由组织结构、过程和程序，以及完成任务的人员、设备和设施构成。目前公司的运行系统包括飞行运行、运行控制、机务维修、客舱服务、地面保障、货物运输六大系统。

"工作"是为实现系统功能所设定的一系列流程的实施过程,目的是应用系统的各个要素完成既定的任务。

"系统"的适用性、合理性,以及"工作"与"系统"的匹配性直接决定了公司运行中所含危险源的多少和风险的大小。

系统和工作与所涉及的软件(software)、硬件(hardware)、环境(environment)和人员(lifeware)等各种因素相关,这些因素以及相互间的影响直接决定了公司各运行系统中所含危险源的多少和风险的大小。因此,在做系统和工作分析时必须考虑软件(S)、硬件(H)、环境(E)、人员(L)的影响,应用"SHEL模型"来系统性地评估上述要素和相互影响。

系统和工作分析的功能是对系统和工作流程进行全面、细致的分析,为危险源识别奠定基础,以发现系统本身固有的危险源和系统相关要素的不匹配所产生的危险源。系统和工作分析的广度和深度决定着是否能够在危险源识别环节准确地识别足够的危险源。

系统和工作分析的过程可以形象地比作编织一张"网"的过程,将系统细化为一系列流程相当于编织"网的经线",应用SHEL模型找出相关因素相当于编织"网的纬线"。"网"的完整和细致程度决定了所能识别危险源的程度(见图2)。

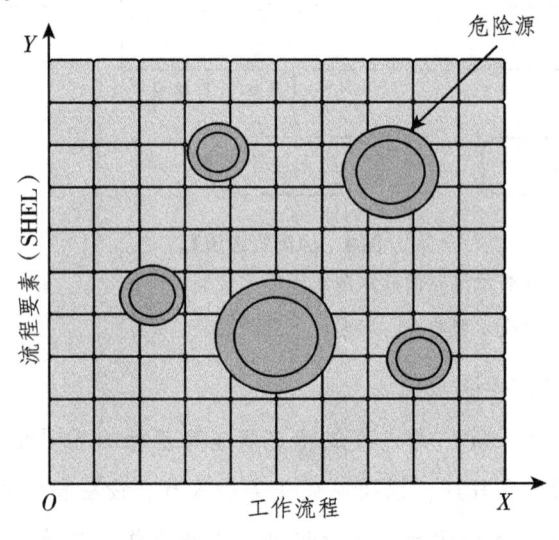

图2 系统和工作分析网状结构

在拟定风险控制措施后，还需要再次从系统和工作分析开始进行风险管理以确认风险控制措施的有效性，并为识别衍生风险奠定基础。

（2）方法。为使系统和工作分析细化到足以识别危险源的程度，根据运行过程的功能，公司将运行系统分为飞行运行、运行控制、机务维修、客舱服务、地面保障和货物运输六个系统，把培训融入了各系统之中。每个系统按照目标、功能和任务并结合现有的组织结构情况分为如下子系统：①飞行运行系统包括飞行标准、飞行训练、航班运行、资料管理四个子系统；②运行控制系统包括签派、平衡、航务、现场、应急管理、通信管理六个子系统；③机务维修包括工程技术、维修管理、质量管理、生产保障、维修实施和机务培训六个子系统；④客舱服务包括客舱训练、业务管理、生产协调、外籍乘务四个子系统；⑤地面保障包括值机、旅客运输、行李运输、客舱清洁、特种车辆五个子系统；⑥货物运输包括货物收运、货物保安、货物的到达与交接、特种货物运输、货物仓储、货物集控和特种车辆七个子系统。

根据危险源识别的需要以及实现系统工作目标的过程，可将子系统再细分为一级流程、二级流程，对于复杂的子系统，甚至分解到三级流程。

公司的系统和工作分析可分为系统、子系统和工作流程。各系统和流程之间不是孤立的，存在相互间的接口，系统和工作分析不仅详细划分了流程而且还重点考虑了关键流程以及系统内各流程之间的相互联系，同时也考虑了本系统与航空运输系统中的其他系统（如机场、空管等）间的相互作用。

公司运行系统处于多组成部分、多方面的复杂操作环境之中，不仅包括系统和流程本身，而且包括与这些系统和流程相关的软件（S）、硬件（H）、环境（E）和人员（L）。公司运行系统的功能和表现取决于系统中各种要素的匹配程度。操作环境中各组成部分和要素以及相互作用影响了流程过程中人的操作行为，进而影响了流程目标的实现。分析操作环境的组成部分、要素及其与人的互动的一个有效的概念工具是 SHEL 模型。SHEL 模型，有时被称为 SHELL 模型，可以被用来分析运行系统内不同组成部分和要素之间的相互关系。

公司实施系统分析应用下列三个表作为具体操作的工具。

"运行系统流程分解表"是系统和流程的树状结构表,它体现了系统、子系统、一级流程、二级流程及三级流程之间的关系。

"运行系统关键流程分解表"在"运行系统流程分解表"的基础上将各系统中的影响运行安全的关键流程予以标注。

"系统和工作分析信息表"是对流程的责任落实以及功能、流程要素(SHEL)、目标、输入和输出的详细说明,同时对流程的边界予以界定。

在实施系统和工作分析时,首先应参照现有的"运行系统流程分解表"将系统和工作分析的输入分解到各系统、子系统、一级流程、二级流程、三级流程,评估现有表格的有效性,如有需要则修订现有的"运行系统流程分解表"。然后根据分析的结果评判是否需要纳入"运行系统关键流程分解表"内,最后使用SHEL模型完成"系统和工作分析信息表"。

2. 危险源识别

(1) 功能。"危险源"是指有可能导致下列情况发生的现有的或潜在的状况:①导致人员受到伤害、疾病或死亡;②导致系统、设备或财产遭破坏或受损;③导致环境受到破坏;④导致公司安全能力的下降或无法实现安全目标。

危险源"识别"是一个过程,这个过程是在系统和工作分析的基础上,应用公司确定的方法查找和挖掘公司运行过程中存在的或潜在的危险源,明确其特征及相互联系,即使用一系列流程与SHEL要素编制的"网"来有效地筛选危险源。

危险源识别的重要功能是充分地识别出公司运行过程中存在的或潜在的危险源。公司注重对各运行系统关键流程的危险源识别,必须确保能够识别出足够的、关键的和重大的危险源。危险源不是孤立的,危险源识别的另一个重要的功能是通过分析危险源的动因和后果,从而确定危险源之间的关联性,根据危险源的相互关系建立危险源之间的"网"状结构并根据危险源所属系统、动因等因素进行分类,以便系统地实施风险管理。

(2) 方法。在系统和工作分析的基础上,根据公司各运行系统流程的特征及安全管理体系反馈机制的输入,公司采用下列三种方法实施危险源识别。

①"目标推导法"。在公司的实际运行过程中，由于各类因素会造成运行结果相对于流程目标的偏离，这种偏离将会对实现系统安全目标产生一定的影响，这种影响本身就是一种危险状态，因此需要根据目标的偏离状态来推导系统和工作流程中存在的或潜在的危险源。

"目标推导法"就是将流程目标偏离的若干状况作为"危险源后果"，然后逐层往前查找危险源的方法。

②"要素推导法"。流程要素是运行人员在实施流程操作过程中所涉及的软件（S）、硬件（H）、环境（E）和相关人员（L）。在公司的实际运行过程中，各类流程要素（SHEL）自身的不稳定以及各流程要素与运行人员的不匹配最终会导致对公司运行安全目标的偏离，这就是一种危险状态。因此，可以根据各类流程要素的不匹配状态推导系统和工作流程中所存在的或潜在的危险源。

"要素推导法"就是将流程要素自身的不稳定及各流程要素与运行人员的不匹配的若干状况作为"危险源"，然后逐层往前、往后查找危险源的方法。

这种方法就是在系统与工作分析的基础上，针对具体流程，将流程要素自身的不稳定及各流程要素与运行人员的不匹配的若干状况作为"危险源"，利用SHEL模型分析导致"危险源"的原因及其后果，并将这些原因及后果作为"危险源"，然后再次利用SHEL模型逐层前溯、后溯动因及其后果，从而使危险源识别工作循环、完整地进行，确保系统性地、尽可能多地识别出运行过程中的危险源，并形成或持续更新危险源信息库。

③"事件推导法"。运行过程中所发生的不安全事件是许多因素共同作用的结果，这些因素中包含着危险源。"目标推导法""要素分析法"是两种识别危险源的主动方法，应用"主动方法"能识别出许多现有的和潜在的危险源，但难以发现足够多的、深层次的危险源。不安全事件可以暴露出许多用"主动方法"难以识别或挖掘的危险源。因此，通过对已发生的不安全事件的分析能够识别出用"主动方法"未识别出来的危险源。

"事件推导法"就是通过对不安全事件进行全面、深入的分析，根据"事件发生链"所提供的线索来查找危险源的方法。这种方法是一种"被动"

的危险源识别方法，它和主动识别方法同等重要，只是采用了不同的切入点。事件推导法注重查找难以发现、隐藏较深的危险源。

"事件推导法"就是根据不安全事件分析报告，先分析明确导致不安全事件的直接原因，并将这些直接原因列为危险源；然后，查找那些能够穿透组织、环境、人员和防护措施（规章、训练和技术）等屏障因素的相关危险源；再考虑与这些危险源所处流程中的相关 SHEL 要素所造成的不安全状态；最终确定所有危险源及其关联性。在此过程中，应首先根据不安全事件信息，列明导致事件发生的直接原因，即"一级动因危险源"。其次，根据相关系统和工作分析的结果及 SHEL 要素，分析其他相关的动因（二级或三级动因危险源），尽管这些动因没有在此次不安全事件中发生，但有可能通过其他路径导致同类型的不安全事件，这些动因也是"事件推导法"所能获得的重要成果。对于分析出的危险源，确认现有的危险源信息库的有效性，并根据分析结果修订危险源信息库。

(3) 应用。危险源的识别可应用于以下两个方面：①周期性或运行需求所要进行的危险源识别。在"系统和工作分析"的基础上，通过"目标推导"或"要素推导"的方法，对公司现有的运行系统及运行环境进行危险源识别，尽可能多地识别出运行过程中重大的、可合理预见的危险源。在风险管理工作进入常态化之后，当存在各类新的运行项目、新的技术应用与安全相关的组织机构变化等时，在系统和工作分析的基础上，通过"目标推导"或"要素推导"的方法，进行与运行需求相关的危险源识别。②对潜在的新风险或者需要进一步制定控制措施的风险进行危险源识别。在公司已经建立"风险管理"机制并实施了"风险管理"的情况下，公司实施的运行都应已经过风险分析、风险评价，对已经发现的危险源已制定并实施了风险控制措施，公司运行的风险应该处在可接受范围之内。但是，在实际运行中，由于各相关因素的变化，不可避免地会产生潜在的或新的危险源；另一方面，某些风险控制措施被验证是无效的。"安全保证"功能应能够判断出潜在的或新的风险和无效的风险控制措施，并输出给"风险管理"功能，"风险管理"功能利用"事件推导法"和"要素推导法"在系统与工作分析的基础上重新识别危险源，完成风险管理闭环控制。

综上所述，危险源识别的方法均是在系统和工作分析的基础上，利用 SHEL 模型所确立的各类要素，通过"如果怎样，将会发生什么"的分析过程和方法来识别危险源，分析的详尽程度应适当。当识别出的某个危险源已经细致到足以制定有效控制措施的程度，就可以停止对它的进一步分析。

3. 风险分析

（1）功能。风险分析是对已识别出的有效危险源进一步认识的过程，通过全面、系统地分析和了解已识别的危险源，最终根据公司所确定的等级标准确定有效危险源的风险等级。风险分析的结果是风险评价的基础，并为风险控制措施的制定提供参考依据。

风险分析应用公司确定的方法，全面、系统地分析已识别的危险源。公司确定了若干种风险分析的方法，这些方法有简单和复杂之分。在公司初期实施风险管理时，对一般运行人员而言，实施风险分析的重点并不在于使用复杂的方法精确地计算出风险等级，而在于通过风险分析提高对风险及实施风险管理重要性的认识，树立风险管理的意识。

（2）方法。风险分析方法可以是定性的，也可以是定量的或半定量的，需依据实际应用情况、历史数据及相关信息的可获得性、管理经验以及组织决策的要求来选定合适的分析方法。

实施风险分析涉及三个要素，即危险源发生事故的可能性、危害的严重性和危险源在环境中的暴露程度，每个要素均要考虑不同的因素并有不同的计算方法。

对于公司目前运行中所存在的危险源，风险分析的过程需要结合危险源管理现状，分析现有控制措施及启动机制对上述三个要素的影响。

危险源的现有控制措施是指运行单位针对该危险源所采取的现有的控制管理的方式和方法，包括制度、程序、设施设备、培训教育等。

启动机制是指现有控制措施实施的条件、环境等综合触发机制。现有风险管理控制的启动条件是指在何种条件下启动针对某项（某几项）危险源的控制措施。根据现有的危险源控制措施类型，启动机制可分为：常态启动机制、条件启动机制、应急启动机制。

公司在对这些要素实施分析时，应用下列方法。

第一，危险源的可能性分析。危险源的可能性是指危险源发生事故的概率。在实施危险源可能性分析时，可以采用以下方法。

①经验分析法。由各级风险管理主管机构指定危险源相关流程的专家，根据表1的危险源发生可能性等级的分析标准，并考虑该危险源所处的环境、条件，充分利用专家的经验并结合现有的控制措施和启动机制，来推断危险源未来发生的可能性等级，最终确定危险源可能性定义数值。

表1　危险源发生可能性等级分析标准

可能性等级	定义	参考值
频繁	可能会发生许多次（经常发生）	5
偶尔	可能会发生几次（有时发生）	4
极少	很少，但会发生（很少发生）	3
不太可能	目前没有发生过	2
极不可能	几乎无法想象会发生	1

经验分析法是判断危险源发生可能性的一种基本的和简易的方法。

②趋势分析法。一个事件的历史状态及其发展趋势对于分析事件未来发生的可能性有很强的参考价值。

"趋势分析法"是指在某一危险源（事件）的发生具有历史统计数据的条件下，根据历史数据的分布确定危险源发生的可能性等级标准，将等级标准量化，然后根据前期数据指标的趋势分析，预测出危险未来发生的可能性，最终确定危险源定义数值。

"趋势分析法"首先对某一特定危险源发生的历史数据进行收集和统计，并得出该危险源发生的历史平均概率，然后根据历史平均概率，参照安全目标（如有）设定一个"合理""可能""可接受"的发生区间并将其确定为可能性等级"3"（即"极少"），根据已确定的可能性等级"3"的区间标准分别制定出"1、2、4、5"的可能性等级标准定量区间。定量时应主要考虑该量化区间发生可能性与表所定义的"极不可能""不太可能""偶尔"

"频繁"相匹配，并能形成连续性量化区间，最后根据统计数据的趋势分析，在考虑现有的控制措施和启动机制的基础上判断危险源未来发生可能性的量化数值，并根据已确定的可能性等级量化标准确定危险源可能性的等级数值。

③目标参考法。对一个管理项目，是否为它设定管理目标对其管理效果有着一定的影响，对于设定管理目标的项目，其管理效果较好的可能性比较大，反之，不设定管理目标的项目，其管理效果较好的可能性较难判断。对于一个危险源而言，为它设定了管理目标，那么这个危险源发生危险的可能性将会大大降低。因此，在分析一个危险源的可能性时，可以参照其是否有相关的管理目标来分析它的可能性。这种方法就是"目标参考法"。

公司目前已将安全管理目标分解到相关的流程，并将继续分解到关键危险源，这将对控制公司的安全风险起到非常有效的作用，同时，也为应用"目标参考法"对危险源发生的可能性实施分析提供了较好的基础。

"目标参考法"是以安全管理目标分解的状况作为参考，将危险源发生的可能性的五个等级予以具体量化，实现在风险分析时对可能性的更有效的判断。

第二，危险源的严重性分析。

危险源的严重性是根据一系列危险源的后果综合判断或推导出的严重性等级。相对于基本的分析方法而言，危险源的严重性是指在合理的、可预见的、最坏的情况下，一个不安全事件或状况所产生后果和影响。相对于较精确的分析方法而言，危险源的严重性是在能够预测的条件下，对所产生的合理的后果和影响的综合评估。

在实施危险源严重性分析时，可以采用以下几种方法：①经验分析法。由各级风险管理主管机构指定危险源相关流程的专家，根据表2的危险源发生严重性等级的分析标准，并考虑该危险源所处的环境、条件，充分利用专家的经验并结合现有的控制措施和启动机制，来推断危险源发生的严重性等级，最终确定危险源严重性定义数值。

表2　危险源发生严重性等级分析标准

严重性等级	1 可忽略	2 轻微的	3 严重的	4 特别严重的	5 灾难性的
特定行为和状态	事件等级小于一般差错标准的行为和状态	凡构成本航空公司航空安全一般差错标准的行为或状态	凡构成本航空公司航空安全严重差错标准的行为或状态	凡构成《新版民航航空器飞行事故征候标准》中"运输航空事故征候""航空器地面事故征候"的行为或状态	凡构成《民用航空器事故征候标准》《民用航空器地面事故等级》《民用航空器维修事故等级》中严重事故征候及以上的行为或状态
安全管理能力	对安全能力造成一定影响，对运行系统安全系数有一定影响但很有限	对安全能力造成一定影响，造成运行系统安全系数一定幅度下降	对安全能力造成一定影响，造成运行系统安全系数较大幅度下降	对安全能力造成一定影响，造成运行系统安全系数大幅度下降	对安全能力造成极为严重的影响，造成运行系统安全系数极大幅度下降
人员伤亡	人员未受到人身伤害不需要住院观察	人员轻微伤，造成人体局部组织器官结构的轻微损伤或短暂的功能障碍	造成40人及以上受到轻伤或9人及以下严重受伤	造成39人及以下死亡或10人及以上严重受伤	造成40人及以上死亡
财产损失	经济损失1万元以下	设备损坏或造成经济损失1~15万元	主要设备损坏或造成经济损失15万~100万元	航空器损坏或造成经济损失100万~1000万元	航空器损毁或造成经济损失1000万元以上

对表 2 的说明：a. 本严重性分析标准应用于公司风险分析中"可判定危险源"的严重性评分。b. "可判定危险源"的严重性评分依据特定行为和状态、安全管理能力、人员伤亡、财产损失先后顺序进行打分确认。如果依据特定行为和状态可以确定严重性分值，则其他维度不需要再进行评分；如果依据特定行为和状态不能确认危险源严重性分值，则通过其他维度进行确定。c. "特定行为和状态"：由于各种原因造成公司某事件等级的一种行为或状态，包括一般差错标准、严重差错标准、一般事故征候、严重事故征候等。d. "安全管理能力"：公司内保障系统运行安全能力的总称，包括技术和防护装备、操作制度规范、安全管理组织、人员等。

②条件概率推导法。危险源不是孤立的，是存在相互联系的，一个危险源本身是另外一个危险源的动因或后果。因此，一方面，需要在"系统与工作分析"和"危险源识别"的基础上确定"危险源网状结构"；另一方面，正因为危险源之间存在着这种动因和后果之间的关系，所以需要确定危险源导致危险源后果的概率，即危险源之间的"条件概率"。

一般情况下，根据公司确定的危险源严重性等级标准（详见表 2）可以直接判定处于危险源网络结构后端的危险源的严重性，但是，对于危险源网络结构前端的危险源而言，很难直接判定出其严重性的大小，尤其是一个危险源往往会产生多个后果，其严重性的等级就更加难以判断。因此，此类危险源严重性的判断需要结合公司危险源网络结构，使用危险源之间的条件概率，应用后端危险源的严重性等级数值向前推导和判定前端危险源的严重性等级；同时，在确定严重性等级数值时，需要考虑现有控制措施及启动的机制。

因此，公司开发了"条件概率推导法"。应用该方法，根据后端的危险源的严重性，依据危险源网络（见图 3），结合条件概率来推导前端危险源的严重性等级。

第三，作业人员在危险环境中的暴露程度分析。

绝大多数危险源中包含相关的作业人员，而当危险源造成后果时，作业人员所受到的伤害对风险等级的确定有着重要的影响。因此，在某些特殊领域，在确定危险源的风险等级时，如果考虑作业人员在危险环境中的暴露程度将使得风险分析的结果更为全面。

危险环境是指物理性危险、危害因素，化学性危险、危害因素或生物性危险、危害因素导致的危险环境。

"暴露度"是指作业人员出现在危险环境中的频繁程度。由各级风险管理主管机构指定危险源相关流程的专家，根据表3的"作业人员暴露于危险环境的频繁程度等级分析标准"，并考虑所处的环境、条件，充分利用专家的经验并结合现有的控制措施和启动机制，来推断人员暴露在危险环境的频繁程度，最终确定暴露度的分值。

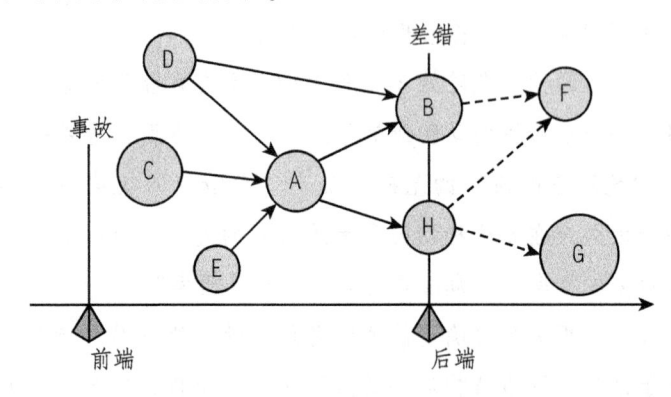

图 3　危险源网状结构

表 3　作业人员暴露于危险环境的频繁程度等级分析标准

分数值	人员暴露于危险环境的频繁程度
10	连续暴露
6	每天工作时间内暴露
3	每周一次，或偶然暴露
2	每月暴露一次
1	每年暴露几次
0.5	非常罕见的暴露

第四，危险源风险等级的分析。

在确定了危险源发生的可能性和严重性后，就可以确定危险源的风险等级。公司采用下列两种方法分析危险源的风险等级：①风险矩阵法。风险矩阵法是分析风险等级的一种结构性方法，风险矩阵法综合考虑了危险源发生的可能性和危险源后果的严重性两方面的因素，将这两方面因素对安全的影响进行最直接的评估。该方法是通过事先对可能性和严重性确定等级划分，采用公司认定的方法判断出可能性和严重性所处的量化等级并标注在以严重性为横轴、可能性为纵轴的风险矩阵内，所标注点的位置称为"风险等级点"，风险等级点在矩阵图的位置反映了危险源的风险等级。确定"风险等级点"为下一步的风险评价奠定基础。②作业条件风险分析法（LEC法）。作业条件风险分析是从危险源发生的可能性（L）、作业人员在危险环境中的暴露程度（E）和危险源后果的严重性（C）三个维度来分析风险等级，风险值 $D = L \cdot E \cdot C$。根据风险值（D）的大小来判断风险等级的大小，为进一步实施风险评价奠定基础。

LEC法可以对作业环境的潜在危险进行半定量分析与分级，虽然简便易行，但它只能对一般作业条件的危险进行分析评价，它强调的是操作人员在具有潜在危险性的环境下作业的危险性。因此，公司将作业条件风险分析法作为风险分析的辅助方法。

在LEC法中，危险源发生的可能性（L）、作业人员在危险环境中的暴露程度（E）、危险源后果严重性（C）的分析方法与经验分析法相似，只是分值的标准有所不同，具体的分值确定方法见表4~表6。

表4　确定 L 的对应分数值标准

分数值	事故发生的可能性
10	完全可以预料
6	相当可能
3	可能，但不经常
1	可能性小，完全意外
0.5	很不可能，可以设想
0.2	极不可能
0.1	实际不可能

表5 确定 E 的对应分数值标准

分数值	人员暴露于危险环境的频繁程度
100	连续暴露
6	每天工作时间内暴露
3	每周一次,或偶然暴露
2	每月暴露一次
1	每年暴露几次
0	非常罕见的暴露

表6 确定 C 的对应分数值标准

分数值	发生事故可能造成的后果
100	大灾难/许多人死亡/造成重大财产损失
40	灾难/数人死亡/造成很大财产损失
15	非常严重/一人死亡/造成一定的财产损失
7	严重/重伤/较小的财产损失
3	重大/致残/很小的财产损失
1	引人注目/不利于基本的安全要求

公司明确了上述"可能性""严重性"和"暴露程度"的若干分析方法,但是这些方法是否能得到有效应用,取决于实施风险管理的机构和人员获取的危险源相关信息的多少、对各种信息分析掌握的程度及综合能力等因素。运行单位应根据实际情况,综合考虑上述因素,选用合适的风险分析方法来有效地开展风险分析工作。但各分公司、子公司、二级运行单位在实施风险分析时,所采用的最基本方法是"经验分析法",公司鼓励分公司、子公司、二级单位采用公司认定的更为精确的方法实施风险分析,并鼓励各单位开发更有效的风险分析方法。

4. 风险评价

(1) 功能。风险评价是将已识别出的危险源根据风险分析所得出的结论(即严重性、可能性、暴露程度的数值) 使用"风险矩阵法"或"作业条件风险评价法"对风险等级进行衡量、评价;制定公司各运行安全管理层级的风险可接受标准、权限和责任以及程序，在此基础上，确定各运行安全管理层级所能接受的风险和接受方法；通过风险评价，确定公司各运行系统、各运行单位以及全公司的风险分布状况及管理风险的责任分配状况，明确公司风险控制的优先等级；通过风险评价，衡量公司已实施风险控制措施的有效性。

公司风险评价的功能可概述为以下几点：①明确各运行安全管理层级风险的可接受标准、权限、责任和程序；②明确风险分布状况和责任分配状况及风险控制的优先等级；③评价已实施的风险控制措施的有效性。

公司应用中国民航局咨询通告推荐使用的"风险矩阵"作为风险评价的主要工具，使用"作业条件风险评价法"作为应用在一些特殊领域进行风险评价的辅助工具。

在中国民航局咨询通告推荐的风险矩阵中，将风险矩阵图（见图4）按照风险可接受性分为了三个区域：不可接受区域、可接受区域、制定有效控制措施后可接受区域。如果一个危险源经过风险分析所确定的"风险等级点"落入不可接受区域，则在制定有效风险控制之前该危险源所产生的风险是不可接受的；如果一个危险源经过风险分析所确定的"风险等级点"落入制定有效控制措施后可接受区域，则在具有有效风险控制措施的条件下可以接受该危险源所产生的风险；如果一个危险源经过风险分析所确定的"风

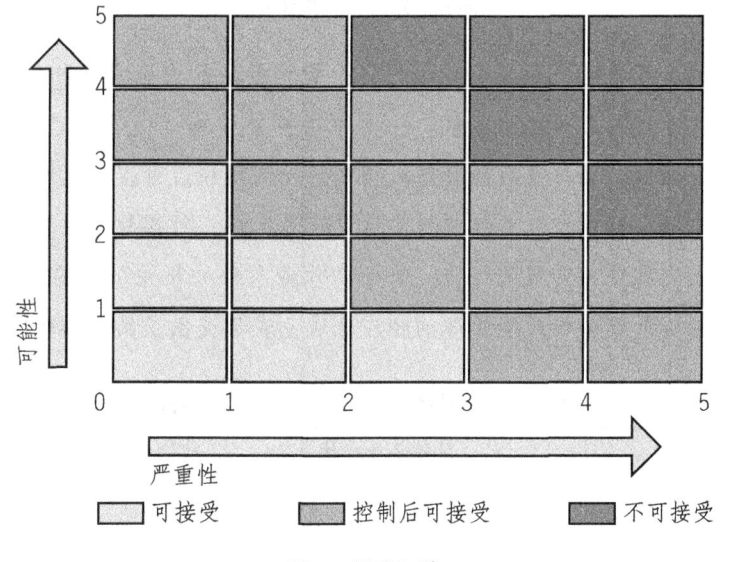

图4 风险矩阵

等级点"落入可接受区域,则该危险源所产生的风险是可以接受的。

为使风险评价更具科学性和可操作性,提高风险分析的准确性和风险管理的效率,根据公司安全政策、运行的具体情况并考虑各运行系统、运行单位的状况和安全责任分配等因素,在上述的风险矩阵图的基础上,形成了公司的风险矩阵图(见图5),图中包含了公司及各运行安全管理层级风险可接受标准和权限。

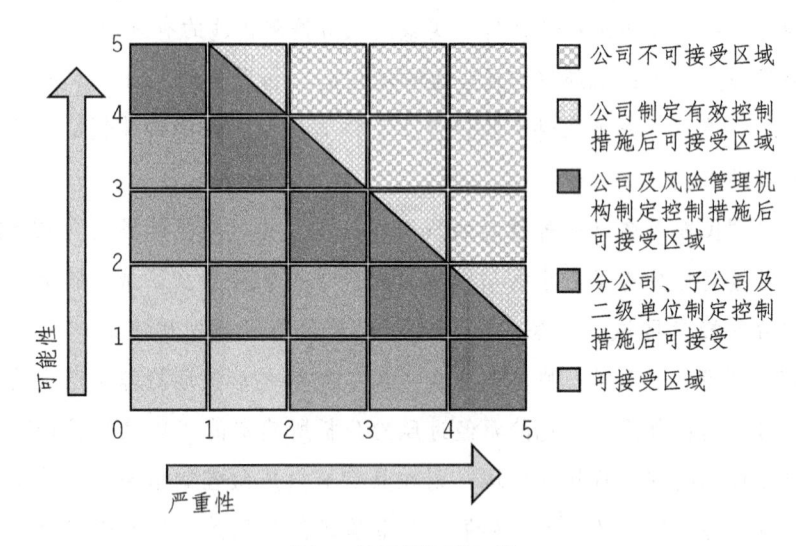

图5 公司的风险矩阵

按照风险可接受性和公司各运行安全管理层级的安全责任和权限,公司决定将风险矩阵图分为五个区域:公司不可接受区域,公司制定有效控制措施后可接受区域,公司及风险管理机构制定控制措施后可接受区域,分公司、子公司及二级运行单位制定控制措施后可接受区域,可接受区域。

为便于实施统一的风险评价,对于"作业条件分析法"而言,需要将风险分析结果转换到公司风险矩阵的相应区域,表7提供了具体的转换标准。

表7 风险分析结果公司风险矩阵区域对照

D 值	风险等级描述	风险等级
$D \geq 320$	极其危险,不能继续作业	5
$160 \leq D < 320$	高度危险,要立即整改	4

续表

D 值	风险等级描述	风险等级
$70 \leqslant D < 160$	显著危险，需要整改	3
$20 \leqslant D < 70$	一般危险，需要注意	2
$D < 20$	稍有危险，可以接受	1

公司风险矩阵的五个区域表明了不同管理层级对危险源所产生风险的接受权限和控制责任。

各分公司、子公司、二级运行单位应定期对其运行所涉及的风险等级点在风险矩阵中的分布状态进行评价、分析，通过分析本单位风险等级点的分布状况，明确所处的风险状态，并根据分布状况确定本单位风险控制优先等级，以便对其实施有效控制，并将评价结果报公司安全运行管理部。

公司应定期对全公司的风险等级点在公司风险矩阵中的分布状态进行评价、分析，通过分析全公司风险等级点的分布状况，明确公司所处的风险状态，并根据分布状况确定公司风险控制优先等级，以便对其实施有效控制。

公司所实施的风险管理是一个闭环管理、循环往复的过程。在闭环管理过程中，公司及各分公司、子公司、二级运行单位通过对风险控制措施实施后的再评估，可判断风险控制措施实施后各风险等级点在风险矩阵中状态的变化，进而评估风险控制措施的有效性。

风险评价阶段包含着风险发布功能。经过初始的系统和工作分析识别出了危险源，在对危险源识别的基础上，通过初始的风险分析，确定了风险的等级；然后进行风险评价，根据初始风险评价的结论制定风险控制措施。制定完风险控制措施后，还需就已制定的风险控制措施再次实施系统和工作分析以及衍生危险源的识别和风险分析，最终得出此项危险源的风险评价结论，来确认相关的运行是否可以开始或继续实施运行。因此，风险评价是在整个风险管理中决定相关运行是否可以开始实施或继续实施的阶段。不论是否可以开始运行或继续运行，均需要发布"风险通告"，风险通告中应包含对危险源实施风险管理的全过程，即如何识别出危险源，它的风险等级状态如何，初始风险评价的结论，所制定的风险控制措施及最终风险评价结论，其中需要明确说明是否可以开始或继续运行。对于可以开始或继续实施的，发布风险通告的目的是让参与此项运行的人员清楚此项运行中所包含的风险，必须执行所制定的风险控制措施才能规避风险，从而确保此项运行在可接受的风险水平下实施。对于必须中止的运行，发布风险通告的目的是使得相关部门和人员清楚地了解中止此项运行的原因。

（2）方法。风险评价的输入是各危险源在风险分析阶段所确定的风险等级，风险等级在风险矩阵中对应着风险等级点。风险评价分为初始风险评价和最终风险评价两个阶段。在初始风险评价阶段，根据风险等级点在风险矩阵中所处的区域，确定此风险是否可以接受，对于可接受的风险可以直接实施运行，对于不可接受的风险或暂时不可接受的风险需要制定风险控制措施并再次实施系统和工作分析、衍生危险源识别和风险分析，经过最终的风险评价，确定在制定风险控制措施的条件下的风险等级及其可接受性，从而确定是否可以实施运行，并在"风险通告"中予以发布。

①分公司、子公司、二级运行单位的风险评价。可在完成风险分析的基础上确定风险等级点在风险矩阵中的位置，针对风险等级点所在的不同区域，实施以下风险评价：当风险等级点处于公司不可接受区域、公司或风险管理机构制定有效控制措施后可接受区域时，分公司、子公司、二级运行单位应在规定的时限内向公司安全运行管理部门提交"风险状态超限报告"，由公司安全运行管理部对该风险等级点对应的危险源实施进一步的风险管理；同时，对于正在实施的运行项目，应对处于公司不可接受区域和公司制定有效控制措施后可接受区域的风险等级点所对应的危险源制定并立即实施临时应急措施且在"风险状态超限报告"中予以说明，在对该危险源实施完整的风险管理之前，临时应急措施必须得到有效的实施；对处于机构公司及制定风险管理控制措施后可接受区域的风险等级点所对应的危险源应在"风险状态超限报告"中提出风险控制措施建议。

当风险等级点处于二级运行单位制定控制措施后可接受区域时，分公司、子公司、二级运行单位负责制定落实风险控制并组织控制措施；同时，应定期向公司安全运行管理部提交"风险通告"予以备案并在本单位内予以发布。分公司、子公司、二级运行单位负责对其运行所涉及的处于二级运行单位制定控制措施后可接受区域的风险等级点所对应的危险源实施风险的闭环管理。当风险等级点处于可接受区域时，虽然该区域是公司"可接受区域"，但公司鼓励分公司、子公司、二级运行单位根据自身的具体情况制定进一步风险控制措施来降低风险等级。对于处于该区域的风险等级点所对应的危险源，同样应列入"风险通告"中，定期向公司安全运行管理部报告，并在本单位内予以发布。

在分公司、子公司、二级运行单位实施风险分析和评价过程中，如发现所识别出的危险源存在跨系统问题，应在规定的时限内向公司安全运行管理部提交"跨系统风险管理协调报告"，由公司安全运行管理部协调解决相关的跨系统风险控制问题。

②公司的风险评价。公司安全运行管理部所实施的风险评价包括三个方面：一是在独立实施风险管理过程中实施风险评价；二是依据各分公司、子公司、二级运行单位所提交的"风险状态超限报告"实施风险评价；三是对分公司、子公司、二级单位所提交的"风险通告"进行抽样、再评估，从而对分公司、子公司、二级单位的风险管理工作情况进行评价。

a. 独立实施风险管理过程中的风险评价。当确认风险等级点处于不可接受区域时，公司安全运行管理部应立即组织公司级风险管理专家组进行评估，制定风险控制措施。在此基础上，由专家组再次实施系统和工作分析、衍生危险源识别和风险分析，经过最终的风险评价，分析在制定风险控制措施的条件下风险等级的变化及其最终的可接受性。

若该风险等级点仍处于公司不可接受区域，提请公司安全管理委员会审议停止相关运行；若该风险等级点移入或仍处于公司制定有效控制措施后可接受区域，提请公司安全管理委员会审议并决策是否继续实施该项运行；若该风险等级点移入图5后面三个区域，则由公司安全运行管理部决定继续实施或启动该项运行，同时向公司安全管理委员会报告。

就正在实施的运行项目而言，对处于图5前两个区域的风险等级点所对应的危险源，公司安全运行管理部应组织制定、立即实施应急措施并向公司运行副总经理和安全总监报告。

当确认风险等级点处于公司及风险管理机构制定控制措施后可接受区，

二级运行单位制定控制措施仍可接受区域时,就跨系统的危险源而言,公司安全运行管理部应视情况组织公司级风险管理专家组的相关专家进行评估,并组织相关单位制定风险控制措施。在此基础上,再次实施系统和工作分析、衍生危险源识别和风险分析,经过最终的风险评价,分析在制定风险控制措施的条件下风险等级的变化及其最终的可接受性。若风险等级没有增大,则由公司安全运行管理部决定继续实施或启动该项运行。就只涉及一个系统或单位的危险源而言,公司安全运行管理部可以根据实际情况指派相关单位完成风险管理工作并按照要求上报该项风险管理工作的实施情况。

b. 依据各分公司、子公司、二级运行单位所提交的"风险状态超限报告"实施风险评价。在收到各分公司、子公司、二级运行单位所提交的"风险状态超限报告"后,公司安全运行管理部应在规定的时限范围内对该危险源重新实施系统和工作分析、危险源识别和风险分析,以最终确认该危险源的风险等级及跨系统状态。在完成审核工作后,再按照"独立实施风险管理过程中的风险评价"的方法具体实施风险评价工作。

c. 对"风险通告"的抽样和再评估。公司安全运行管理部应定期对分公司、子公司、二级运行单位所提交的"风险通告"进行抽样、再评估,从而对分公司、子公司、二级运行单位的风险管理工作情况进行评价。

5. 风险控制

(1) 功能。风险控制是指在风险分析和评价的基础上,按照风险消除、风险减少和风险隔离的战略,针对公司有效危险源所产生的风险,采用特定的措施来控制风险,而且尽可能地将风险等级控制到最低的程度,从而将运行安全风险控制在公司可接受范围内的过程。风险控制是通过降低危险源发生可能性、危险源后果的严重性或作业人员在危险环境中的暴露度来降低风险等级。在实际运行过程中,风险管理最终通过风险控制所制定的措施来保证风险管理目标的实现。

开展风险控制工作应综合考虑时间、成本、控制风险的效果和减少或消除安全风险所采取措施的难度等因素,从而使风险控制措施具有一定的有效性和可行性,确保在有限的资源条件下实现最大的风险控制效果。

针对位于风险矩阵中不同区域的风险,公司开展风险控制工作的基本原则：①对于处在不可接受区域的风险，应尽最大可能设计并实施风险控制措施，采用多种手段控制其发生的可能性和后果的严重性，从而降低其风险等级，最终确保其相关的运行得以实施，在此基础上追求更理想的控制效果。②对于处在控制后可接受区域的风险，应结合实际情况制定风险控制措施，进一步地控制其发生的可能性和后果的严重性，从而进一步降低风险等级，最终达到其相关的运行安全裕度更大的目的，在此基础上追求更好的控制效果。③对于已经处在可接受区域的风险，应在技术上可行、成本上合理的条件下，进一步降低其风险等级，从而实现最佳的风险控制状态。对风险控制措施可能会带来的衍生风险，如何尽可能减少衍生风险并降低不可避免的衍生风险等级是开展风险控制工作时必须考虑的因素。

（2）方法。风险控制的核心是制定有效的风险控制措施。在实际运行过程中，风险管理最终通过风险控制所制定的措施来保证风险管理目标的实现，所以必须考虑各种综合因素，结合各专业的特点，积极主动地采用有效的、可操作性强的方法制定出高效的风险控制措施。

公司及各分公司、子公司、二级运行单位在进行系统和工作分析、危险源识别、风险分析和风险评价的基础上，在已经对危险源和风险充分了解的情况下，根据危险源的风险等级和危险源的复杂性、系统性，充分应用"系统和工作分析"的结果，从危险源的动因以及软件、硬件、环境和人员四方面因素考虑，多角度、多层面地系统性制定风险控制措施。所制定的风险控制措施可以考虑技术、制度规程、安全教育培训三种形式，其中技术包含预防性的技术措施以及避免和减少损失的技术措施；制度规程包括标准的操作程序、安全检查、安全管理考核等；安全教育培训包括安全文化宣传、安全知识教育、安全技能培训。从另一个角度来看，所采用的方式可以是增加或修改工作程序、增加新的监督控制措施、增加或调整组织机构以及软硬件的辅助、加强或改进培训、增加或改装设备、调整人员或对危险源所涉及的系统做任何其他调整。可用的风险控制措施可能有一个或多个，可以使用系统安全技术对风险控制措施进行分级、排序和选择。考虑到必要措施的迫切性以及开发更有效措施的复杂性，在不同的阶段可以采用不同的风险控制措施。例如，在开发更有效的危险源消除方法时，先制定一些警告性的控制措施可能是十分恰当的。选择和设计风险控制措施的过程应以结构化的方式进行。风险控制措施又可以进一步分级为以下几类：①从设计角度考虑尽可能消除危险源——修改系统（其中包括有危险源存在的硬件、软件系统和组织系统）；②物理防护或屏障——减少在危险源中的暴露或降低后果的严重性；③关于危险源的警告、通告或提示；④为避开危险源或降低相关风险的可能性或严重性而做的程序修改；⑤为避开危险源或降低相关风险可能性而进行的培训。风险控制措施的内容通常包括风险控制目标、相关部门及人员的职责和权限、所涉及的工作流程、所需资源、实现该风险控制目标的具体技术措施和原则、时间进度等。

a. 风险控制措施目标。公司及各分公司、子公司、二级运行单位在制定风险控制措施时，必须首先明确该风险控制措施的目标。风险控制措施的目标是指针对某一特定危险源所实施的风险控制措施，在规定的时间和条件下，所需达到的控制效果。该目标必须是可以评判的。

b. 风险控制的职责和权限。在风险控制措施中，必须按照权利、义务和责任相统一的原则，明确规定各相关部门、业务单位和岗位在此控制措施中应负的责任，以确保该措施能得到有效落实。

c. 风险控制所涉及的工作流程。通过系统和工作分析可以看出，在运行过程中的某些危险源会涉及多个系统和流程。所以，在制定风险控制措施时，除必须考虑自身流程外，还应全面地考虑所涉及的所有流程和接口，使得所制定的风险控制措施能够确保各流程之间实现无缝衔接。因此，在风险控制措施中，需明确风险控制措施所涉及的工作流程以及接口要求。

d. 风险控制所需资源。在实施风险控制时，首先必须本着确保风险控制措施的目标所能实现的效果与所需投入的资源达到最佳匹配的原则。在此基础上，在风险控制措施中必须明确此措施所需配置的人力、资金、物资等资源需求及相关要求，以便于相关资源管理部门和公司主管领导批准该措施，从而确保风险控制措施的有效落实。

e. 风险控制所产生的衍生风险。在为一个危险源制定风险控制措施时，应采用有效的方法避免或尽可能减少衍生危险源的产生，采用有效的方法防止现有相关危险源发生的可能性和后果的严重性（即风险等级）被增大。

一个危险源是在实施系统和工作分析的基础上识别出来的，因此，通过系统和工作分析能够清楚地了解和掌握危险源与其他要素、其他流程要素之间的关系。要想有效地避免和减少衍生危险源、防止现存的相关危险源风险等级的增大，就必须在制定风险控制措施时，再次全面地分析初始识别危险源时所涉及的系统和工作分析内容。

当衍生危险源不可避免时，应同样对衍生危险源实施完整的风险管理，当衍生危险源所产生的风险难以被接受时，则应调整为原危险源所制定的风险控制措施。

(3) 责任和批准权限。①公司安全运行管理部启动的风险管理项目。对于处于图5前两个区域中的风险等级点所对应的危险源应由公司安全运行管理部组织公司级风险管理专家组拟定风险控制措施，报公司安全管理委员会批准实施。对于处于其后两个区域中的风险等级点所对应的危险源，当危险源存在跨系统问题时，由公司安全运行管理部应视情况组织公司级风险管理专家组的相关专家制定风险控制措施；当危险源只涉及一个系统或单位时，由公司安全运行管理部根据实际情况指派相关单位制定风险控制措施。对处于公司及风险管理机构制定控制措施后可接受区域中的风险等级点所对应的危险源的风险控制措施由公司安全运行管理部批准；对处于二级运行单位制定控制措施后可接受区域中的风险等级点所对应的危险源的风险控制措施由所指派的分公司、子公司、二级运行单位批准。

②分公司、子公司、二级运行单位启动的风险管理项目。对于处于图5前三个区域中的风险等级点所对应的危险源应由分公司、子公司、二级运行单位向公司安全运行管理部提交"风险状态超限报告"，由公司安全运行管理部启动相应的风险管理并拟定/制定风险控制措施。对于处于图5后两个区域中的风险等级点所对应的危险源应由分公司、子公司、二级运行单位自行制定和批准实施风险管理措施，并在定期的"风险通告"中向公司安全运行管理部提交。

对于确定的危险源，在完成风险控制工作之后，应结合已制定的风险控制措施再次进入系统和工作分析、危险源识别、风险分析和风险评价工作流程。重新分析和修订相关的系统和工作分析结果，判断是否存在衍生危险源，重新分析、判断制定风险控制措施后的危险源剩余风险等级，在此基础上重新实施风险评价，以确定制定风险控制措施后的风险可接受性。在可接受的情况下，发布"风险通告"并修订运行文件，开始或继续实施相关运行；在仍然不可接受的情况下，继续按照上述流程循环，直至确认可以运行或中止运行。在存在衍生危险源的情况下，应对衍生危险源实施相应的风险管理。

三、风险管理与安全管理体系其他组成部分的关系

1. 风险管理与政策、资源管理的关系

公司的安全管理政策应明确对风险管理的总体要求。在按照公司要求实施风险管理的实践过程中，根据实践经验需要对风险管理的要求、方法、标准和程序等进行修订，而某些修订需要公司安全政策相应地调整。因此，风险管理需要向安全政策反馈相关信息。

当由于安全保证的某些因素导致公司安全政策的修订后，应考虑是否需要修订风险管理的相关内容。因此，安全政策会向风险管理提供相关信息。

风险管理需要资源投入，但并不意味着资源投入越多，风险管理的效果就越好。公司追求的是所投入的有限资源与所实现的风险管理目标达到最佳的匹配。因此，风险管理与资源管理之间存在着信息关系。这种信息关系通过沟通、协调实现资源与安全目标的最佳匹配。

2. 风险管理与"运行文件"的关系

对危险源实施风险管理以后，风险管理的内容必须形成风险通告并修订相关的运行类手册、文件予以固化以渗透于运行过程之中，指导运行人员在运行中规避相关的风险。因此，风险管理方应向运行文件方提供相关的信息。

3. "风险管理"与"安全保证"的关系

一方面，风险管理所制定的风险控制措施是否有效，需要安全保证予以分析、评估，对无效的风险控制措施应重新实施风险管理；另一方面，经过安全保证对运行过程获取信息的分析所识别出的新的危险源需要实施风险管理。因此，安全保证是风险管理的一个闭环反馈机制，需要向风险管理提供无效的风险控制措施、运行中的新危险源等反馈信息。

4. "风险管理"与"运行需求"的关系

新的"运行需求"中包含着危险源需要通过实施风险管理后才能确认并制定相关控制措施。因此，当公司有新的"运行需求"时，必须经过风险管理并形成"运行文件"后才能开始运行。

风险管理与上述公司安全管理体系各组成部分之间的关系需要由公司安全管理体系办公室来加以协调落实。

四、风险管理的组织机构、职责和人员资质要求

1. 公司总经理（安全管理委员会）风险管理职责
（1）领导全公司的风险管理工作。
（2）负责批准公司安全风险管理的政策、方针以及组织机构的调整方案。
（3）负责批准风险管理措施所涉及的重要和重大资源投入。
（4）负责批准重大风险管理项目的结论。
（5）指令启动专项的风险管理工作。

2. 运行副总经理风险管理职责
（1）直接负责全公司的风险管理工作。
（2）负责向公司安全管理委员会提交公司风险管理相关的政策、方针、组织机构的修订方案。
（3）负责批准风险管理所采用的方法、标准和程序。
（4）负责组织实施公司重大风险管理项目。
（5）负责批准关键危险源、跨系统危险源的风险控制措施。
（6）负责协调解决风险管理措施所涉及的资源保障。
（7）负责对公司风险管理专家组人员聘任的批准。
（8）指令启动专项的风险管理项目。

3. 机务副总经理风险管理职责
（1）负责机务维修系统的风险管理工作。
（2）负责参与公司风险管理相关的政策、方针、组织机构的修订方案。
（3）负责批准机务维修系统风险管理所采用的方法、标准和程序。
（4）负责组织实施机务维修系统重大风险管理项目。

（5）负责批准机务维修系统关键危险源的风险控制措施。

（6）负责协调解决机务维修系统风险管理措施所涉及的资源保障。

4. 安全总监风险管理职责

（1）参与制定公司安全风险管理的政策、方针。

（2）批准风险管理有效性评估报告并提出风险管理的改进建议。

5. 公司安全运行管理部风险管理职责

（1）负责总体拟定公司风险管理的方针、政策，提出风险管理机构的建设和调整方案。

（2）负责修订和完善公司风险管理的手册、程序、方法、标准和要求并对其持续改进。

（3）负责全面贯彻落实公司的风险管理工作，对分公司、子公司、二级运行单位风险管理工作进行指导、监督和检查。

（4）负责组织对公司关键、重大的风险实施全过程的风险管理并提出风险控制措施建议或提交中止运行的建议；对本部门所负责的风险管理区域中的危险源实施风险管理并监督落实相关的风险控制措施。

（5）负责监控风险管理跨系统流程之间的接口状态并协调跨系统、跨单位危险源的风险管理工作，监控跨系统危险源的状态；对于跨系统的工作流程不匹配状态提出调整建议。

（6）负责对风险管理过程中所涉及的工具、记录和表格等的维护和日常管理。

（7）负责公司危险源信息库的开发、维护和管理，对危险源进行关联性分析并进行分类。

（8）负责组织实施公司级"周期性风险管理"工作，确保风险管理的各项信息处于实时有效的状态。

（9）负责组织实施公司"系统反馈风险管理""专项风险管理"工作。

（10）负责制定公司危险源的可能性、严重性和暴露度的分析标准并对分公司、子公司、二级运行单位所提交的可能性、严重性和暴露度分析结果进行评价和审核。

（11）负责公司各运行安全管理层级风险可接受标准、权限和责任以及风险可接受程序的拟定并提出修订、调整方案的建议。

（12）负责根据公司风险管理结果，确定公司各运行系统、各运行单位及全公司的风险分布状况及管理风险的责任分布状况，明确公司风险控制的优先等级，衡量公司已实施风险控制措施的有效性。

（13）负责公司风险管理信息平台的开发、管理和完善，并在此基础上开展危险源状态分析和风险等级趋势分析。

（14）负责发布公司风险通告。

（15）负责组织建立公司风险管理专家组并对其成员进行培训、聘任和日常管理工作。

（16）负责组织对公司开展风险管理工作的人员进行风险管理的相关培训、考核和聘用及资质的审查。

（17）负责对风险管理的有效性评估并实施绩效考核。

6. 公司风险管理专家组职责

（1）负责按照公司安全运行管理部的要求开展相关的风险管理工作。

（2）参与开发、完善公司风险管理的方法和程序。

（3）参与公司风险管理方针、政策和标准的制定。

（4）在公司安全运行管理部的组织下，实施风险管理的培训。

（5）参与公司风险管理信息平台的开发和完善。

（6）参与风险管理的监督和检查工作。

7. 分公司、子公司、二级运行单位风险管理专家组职责

（1）负责按照本单位风险管理机构的要求开展相关的风险管理工作。

（2）参与完善本单位风险管理的程序，对公司风险管理方法提出修订建议。

（3）在本单位风险管理机构的组织下，实施本单位的风险管理培训。

（4）参与本单位风险管理工作的监督和检查工作。

8. 分公司、子公司、二级运行单位风险管理机构职责

（1）负责对公司风险管理的方针、政策提出修订建议。

（2）负责依据公司风险管理的手册、程序、方法、标准和要求实施本单位的风险管理工作，并根据实践经验提出改进建议。

（3）负责对下属单位风险管理工作进行指导、监督和检查。

（4）负责对本单位所负责的风险管理区域中的危险源实施风险管理并监督落实相关的风险控制措施，对超过本单位风险管理权限的危险源提交"风险状态超限报告"，对于跨系统的危险源提交"跨系统风险管理协调报告"。

（5）负责监控本系统、本单位流程之间的接口状态，并协调接口危险源的风险管理工作，监控接口危险源的状态；对于跨部门的工作流程不匹配状态提出调整建议。

（6）负责对本单位风险管理过程中所涉及的记录和表格等的维护和日常管理，并提出对风险管理工具的修改建议。

（7）负责对本单位危险源进行关联性分析并进行分类。

（8）负责组织实施本单位的"周期性风险管理"工作，确保本单位风险管理的各项信息处于实时有效的状态。

（9）负责组织实施本单位"系统反馈风险管理""专项风险管理"工作。

（10）负责对下属单位所提交的可能性、严重性和暴露度分析结果进行评价和审核，确保本单位风险分析结果的准确性。

（11）负责本单位内各运行安全管理层级风险可接受标准、权限和责任以及风险可接受程序的拟定并提出修订、调整方案的建议。

（12）负责根据本单位风险管理结果，确定本单位的风险分布状况及管理风险的责任分布状况，明确本单位风险控制的优先等级，衡量本单位已实施风险控制措施的有效性。

（13）负责公司风险管理信息平台在本单位的有效使用，按照公司要求开展本单位危险源状态分析和风险等级趋势分析。

（14）负责提交并发布本单位的风险通告。

（15）负责组织建立本单位风险管理专家组并对其成员进行培训、聘任和日常管理工作。

（16）负责组织对本单位开展风险管理工作的人员进行风险管理的相关培训、考核和聘用及资质的审查。

五、风险管理的启动和实施要求

1. 风险管理的启动

就其启动机制而言，公司风险管理工作分为三类：周期性风险管理、系统反馈风险管理和专项风险管理。

（1）周期性风险管理。周期性风险管理是每六个月开展一次的定期性风险管理，通过周期性风险管理，梳理和评估公司上个周期的风险管理工作。

结合上周期所收集的风险管理信息以及相关因素的变化，开展定期的"系统和工作分析"更新工作，调整、更新和修订公司"运行系统流程分解表"和"系统和工作分析表"，使公司的系统和工作分析结果始终处于实时有效状态。

通过分析、整理上一周期所产生或消除的危险源，调整、更新和修订公司危险源信息库，分析公司危险源分布状态的变化，明确下一周期的各运行系统、运行单位及公司的重点危险源、关键危险源，以便对其实施控制。

公司及各分公司、子公司、二级运行单位分别根据实际运行中的相关系统和相关要素的变化，分析、评估已形成的风险分析结论（即危险源的风险等级）的符合性和合理性，对于不相符或不合理的风险分析结论进行修订、调整。同时，根据所存在问题，调整或开发新的分析方法。

公司及各分公司、子公司、二级运行单位分别根据系统和工作分析的更新以及上一周期风险分析结论的修正，调整各自的风险矩阵中的风险等级点，并分析风险矩阵中各风险等级点的变化，从而分析、明确各层次危险源的变化趋势和当前状态，以便调整各自的风险管理重心和实施相关决策，从而更有效地实现公司的运行安全目标。

公司及各分公司、子公司、二级运行单位应分别根据风险评价结果的变化，分析上一周期相关风险控制措施的有效性、合理性，并结合相关因素的变化以及制定风险控制措施的基本原则，调整相关危险源的风险控制措施。

（2）系统反馈风险管理。通过"安全保证"的系统评价功能，能够得知公司运行过程中所存在的新的危险源和无效的控制措施。系统反馈风险管理就是对反馈出的新危险源和无效控制措施实施风险管理，从而实现风险的闭环管理。

系统反馈风险管理是公司各级风险管理机构的一项日常的风险管理工作，其重点在于对反馈出的新危险源或无效的控制措施，实施及时的风险管理，以确保正在实施的相关运行中的风险始终被控制在可接受的范围内。

当各级风险管理机构获得新危险源或无效的控制措施等运行反馈信息后，应在规定的时间范围内，尽快按风险管理功能的要求，开展相应的系统和工作分析，确认新的危险源的有效性以及对无效的控制措施判断其有效性。如确认有效，按风险管理功能的要求，及时地开展后续的风险管理工作。

(3) 专项风险管理。在公司有新的运行需求，应用新的运行技术，与运行相关的组织机构或关键人员发生变化，与运行相关的系统硬件、软件发生变化以及局方规章、公司运行政策和公司手册、程序发生变化等情况，均会对公司的运行造成一定的影响，从而有可能产生新的危险源或使得现有危险源风险等级发生变化。因此，在上述情况下，公司需要启动"专项风险管理"。

专项风险管理是一种非定期的风险管理工作，它因专题项目的产生而启动，是专题项目的一个组成部分。当出现专题项目时，公司及各相关二级单位、分公司、子公司首先应判断是否需要启动风险管理工作及实施风险管理的单位，这是专项风险管理工作的重点。应将专题项目中的因素与相关系统和工作流程相结合开展系统和工作分析，判断是否会造成公司系统和工作流程发生变化，是否会造成SHEL相关要素的变化，并据此修订公司的系统和工作分析结果，开展危险源识别工作，识别出与专题项目相关的危险源。在此基础上，开展后续的风险管理工作。当出现公司级专题项目时，由公司安全运行管理部启动专项风险管理工作，并根据系统和工作分析的结果决定具体实施风险管理工作的单位。当分公司、子公司、二级运行单位产生专题项目时，由分公司、子公司、二级运行单位的风险管理机构启动专项风险管理工作，并根据系统和工作分析的结果确定是独立地继续实施后续风险管理工作还是上报公司安全运行管理部。各分公司、子公司、二级运行单位有责任收集与专题项目相关的信息并分析此专题项目是分公司、子公司、二级运行单位级专题项目还是公司级专题项目。如确认为公司级专题项目，应及时向公司安全运行管理部报告。

2. 风险管理的实施要求

公司及各分公司、子公司、二级运行单位应严格按照本手册规定的启动机制启动周期性风险管理、系统反馈风险管理和专项风险管理工作，并按照本手册中确定的方法实施操作，以确保风险管理的各项功能得以实现。

为确保公司风险管理工作能够有序地开展，公司对风险管理的各环节的具体操作提出如下要求。

（1）系统与工作分析。风险管理始于系统和工作分析，系统和工作分析是风险管理的基础，因此，系统和工作分析这个环节的工作质量决定着后续风险管理工作的有效性，参加系统和工作分析的人员的资质对于保证此项工作的质量至关重要。开展此项工作的人员必须满足本手册规定的人员资质要求。

公司为开展好此项工作，召集各领域专家经过反复、细致和全面的研讨，制定出了"运行流程分解表"及"系统和工作分析表"。它是公司开展系统和工作分析的工具和操作指南。公司及各分公司、子公司、二级运行单位在开展系统和工作分析时，必须严格按照相关表格的要求实施操作。

公司各运行系统之间存在着一定的关联性，各系统相关的流程之间存在着接口。这些接口的不匹配经常会产生危险源，而且，这类接口性危险源是风险管理的难点和重点。因此，公司及各分公司、子公司、二级运行单位在开展系统和工作分析时，除应对本系统、本单位内所涉及的流程接口予以重视以外，更需要对跨系统的流程接口问题予以足够的关注。在开展系统和工作分析时，应按照"系统和工作分析表"的操作要求对于本系统与其他系统的接口或相互作用予以清晰的标注，以便上级风险管理机构对跨系统的流程组织进一步的系统和工作分析。

公司及各分公司、子公司、二级运行单位应对"系统和工作分析"工作给予足够的重视，组织符合资质要求的人员参加此项工作；参加此项工作的人员应本着高度负责的态度严格按照手册的要求认真、细致地开展工作，保证系统和工作分析达到所需的广度和深度，以满足识别危险源和进行风险分析和评价的需求。

（2）危险源识别。有效的危险源识别是指在完成系统和工作分析的基础上采用本手册规定的方法识别出的危险源，这个危险源必须与运行安全具有关联性，而且该危险源的描述能清晰地表明所处的流程和相关要素（SHEL）信息，以便进行进一步的风险分析和评价，进而制定风险控制措施。公司鼓励运行人员主动报告在实际运行过程中发现的"危险源"。但对于此类"危险源"，往往由于信息不完整，难以进行风险分析、评价和制定风险控制措施。因此，公司要求各级风险管理机构在对此类"危险源"进行相关的系统和工作分析的基础上，确认其有效性，并将有效的危险源纳入危险源信息库进行风险管理。

在开展危险源识别工作时，不仅应关注识别出的危险源的数量，更应该关注识别出的危险源的质量。危险源识别的质量决定着风险管理后续工作的效果。公司要求各级风险管理机构在开展危险源识别工作时，必须确保所识别出的危险源的质量。首先必须确保能识别出本单位、本系统中容易产生严重后果的重大危险源、频繁出现并影响运行安全稳定性的关键危险源及较容易预测的危险源；在此基础上，还应深层次地挖掘出根源性的危险源，并注重危险源之间的关联性问题。跨系统的危险源具有一定的复杂性和严重性，公司及各分公司、子公司、二级运行单位应关注跨系统危险源的识别工作。各分公司、子公司、二级运行单位在实施危险源识别过程中，发现跨系统的危险源时应及时向公司安全运行管理部报告；公司安全运行管理部负责协调组织或指派相关单位解决跨系统危险源识别问题及后续的风险管理工作；公司安全运行管理部还应负责跨系统危险源的监控和管理工作。公司的危险源信息库必须根据危险源识别的状况进行动态更新和维护。各分公司、子公司、二级运行单位风险管理机构在发现新的危险源或需要对现有危险源的相关信息进行修订时，应以书面的形式报公司安全运行管理部，并由公司安全运行管理部完成公司危险源信息库的修订和更新工作。

公司在初始风险管理阶段已开发出了"目标推导法""要素分析法"和"事件推导法"三种危险源识别方法，这些方法是目前公司实施危险源识别应采用的方法。分公司、子公司、二级运行单位应根据实际情况选用合适的方法识别危险源，采用多种方法实施危险源识别工作以确保危险源识别的有效性。

为满足公司不断深入的风险管理工作的需要，公司需要进一步完善已开发出的危险源识别方法，并需要开发出更多的新的危险源识别方法，以提高危险源识别的有效性。因此，公司鼓励各级风险管理机构、运行人员积极开发各类新的危险源识别方法或提出优化现有方法的建议。

（3）风险分析。对危险源发生的可能性和所产生后果的严重性判断的准确性决定了危险源的风险等级，从而决定了对危险源的评价的正确性。因此，公司各风险管理机构在实施风险分析时，必须注重对危险源发生危险的可能性和严重性的准确把握。严谨、认真地进行可能性、严重性的分析并对其结果负责。公司严禁在实施风险分析时，故意夸大或缩小可能性、严重性的等级并对出现此问题的单位予以问责。

公司在初始风险管理阶段开发出了几种风险分析的方法，要求各级风险管理机构要正确理解、完整掌握这些方法并应用这些方法实施风险分析，以确保风险分析结果的准确性和规范性。各分公司、子公司、二级运行单位可根据实际情况选用合适的方法开展此项工作，并在向公司安全运行管理部提交的报告中清晰地表明所使用的方法；公司安全运行管理部应使用相同的方法对分公司、子公司、二级运行单位所提交的报告进行审核，同时，公司安全运行管理部还应综合采用各种方法进行风险分析，以达到更加准确地判断风险等级的目的。

在本手册中，将可能性、严重性均分为五个等级，这并不意味着在为可能性、严重性打分时只能选择整数值。可在认真分析的基础上，将处于两个等级之间的可能性、严重性状态用小数表示，这样能更加准确地评估出可能性和严重性的等级，从而为风险评价奠定更好的基础。由于公司运行的各类因素是动态变化的，所以相关危险发生的可能性也是随着这些因素而变化的，因此，公司要求各级风险管理机构必须定期对已评定的危险源风险等级实施周期性的评估和更新，以确保"风险分析信息表"中信息的实时性和准确性。

（4）风险评价。公司风险矩阵具体体现了公司各个运行安全管理层级可接受风险的标准以及所需控制和管理的危险源，公司及各分公司、子公司、二级运行单位的运行安全责任人必须对此有清楚的认识，严格按此标准接受风险，控制和管理好属于自己责任范围内的危险源。

公司各个运行安全管理层级应根据风险矩阵明确所负责的危险源的风险分布的状况，据此确定风险控制优先等级，从而实施有效的风险管理。

各分公司、子公司、二级运行单位必须按本手册的要求，严肃、认真地实施风险评价。当出现超出管理权限的危险源或存在跨系统危险源时，及时向公司安全运行管理部提交"风险状态超限报告"或"跨系统风险管理协调报告"；对于独立实施风险管理的危险源，应按时向公司安全运行管理部提交"风险通告"。

（5）风险控制。公司及各分公司、子公司、二级运行单位应对风险控制工作给予足够的重视，组织符合资质要求的人员参加此项工作；参加此项工作的人员应本着高度负责的态度严格按照手册的要求认真、细致地开展工作，确保在规定的时间内制定出有效的、操作性强的风险控制措施。

当初始识别发现存在于运行过程中的危险源时，公司及各分公司、子公司、二级运行单位在为该危险源制定风险控制措施时，应根据危险源风险等级的高低，以及对运行安全的影响程度，明确制定风险控制措施的期限。风险等级越高、对安全运行影响程度越大，则该期限应越短。若未能在规定期限内完成风险控制措施的制定工作，应采取较为保守的方法，对该项运行予以限制。

公司及各分公司、子公司、二级运行单位在完成风险控制措施的制定后，必须按本手册的要求，结合已制定的风险控制措施再次进入系统和工作分析、危险源识别、风险分析和风险评价工作流程，以确认制定风险控制措施后，危险源的风险等级得到有效地降低，确保风险控制措施能够得到有效的落实，从而为将危险源的风险控制在可接受的范围内奠定基础。

任何有效危险源在完成风险管理工作实施运行前，必须发布"风险通告"并视情修订公司相关运行类手册。

3. 风险管理实施情况的监督

公司安全运行管理部应对分公司、子公司、二级运行单位的风险管理工作实施监督检查。通过对其所提交的各类报告的分析、评估，确认风险管理工作的质量；通过反馈的信息，确认所制定的风险控制措施的有效性；对于监督检查中发现的问题，及时提出整改要求，并对其整改措施的落实进行跟踪验证。

4. 风险管理相关文档的保存要求

对每一个有效危险源所实施的风险管理的过程，必须文件化并予以保存且随着运行环境的变化予以更新，直到相关的运行终止。

参考文献

[1] WIDEMAN R. Project and program risk management [M]. Project Management Institute, Inc. USA, 1992.

[2] 王健康. 风险管理原理与实务操作 [M]. 北京：电子工业出版社, 2008.

[3] 周士富. 企业管理决策分析方法 [M]. 上海：同济大学出版社, 1989.

[4] 顾昌耀, 邱宛华. 复熵及其应用：Bayes-E 决策分析法 [J]. 航空学报, 1991, 12 (9)：512 – 518.

[5] 卢有杰, 卢家仪. 项目风险管理 [M]. 北京：清华大学出版社, 1998.

[6] 于九如. 投资项目风险分析 [M]. 北京：机械工业出版社, 1999.

[7] 温家洪, YAN J P, 尹占娥, 等. 中国地震灾害风险管理 [J]. 地理科学进展, 2010, 29 (7)：771 – 777.

[8] 陈勇, 谭燕, 茆长宝. 山地自然灾害、风险管理与避灾扶贫移民搬迁 [J]. 灾害学, 2013, 28 (2)：136 – 142.

[9] 陈关亭, 黄小琳, 章甜. 基于企业风险管理框架的内部控制评价模型及应用 [J]. 审计研究, 2013, 6：93 – 101.

[10] 张继德, 胡月. 新常态下企业财务管理创新动因、初始条件与策略研究 [J]. 会计研究, 2016, 8：58 – 63, 97.

[11] 夏德, 王林. 供应链风险识别与风险管理杠杆选择 [J]. 企业经济, 2012, 7：24 – 27.

［12］ JAAFARI A. Management of risks, uncertainties and opportunities on projects: time for a fundamental shift ［J］. International journal of project management, 2001, 19 (2): 89 – 101.

［13］ 李中斌. 风险管理解读 ［M］. 北京: 石油工业出版社, 2000.

［14］ ICAO. Doc 9859, ICAO safety management manual second edition montreal ［S］. 国际民航组织, 2009.

［15］ 张建设. 面向过程的工程项目风险动态管理方法研究 ［D］. 天津: 天津大学, 2003.

［16］ STOLZER A, HALFORD C, GOGLIA J. Safety management systems in aviation ［M］. 北京: 中国民航出版社, 2012.

［17］ OSTER C, STRONG J, ZORN C. Analyzing aviation safety: problems, challenges, opportunities ［J］. Research in Transportation Economics, 2013.

［18］ 高武, 洪开荣, 潘彬. 重大交通设施项目风险复杂动态交互演化机理与仿真分析 ［J］. 预测, 2016 (03): 69 – 74.

［19］ IQBAL S, CHOUDHRY R, HOLSCHEMACHER K, et al. Risk managementin construction projects ［J］. Technological and Economic Development of Economy, 2015, 21 (1): 65 – 78.

［20］ MOHAMED O, ABD-KARIM S B, ROSLAN N H, et al. Risk management: looming the modus operandi among construction contractors in Malaysia ［J］. International Journal of Construction Management, 2015, 15 (1): 82 – 93.

［21］ 王爱娟. 基于BIM的建设项目进度风险分析模型研究 ［D］. 哈尔滨: 哈尔滨工业大学, 2011.

［22］ ICAO 安全管理手册: ICAO. Doc 9859 – AN/460 ［S］. Montreal, ICAO, 2006.

［23］ 中国民用航空局. 民用航空器事故征候标准: MH/T2001 – 2011 ［S］. 2011.